AF534540

Natürlich nachhaltige

GESCHENKE

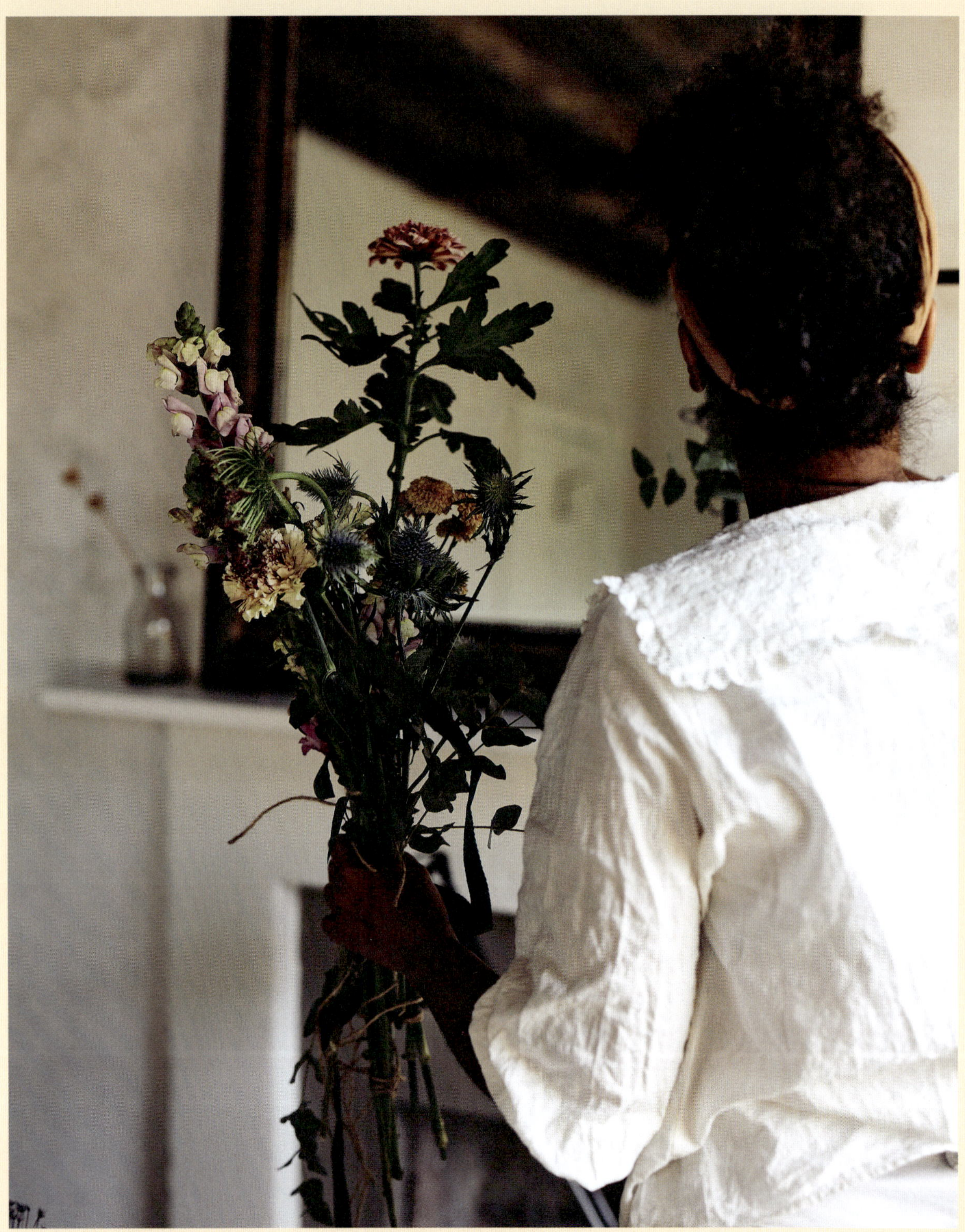

Angela Maynard

Natürlich nachhaltige GESCHENKE

28 einfache Projekte zum Selbermachen

DUMONT

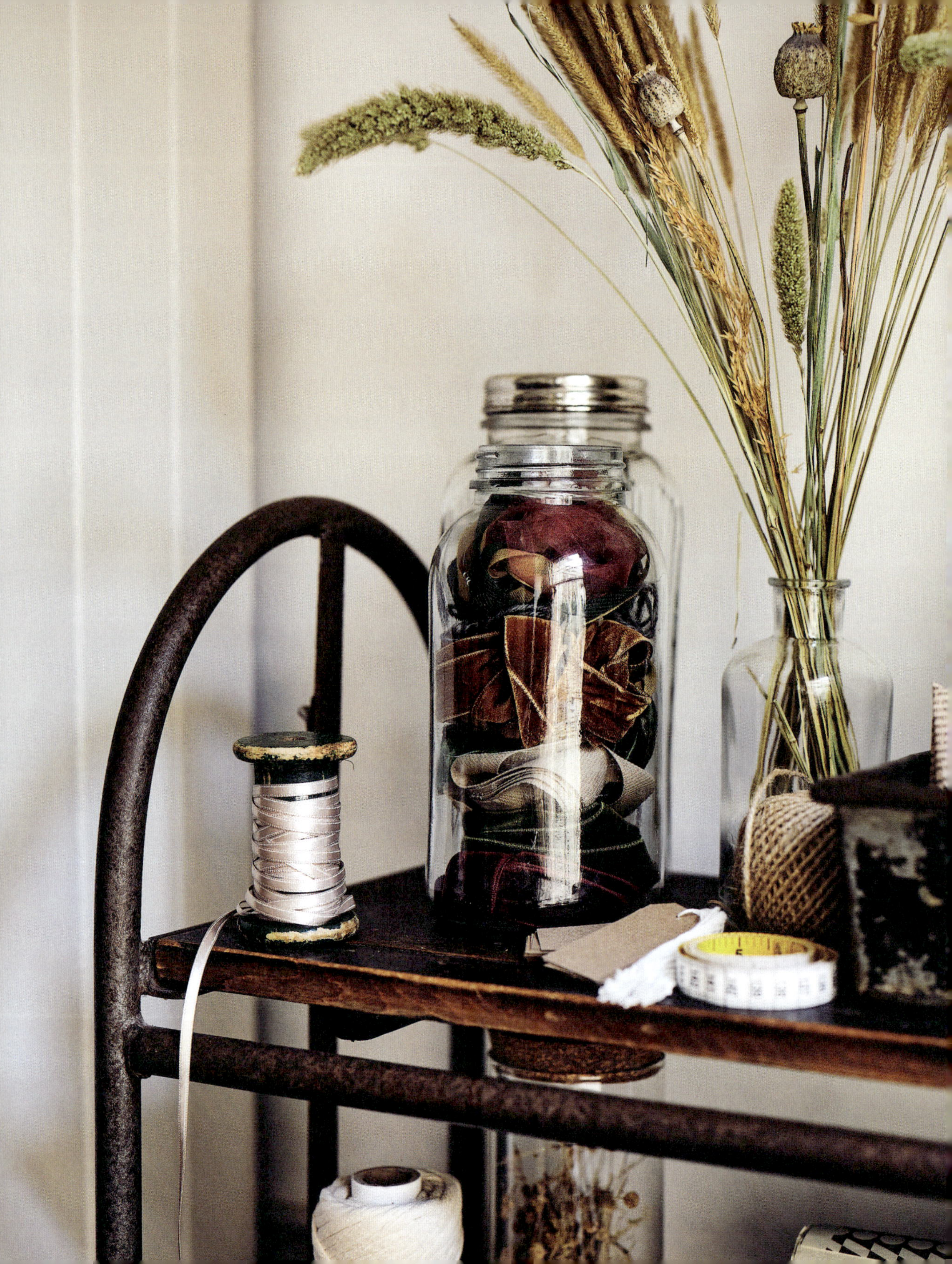

INHALTSVERZEICHNIS

EINLEITUNG

„Im Geben empfangen wir.“
FRANZ VON ASSISI

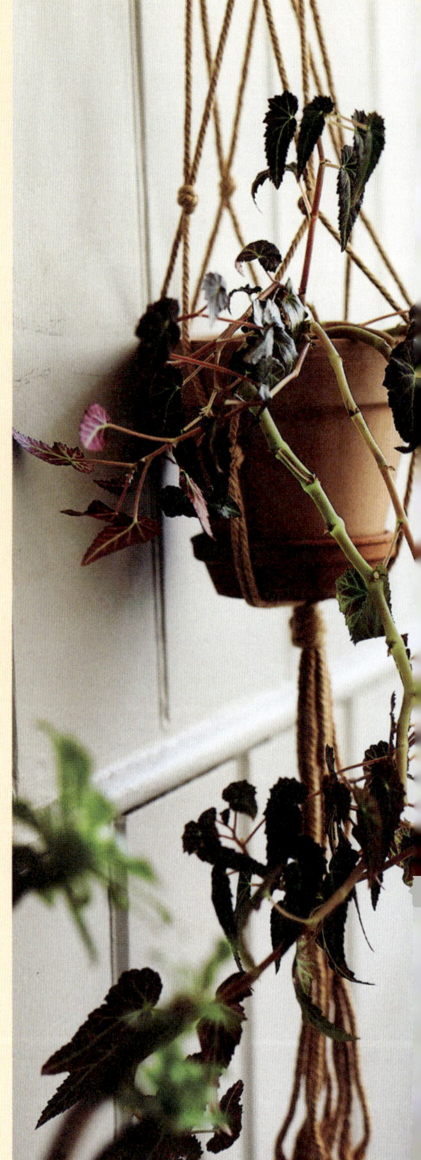

Ein Geschenk zu überreichen, ist eine jahrhundertealte Geste der Wertschätzung. Schon seit jeher beschenkt man jemanden, um Dankbarkeit auszudrücken oder einen bestimmten Anlass zu zelebrieren, aber manchmal auch aus reiner Freundlichkeit – einfach so, damit sich der Beschenkte freut. In unserer konsumorientierten, schnelllebigen Gesellschaft ist der eigentliche Wert des Schenkens leider ein wenig in den Hintergrund geraten.

Viele unserer jahreszeitlichen Feste sind so sehr mit Geschenken überfrachtet, dass jede tiefere Bedeutung verloren gegangen zu sein scheint. Ich finde, der einfache, von Herzen kommende Akt des Schenkens hat indes das ganze Jahr über Saison. Die berührendsten Geschenke, die ich je erhalten habe, waren eine Überraschung, ein Dankeschön oder eine Kleinigkeit, um mich in schwierigen Zeiten aufzumuntern. Der Gedanke dahinter und die Zeit, die man sich dafür genommen hat, sind für mich mehr wert als jedes Geld. Geschenke müssen nicht teuer sein – in unserer modernen Welt ist Zeit das Wertvollste, was wir teilen können.

Die Kunst, Geschenke zu basteln und schön zu verpacken, fasziniert mich schon seit Langem. Deshalb wollte ich mir die Zeit nehmen, diese Praktik neu zu entdecken und weiter zu erforschen. Im Grunde steckt hinter dem Akt selbst die Übertragung positiver Energie von einem Menschen auf einen anderen. Dieser Ansatz findet sich auch in meiner Liebe zur Natur und zum Selbermachen wieder. Schon immer hatte ich ein großes Interesse an allen (kunst-)handwerklichen Tätigkeiten, wobei ich mich besonders für Gartenarbeit und Naturprodukte begeistern kann. Mein eigenes Floristik- und Lifestyle-Unternehmen Botany bot mir schließlich die Möglichkeit, eigene schöne Produkte für Freunde und Familie herzustellen. Zeit und Energie in ein selbst gemachtes Geschenk zu investieren, ist sicherlich das Kostbarste, was wir von uns geben können, und etwas für einen geliebten Menschen zu basteln, fühlt sich mindestens genauso gut an, wie selbst ein Geschenk zu bekommen – wenn nicht sogar besser.

Da wir einen nicht unbeträchtlichen Teil unseres Lebens online verbringen und viele von uns noch dazu in städtischen Gebieten wohnen, wird es immer wichtiger, mit unserer natürlichen Umwelt in Verbindung zu treten. Wenn wir beim Verschenken ein wenig umdenken und Dinge wiederverwenden, die früher weggeworfen worden wären, kann das auch durchaus unsere Alltagsgewohnheiten ändern. Wer mit dieser Denkweise Geschenke für Freunde und Familie selbst macht, lebt nicht nur nachhaltiger, sondern kreiert etwas zutiefst Persönliches und Einzigartiges.

Außerdem dürfen wir nicht vergessen, was die Kunst des Schenkens für uns, die Schenkenden, bedeutet. Es ist nämlich absolut beglückend, ein Projekt von A bis Z umzusetzen, vor allem wenn es für jemanden ist, den man ganz besonders mag, und es am Ende ein Resultat hervorbringt, das es so nicht zu kaufen gibt.

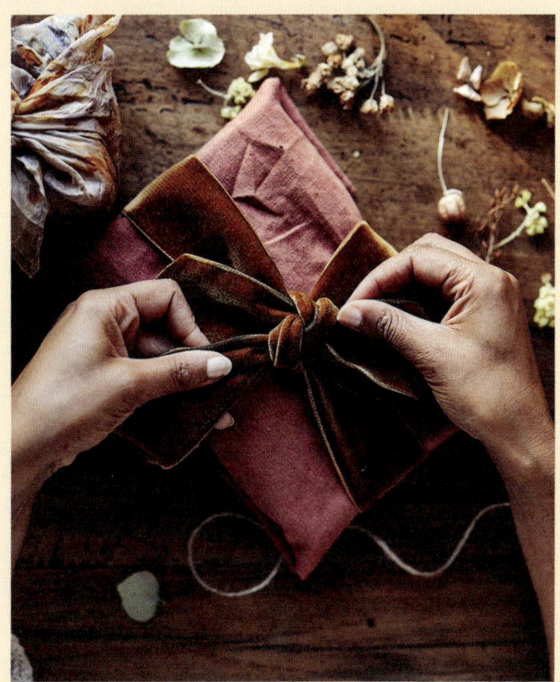

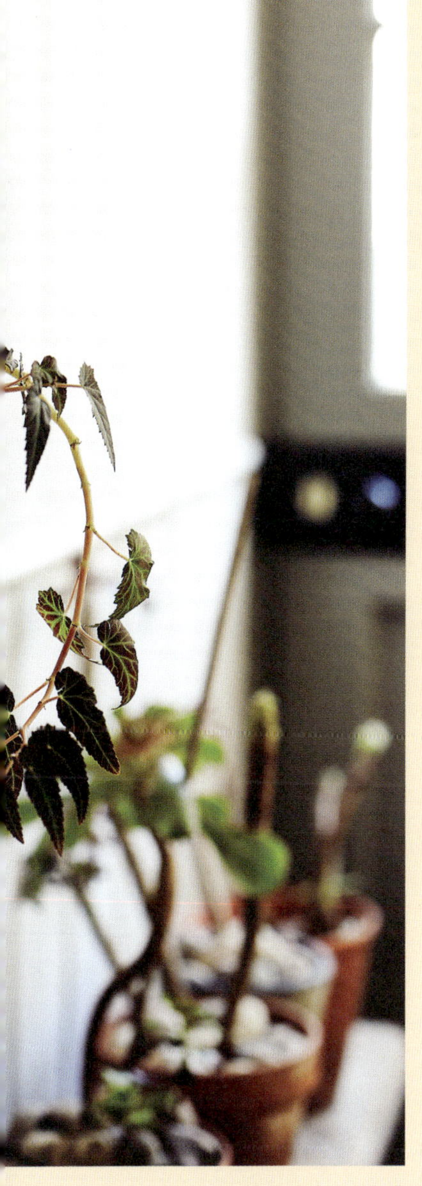

ÜBER DIESES BUCH

In diesem Buch habe ich 28 einfache DIY-Projekte versammelt, mit denen Sie Ihren Liebsten eine Freude machen und Ihre Dankbarkeit ausdrücken können. Schritt für Schritt zeige ich Ihnen, wie Sie kleine Aufmerksamkeiten fertigen, die den Beschenkten das Gefühl geben, geliebt und geschätzt zu werden, weil Sie Zeit und Energie investiert haben.

Mein Wunsch ist es, dass Sie dieses Buch Jahr für Jahr als Inspirationsquelle für Ihre Geschenke nutzen und es vielleicht sogar eines Tages an die nächste Generation weiterreichen.

Ich habe versucht, den Materialeinsatz auf ein Minimum zu beschränken, und, wenn möglich, Vorschläge für die Wiederverwendung von Dingen gemacht. Mir war es bei der Auswahl außerdem wichtig, dass viele der Artikel biologisch abbaubar sind und die Umwelt so wenig wie möglich belasten.

Mein Ziel ist einfach: Jedes Ihrer Geschenke soll von Herzen kommen und eine echte Bedeutung haben.

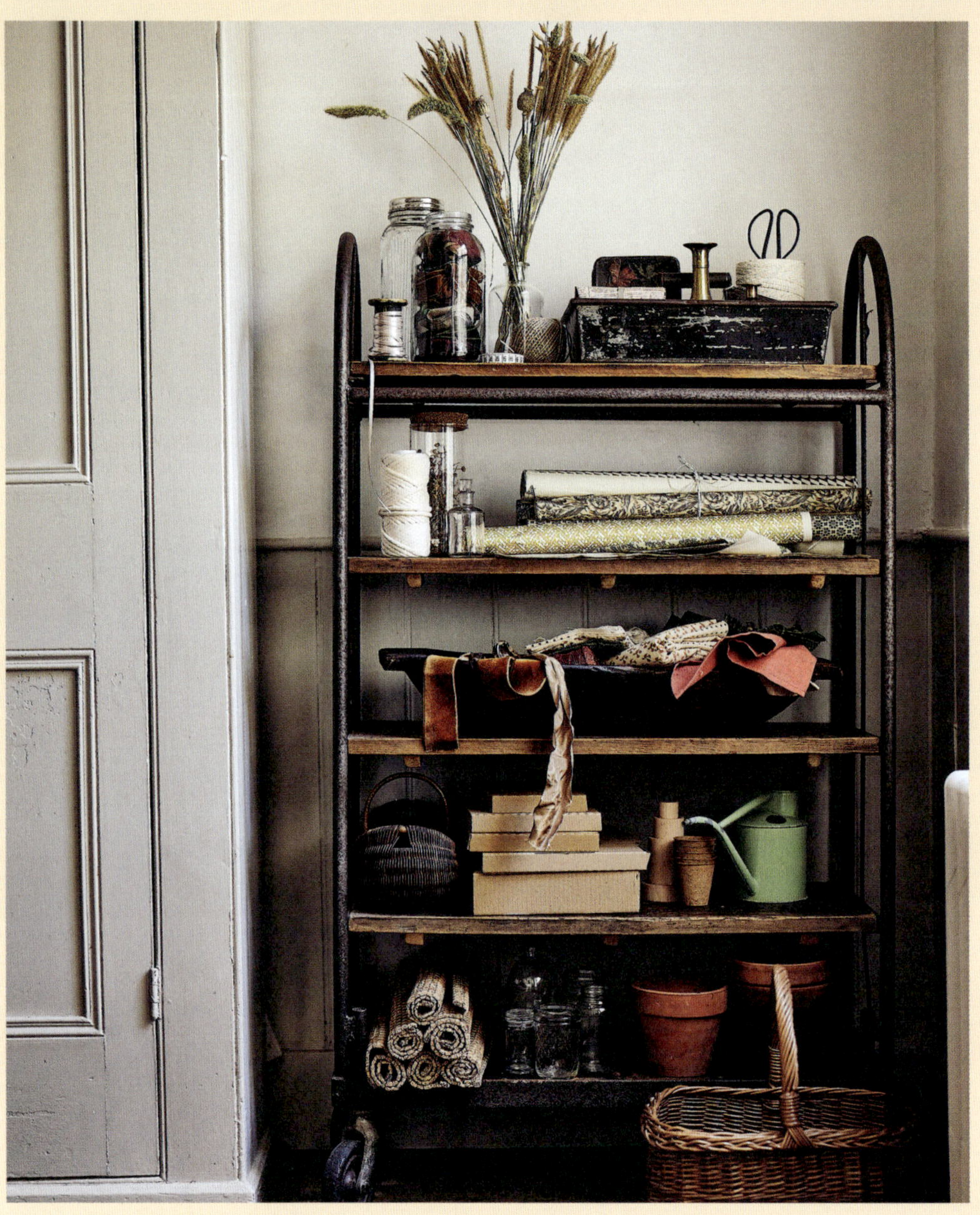

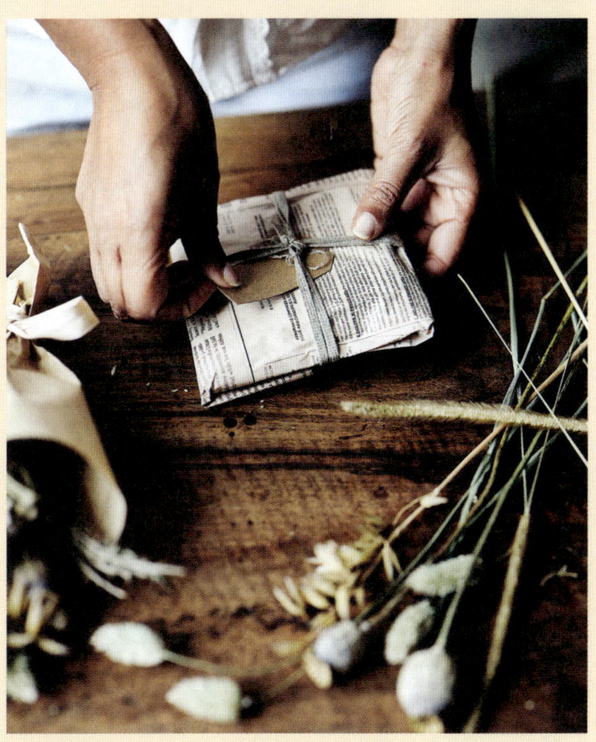

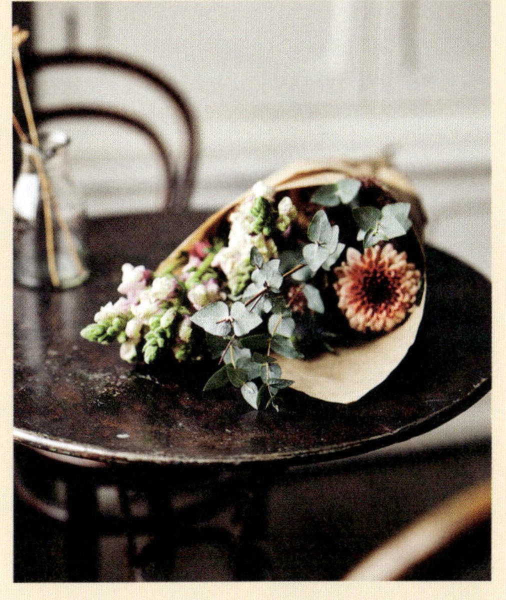

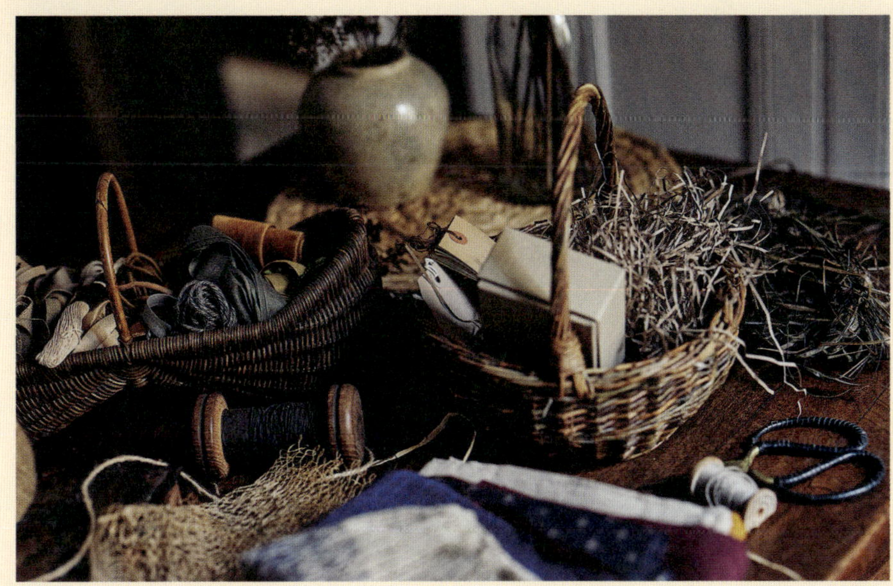

NACHHALTIGE ZUTATEN

Zu Hause

Das Tolle an den Projekten in diesem Buch ist, dass Sie vieles, was Sie für die Herstellung der Geschenke benötigen, bereits in Ihrer Küche, in Ihrem Badezimmer oder in Ihrem Vorratsschrank finden werden. Außerdem zeige ich Ihnen, wie Sie Geld sparen können, indem Sie Vorhandenes recyceln oder wiederverwenden. Und sollten Sie etwas einmal nicht im Haus haben, verrate ich Ihnen auf den folgenden Seiten und im Anhang (siehe Seite 138), wo Sie diese Produkte kaufen können. Wenn es für Sie machbar ist, kaufen Sie am besten lokal bei nachhaltigen Anbietern ein, damit Sie die Umwelt so wenig wie möglich belasten. Die meisten meiner Ideen entstehen mit wenigen Materialien, denn ich finde es gut, wenn man sich auf das beschränkt, was eh schon da ist. Ich wünsche mir, dass Sie Ihre Gewohnheiten – so wie ich – ändern und eine Verwendung für Dinge finden, die Sie früher vielleicht weggeworfen hätten.

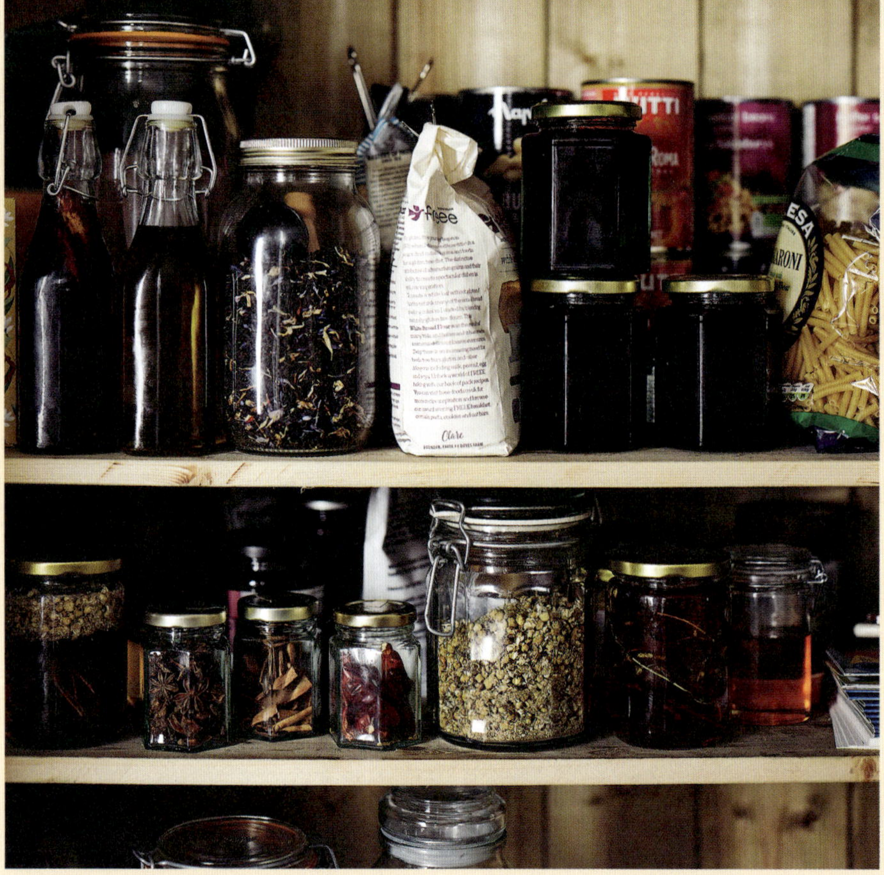

KÜCHE

- Essigessenz (zum Reinigen von Gefäßen)
- Himalayasalz
- Honig
- Meersalz
- Natron
- Olivenöl
- Orangen und Zitronen
- Sonnenblumenöl

BADEZIMMER

- Ätherische Öle
- Bittersalz

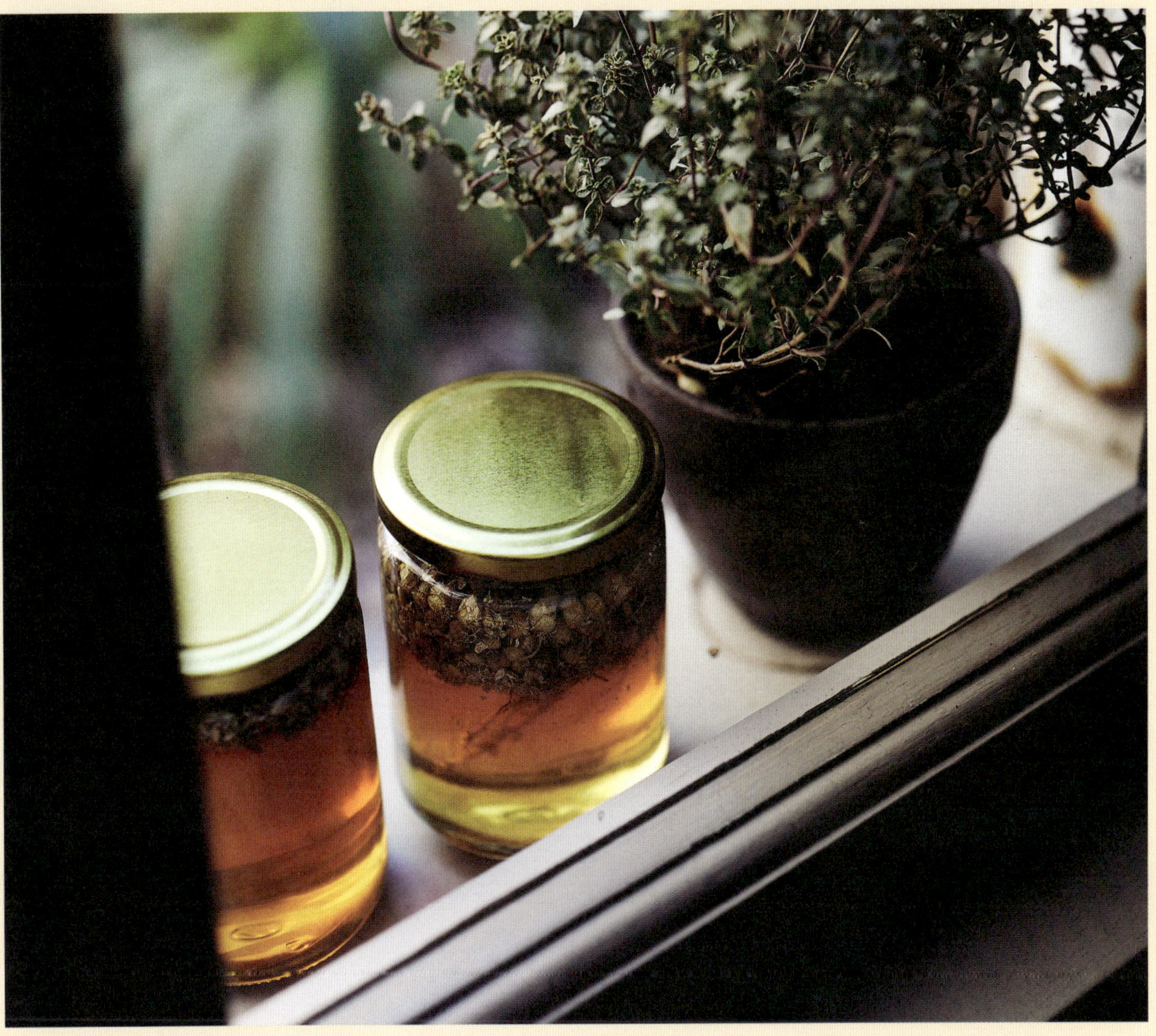

Spezielle natürliche Produkte

Diese Artikel werden Sie wahrscheinlich nicht in Ihrem Haushalt finden, aber mit Sicherheit im nächstgelegenen Bioladen oder bei einem nachhaltigen Onlinehändler. Wenn Sie im Internet bestellen, sollten Sie versuchen, Ihre Einkäufe zu bündeln, um Verpackungsmüll und Lieferwege zu minimieren.

- Arganöl
- Bienenwachs
- Emulgierwachs
- Glyzerin
- Jojobaöl
- Kakaobutter
- Kokosöl
- Mandelöl
- Pflanzliches Wachs
- Rizinusöl
- Sheabutter
- Sojawachs
- Zitronensäure

Aus dem Garten

Ob in der Erde oder in Pflanztöpfen – Gärtnern sensibilisiert uns im Umgang mit der Natur und lehrt uns den Respekt vor den wunderbaren Erzeugnissen, die sie uns liefert. Der eigene Anbau ist um ein Vielfaches besser für die Umwelt als der Gang zum nächsten Geschäft: So muss man nicht immer wieder neue Pflanzen in Plastiktöpfen kaufen, sondern kann biologisch gärtnern. Das ist deutlich praktischer und günstiger, aber vor allem ein wahrer Balsam für die Seele. Garten, Terrasse oder – wenn der Platz begrenzt ist – Balkon oder sogar Fensterbank sind großartige Orte, um Kräuter, Blumen und Früchte anzubauen, die in diesem Buch verwendet werden.

KRÄUTER

- Borretsch
- Eukalyptus
- Fenchel
- Hopfen
- Kamille
- Lavendel (Englischer und Französischer)
- Oregano
- Pfefferminze
- Rosmarin
- Salbei
- Thymian
- Zimt
- Zitronenmelisse
- Zitronenverbene

OBSTPFLANZEN

- Brombeeren
- Erdbeeren
- Johannisbeeren

BLUMEN

- Ageratum
- Allium
- Brandschopf
- Dahlie
- Echter Kugelamaranth
- Garten-Feldrittersporn
- Geranie
- Hibiskus
- Hornveilchen
- Hortensie
- Jasmin

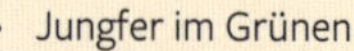

- Jungfer im Grünen
- Kornblume
- Mannstreu
- Mohn
- Papierknöpfchen
- Petunie
- Pfingstrose
- Ringelblume
- Rittersporn
- Rose
- Salbei
- Schafgarbe
- Schleierkraut
- Stiefmütterchen
- Strandflieder
- Strohblume
- Studentenblume

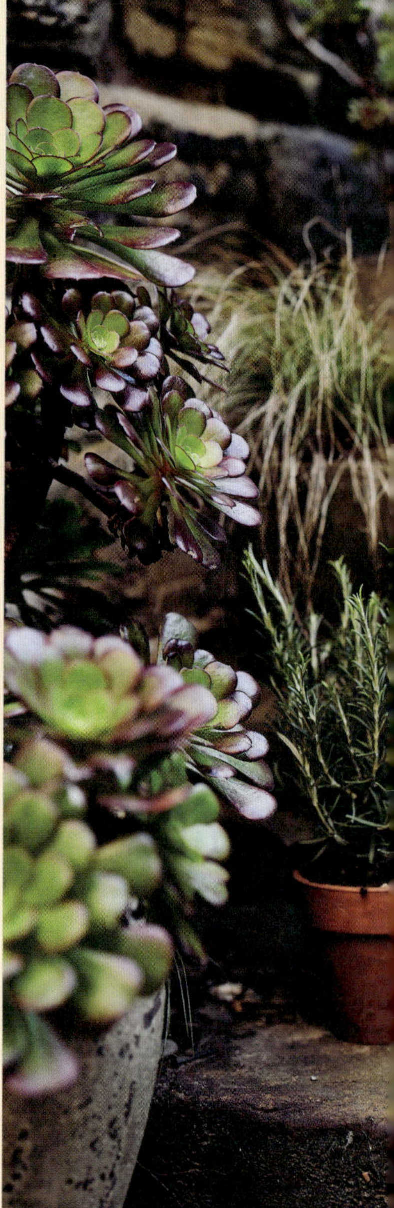

NATUR

Ein Park, ein Bachlauf oder ein Wald sind hervorragende Quellen für visuelle Inspiration. Beim Pflücken von Beeren oder anderen Pflanzen gilt es jedoch zu bedenken, dass diese Orte für alle da sind und man mit Maß vorgehen sollte. Noch wichtiger: Wildtiere sind in der Regel auf diese Ressourcen angewiesen. Besser ist es also, wenn Sie auf Ihre eigenen Pflanzen zurückgreifen oder die Produkte von lokalen Bauernhöfen beziehen. Auf einem Obsthof Beeren zu pflücken oder Lavendel zu sammeln, der kommerziell angebaut wird, ist ein großer Spaß für die ganze Familie.

GEMEINSCHAFTSGÄRTEN

In vielen Städten gibt es Gärten, die von zwei oder drei Personen gemeinsam bewirtschaftet werden, sodass man sich die Arbeit teilen kann und alle von der Ernte profitieren. Nähere Auskünfte dazu erteilt Ihnen die Stadtverwaltung. Denkbar sind auch gemeinschaftliche Anbauprojekte oder ein gemeinsam genutzter Schrebergarten.

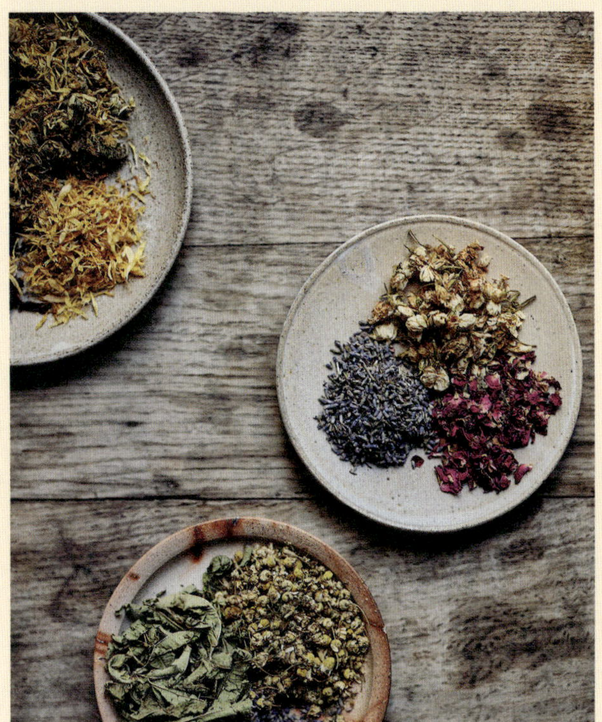

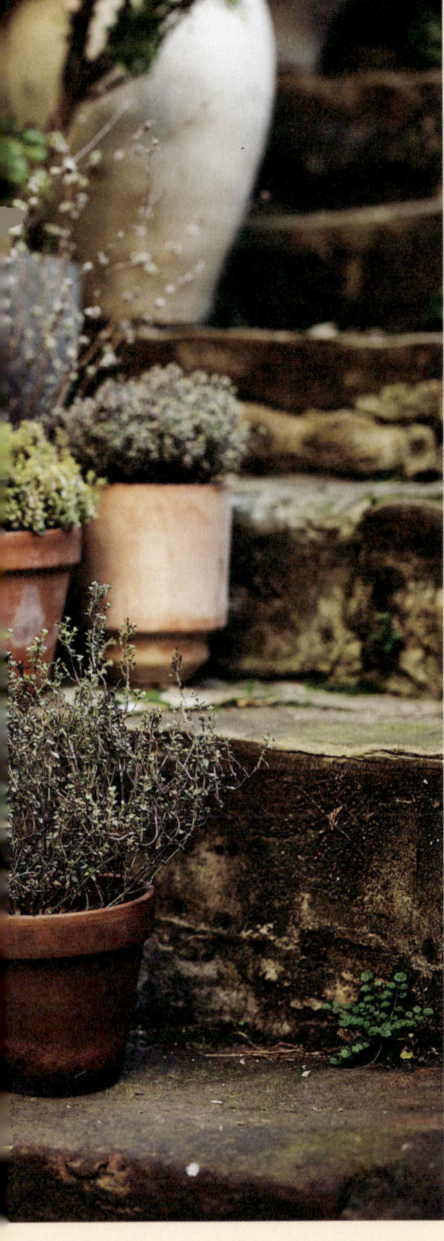

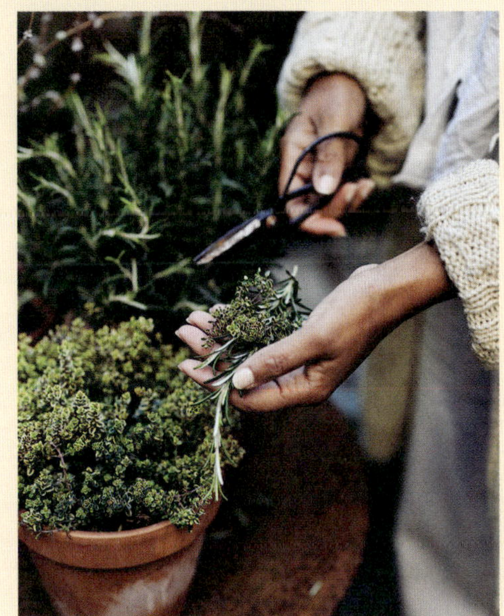

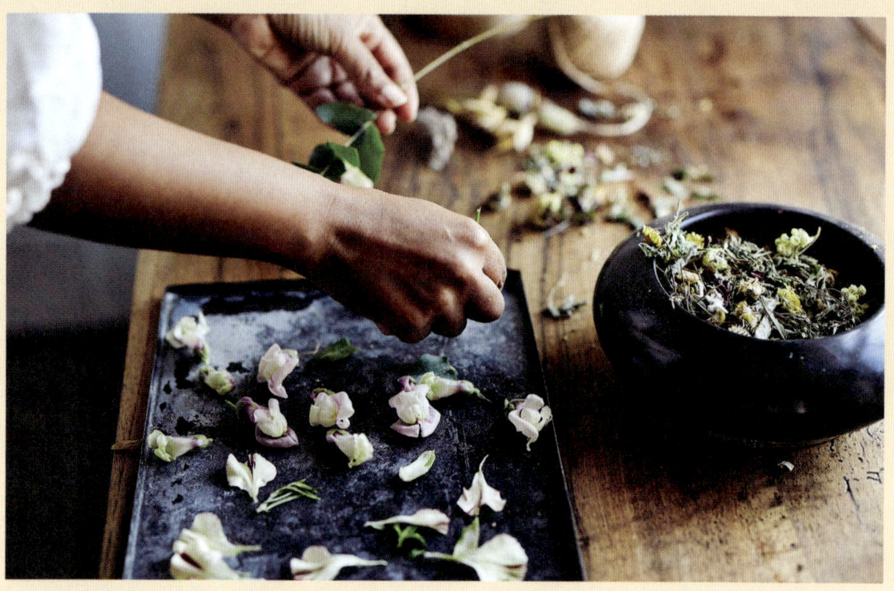

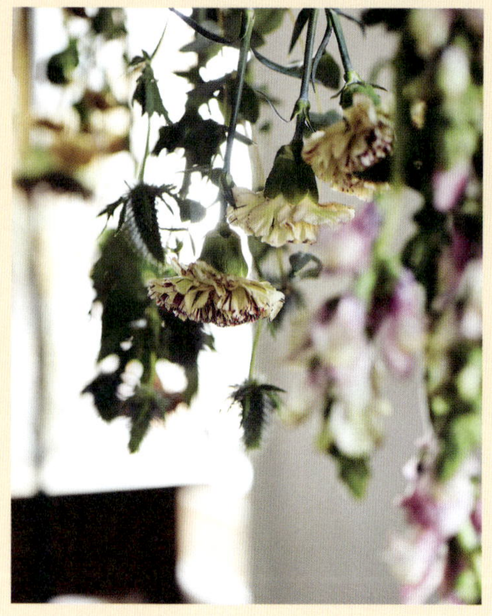

Blumen trocknen

Für einige Geschenke in diesem Buch werden Trockenblumen verwendet. Inzwischen kann man sie in vielen Läden kaufen. Sollten Sie aber die Zeit und den Platz haben, lohnt es sich, die Blumen selbst zu trocknen.

Neben frischen Blumen – aus eigenem Anbau oder aus dem Blumenladen – benötigen Sie Schnur oder Gummibänder. Andere Utensilien wie Küchenkrepp oder Packpapier sind nützlich, aber nicht unbedingt notwendig. Wenn Sie Blumen aus dem Garten verwenden, dann pflücken Sie diese an einem trockenen Tag um die Mittagszeit, nachdem der Morgentau verdunstet ist und sich keine Feuchtigkeit mehr auf der Pflanze befindet.

Wer nur die Blütenblätter trocknen möchte, nimmt diese vorsichtig vom Blütenkopf ab und legt sie auf einen mit Küchenkrepp (optional) ausgelegten Tisch oder ein Tablett. Wenn es ganze Stiele sein sollen, dann binden Sie jeweils 10–20 Stängel zusammen. Blumen mit größeren oder breiteren Köpfen, wie beispielsweise Schafgarbe, werden besser in unterschiedlichen Höhen angeordnet, damit die zarten Blüten während des Trocknungsprozesses nicht beschädigt werden. Lavendel hingegen mit seinen schlanken, geraden Blütenköpfen kann einfach so aufgebunden werden. Die Blütenblätter und -sträuße sollten vor direkter Sonneneinstrahlung geschützt werden, am besten eignet sich ein Schrank mit guter Luftzirkulation. Ganze Stiele benötigen je nach Temperatur zwei bis drei Wochen zum Trocknen. Bei abgetrennten Blütenblättern und -köpfen geht es schneller, da weniger Wasser verdunsten muss.

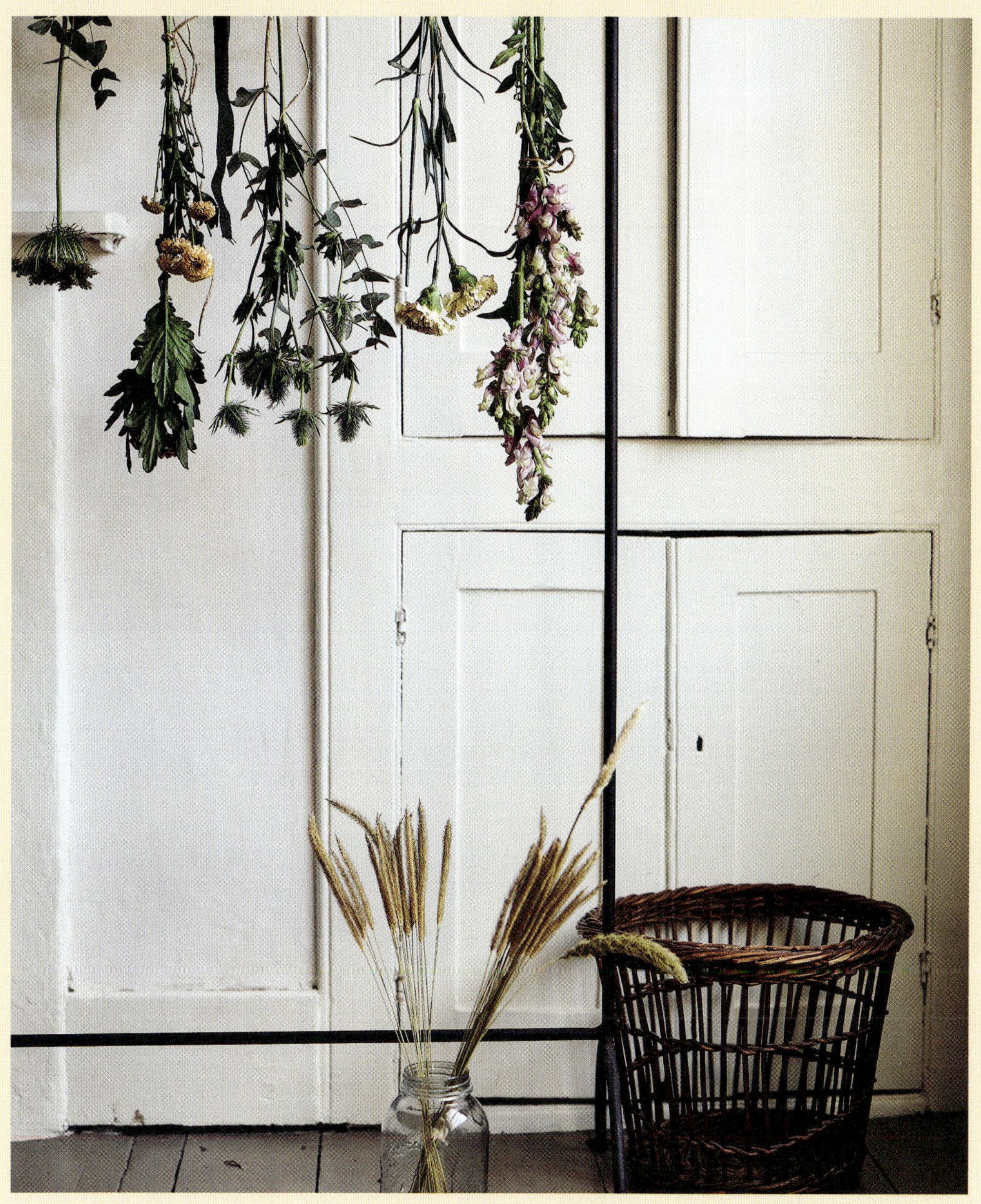

ÄTHERISCHE ÖLE

Eine elementare Zutat vieler Projekte in den Kapiteln „Pflege“ (Seite 25–45) und „Duft“ (Seite 71–91) dieses Buches sind ätherische Öle. Mit ihnen habe mich erstmals auseinandergesetzt, als ich mein Unternehmen gründete und viel Zeit mit Heilpraktikern verbrachte. Ich bin beeindruckt von der Wirkung, die diese Duftessenzen, die alle in der Natur vorkommen, auf unser Wohlbefinden haben können.

Ätherische Öle sind flüchtige Duftstoffe einer Pflanze, die aus Blüten, Blättern, Früchten, Stängeln, Holz, Rinde, Samen, Beeren oder Wurzeln gewonnen werden. Die Menge an ätherischen Ölen in einer Pflanze ist nicht immer gleich und hängt von ihrer Art ab. Pflanzen mit geringeren Erträgen sind in der Regel teurer: Der üppig blühende Lavendel ist beispielsweise günstiger als die Kamille, die deutlich weniger Blüten pro Pflanze hervorbringt.

Ätherische Öle sind hochkonzentriert und haben eine starke Wirkung, weshalb sie mit Tropfenzähler geliefert werden. Zu Ihrer Sicherheit sollten Sie die Anweisungen in diesem Buch befolgen und auf die Anzahl der Tropfen achten.

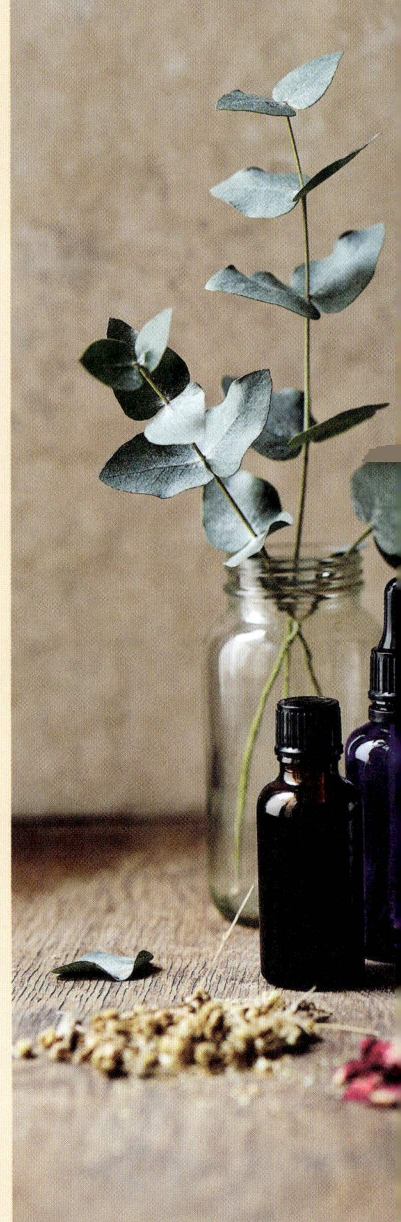

Qualität

Hochwertige ätherische Öle herzustellen, ist aufwendig und bedarf einer schonenden Vorgehensweise. Es gibt verschiedene Methoden, um ätherische Öle aus Pflanzen zu gewinnen: zum Beispiel Wasserdampfdestillation, Kohlendioxidextraktion, Kaltpressung oder Enfleurage. Sie alle haben Auswirkungen auf das Endprodukt. Die Chance, ein qualitativ hochwertiges Öl zu erhalten, haben Sie am ehesten bei einem seriösen Unternehmen, etwa eines, das von Naturheilkundlern empfohlen wird oder bereits seit Langem in diesem Bereich ausbildet und lehrt. Im Anhang dieses Buches habe ich ein paar empfehlenswerte Lieferanten aufgeführt (siehe Seite 138), Apotheken und Reformhäuser bieten jedoch auch oft qualitätvolle Öle an. Produkte mit etabliertem Biosiegel eignen sich am besten, da sie gründlich geprüft wurden.

Mischungen

Für die Projekte in diesem Buch greife ich auf bekannte Mischungen von ätherischen Ölen zurück, denn sie harmonieren gut und erzielen bestimmte therapeutische Wirkungen. Wer mehr über das Mischen von Ölen erfahren möchte, findet inzwischen etliche gute Bücher und Webseiten zu diesem Thema. Das Mischen ist eine Kunst, die manchen leichter fällt als anderen, aber jeder kann sie durch Experimentieren und viel Übung verbessern. Die erfolgreichsten Kreationen haben eine Balance aus Basis-, Herz- und Kopfnoten und sind tief, reichhaltig und erdig in der Basis, blumig in der Mitte und spritzig, erfrischend und zitrusartig in der Spitze. Zum Experimentieren eignen sich ein kleiner Glasbecher und ein geruchloses Basisöl wie Mandelöl (oder Traubenkern- oder Hagebuttenöl, wenn der Beschenkte eine Nussallergie hat).

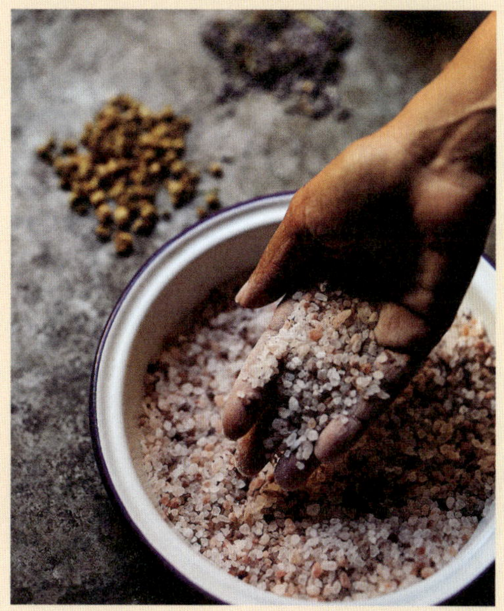

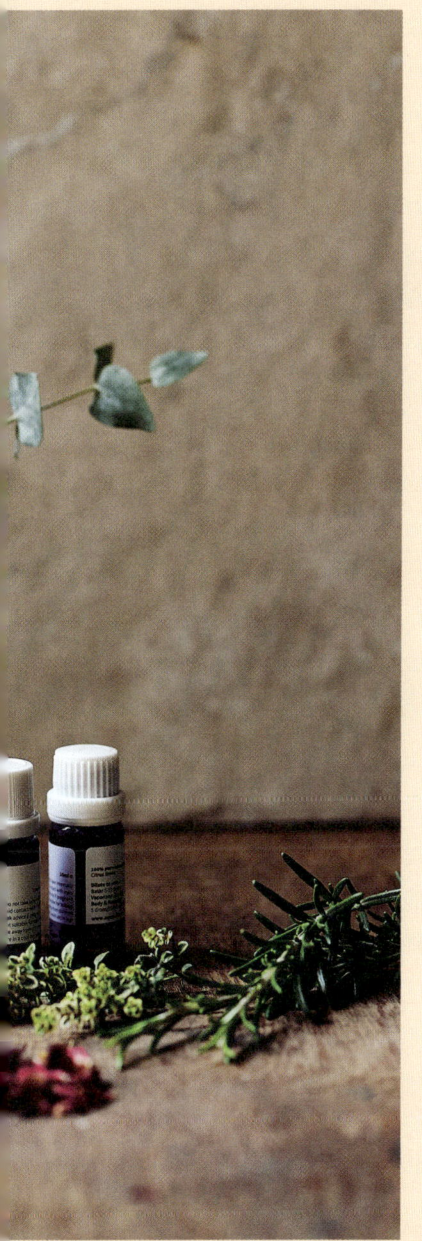

Aufbewahrung

Ätherische Öle werden in dunkel gefärbten Glasflaschen verkauft, da sie so am längsten haltbar sind. Am besten bewahrt man die Öle an einer kühlen, dunklen Stelle im Haus auf. Im Kühlschrank verlängert sich die Haltbarkeit noch weiter, aber achten Sie auf die Lagerungshinweise, da die Öle durchaus unterschiedliche Ansprüche haben. In jedem Fall sollten sie außerhalb der Reichweite von kleinen Kindern stehen. Das Öl sollte nur in kleinen Mengen gekauft werden, es sei denn, Sie wollen viele Geschenke auf einmal herstellen. Die meisten ätherischen Öle sollten innerhalb von zwei Jahren aufgebraucht werden. Manche jedoch haben eine kürzere Haltbarkeit, zum Beispiel sechs Monate, also lieber einmal mehr auf das Etikett schauen.

Sicherheit

Personen mit Bluthochdruck und schwangere Frauen sollten bei der Verwendung ätherischer Öle vorsichtig sein. Für sie ist ein Geschenk mit diesen Essenzen also vielleicht nicht das Richtige. In diesem Buch habe ich Öle vermieden, die bekanntermaßen Probleme verursachen können. Im Zweifelsfall fragen Sie aber lieber noch mal einen Arzt. Aufgrund ihrer Konzentration müssen die meisten ätherischen Öle verdünnt werden und sollten niemals direkt auf die Haut aufgetragen werden.

UTENSILIEN UND MATERIALIEN

Für Ihre selbst gemachten Geschenke sollten Sie einige wichtige Haushaltsgegenstände zur Hand haben. Vieles davon ist bereits in Ihrer Küche vorhanden, anderes können Sie im Laufe der Zeit besorgen, wenn es für ein bestimmtes Projekt benötigt wird.

AUS DER KÜCHE

- Backblech
- Digitale Küchenwaage
- Feinmaschiges Sieb
- Handrührgerät
- Hitzebeständiger Messbecher aus Glas
- Kleine hitzebeständige Glas- oder Keramikschüsseln
- Kleines Messglas
- Kochlöffel
- Kochtöpfe aus rostfreiem Stahl (mindestens zwei, einer für Lebensmittel, einer für Weiteres)
- Küchenschere
- Lebensmittelthermometer
- Mörser und Stößel
- Rührschüsseln aus Glas
- Stoffschere
- Tee- und Esslöffel
- Trichter

AUFHEBEN UND WIEDERVERWENDEN

- Gebrauchtes Geschenkpapier (Geschenke sorgfältig öffnen und das Papier verwahren)
- Gläser, Dosen oder Flaschen mit Deckel
- Gummibänder
- Klopapierrollen
- Kordel und Garn
- Pappe (von großen Briefumschlägen usw.) – ideal für Schablonen
- Schleifenbänder
- Seidenpapier
- Stoffreste oder alte Textilien, die man weder flicken noch spenden kann
- Zeitungspapier

WASSERBAD

Ein Simmertopf dient dazu, empfindliche Zutaten indirekt zu erhitzen. Er ist in der Tat ein sehr nützliches Gerät, aber man kann sich auch mit einem Kochtopf und einer Glas- oder Metallschüssel mit einem ausreichend großen Durchmesser behelfen. Den Topf füllen Sie zu etwa 2,5–5 cm mit Wasser und stellen die mit den Zutaten befüllte Schüssel darauf. Die Schüssel sollte das Wasser nicht berühren. Das Wasser nun zum Kochen bringen und die Temperatur gegebenenfalls reduzieren. Behalten Sie den Topf im Auge, das Wasser darf nicht komplett verdampfen. Füllen Sie bei Bedarf etwas Flüssigkeit nach.

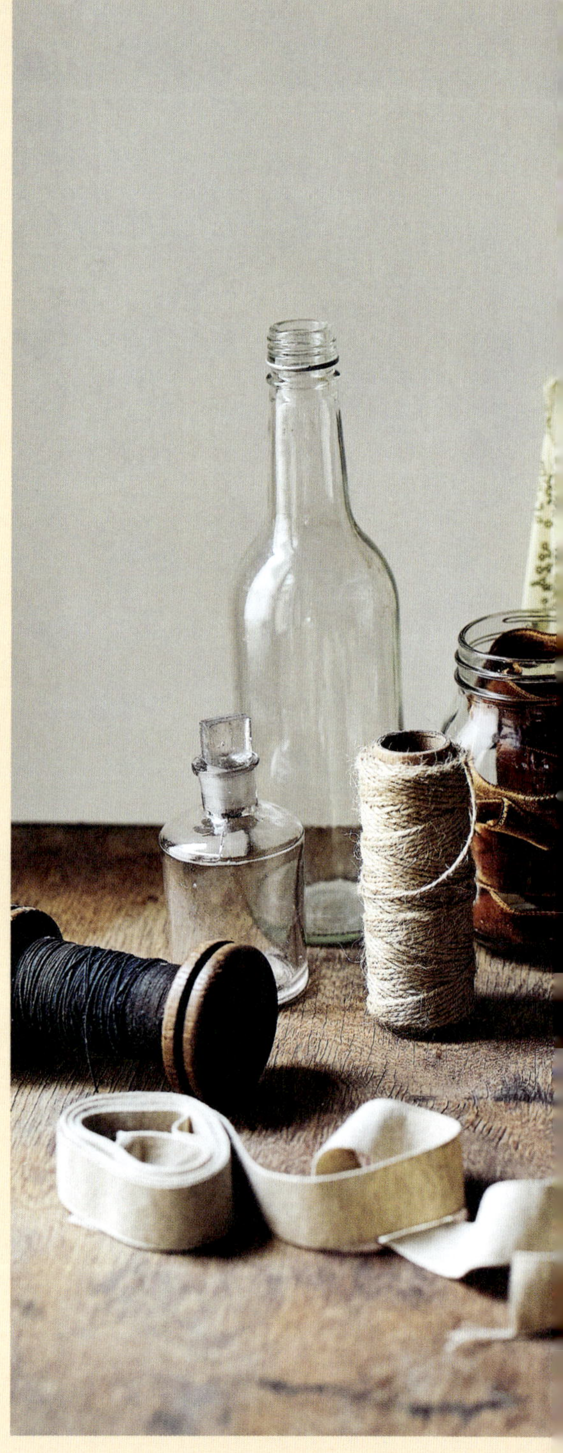

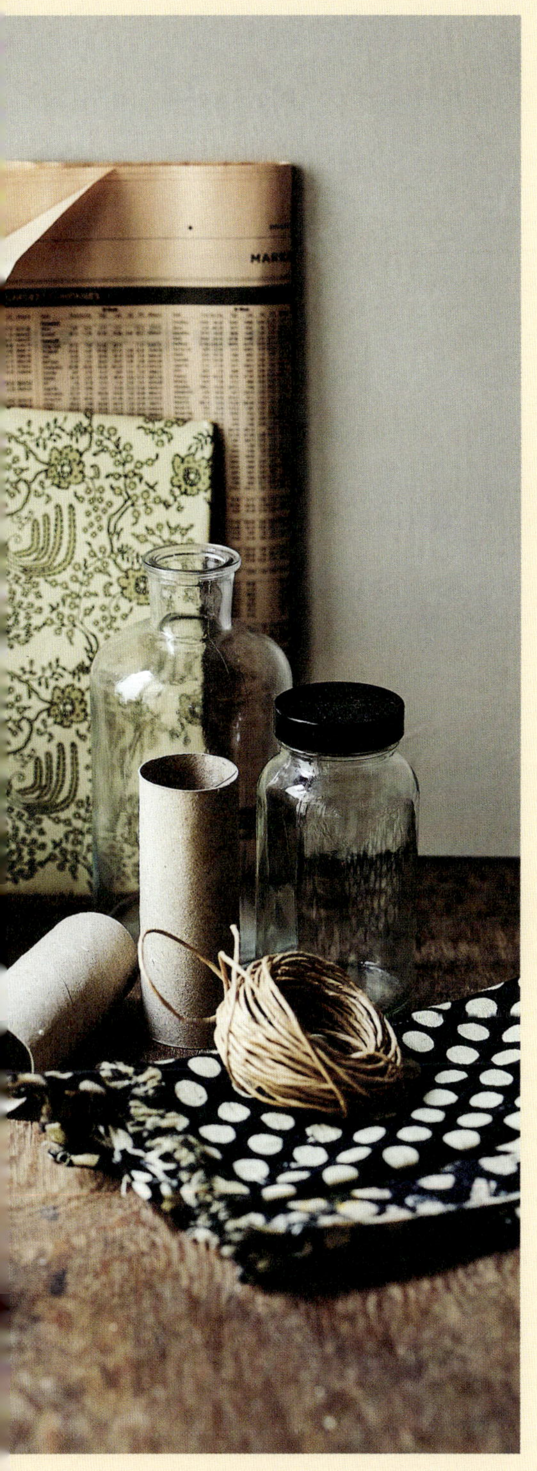

BEHÄLTER UND GEFÄSSE

Die Gefäße, die Sie für die Geschenke verwenden, sind im Grunde genauso wichtig wie das Geschenk selbst. Im Idealfall benutzen Sie gebrauchte Behälter und Gläser. Ihr eigener Haushalt ist hier sicherlich eine gute Quelle, aber auch Secondhandläden und Flohmärkte warten mit einer Vielzahl an Apothekergefäßen, Blechdosen, Schachteln und anderen kleinen Schätzen auf. Glasgefäße können Sie sterilisieren (siehe unten). Behälter, wie zum Beispiel Vintage-Blechdosen, die das nicht vertragen, legen Sie mit sauberem Backpapier oder Seidenpapier aus. Ersatzdeckel und -verschlüsse für wiederverwendete Flaschen sind online in verschiedenen Größen erhältlich.

Glasgefäße säubern

Es gibt verschiedene Möglichkeiten, gebrauchte Glasgefäße zu reinigen. Um Kalkablagerungen zu lösen, füllen Sie das Glas zu gleichen Teilen mit Essigessenz und Wasser, sodass die trübe Stelle bedeckt ist. Lassen Sie die Flüssigkeit einen Tag oder über Nacht einwirken und reinigen Sie das Glas dann mit einem Scheuerschwamm oder einer Bürste. Auch mit Vaseline kann man leichte Kalkablagerungen entfernen. Sie eignet sich aber besser für die Außenseite von Glasgefäßen. Vier bis fünf Tage einwirken lassen, dann sorgfältig entfernen. Klebrige Rückstände von Etiketten bekommen Sie mit einer Paste aus gleichen Teilen Natron und Pflanzenöl ab.

Glasgefäße und Aluminiumdosen sterilisieren

Das Glas oder die Dose in heißem Seifenwasser säubern, mit klarem Wasser abbrausen und für 15 Minuten in einen Topf mit kochendem Wasser stellen. Alternativ nach dem Reinigen für 45 Sekunden in der Mikrowelle oder 15 Minuten bei 130 °C im Ofen trocknen.

Das Volumen wiederverwendeter Gefäße ermitteln

Füllen Sie das gewählte Gefäß mit Wasser (bei Flaschen das Wasser nur bis zum unteren Rand des Flaschenhalses). Das Wasser dann in einen Messbecher gießen und die Angabe entweder mittels eines Etiketts oder mit einem abwaschbaren Stift auf dem Gefäß notieren. Dies ist vor allem dann wichtig, wenn Sie die Menge der Zutaten berechnen wollen, die Sie zum Befüllen Ihres Gefäßes benötigen.

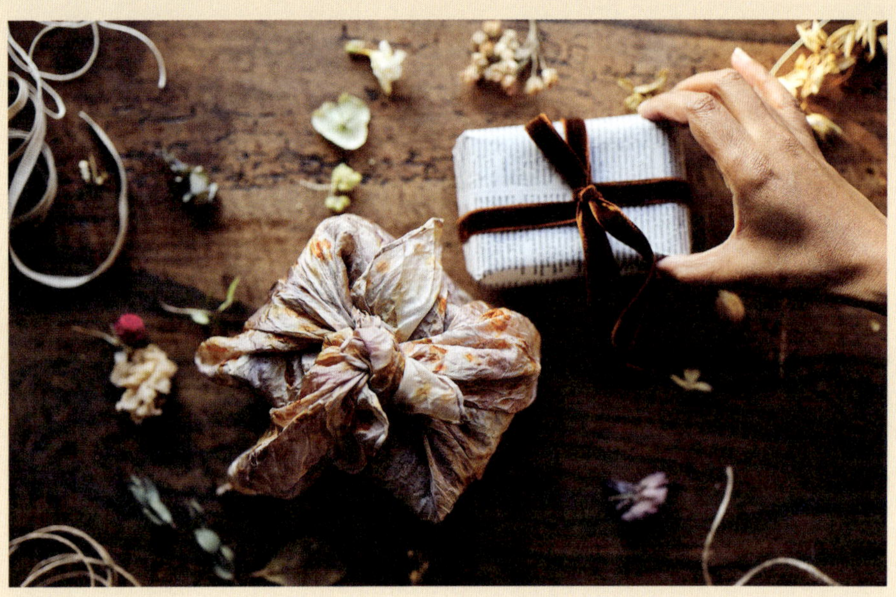

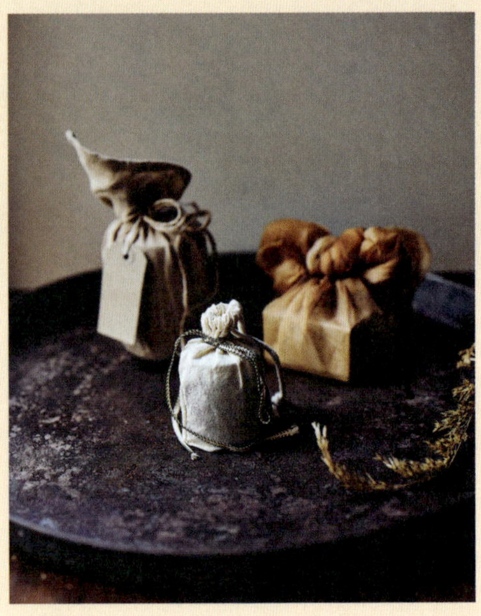

GESCHENK-VERPACKUNGEN

Es gibt unendlich viele Möglichkeiten, Geschenke hübsch zu verpacken. Für die Projekte in diesem Buch habe ich jeweils eine Variante vorgeschlagen, ich verstehe sie aber mehr als Anregung zum eigenen Experimentieren. Manchmal reichen schon ein einfaches Band und ein Geschenkanhänger aus – etwa um ein altes Glasgefäß aufzuhübschen. Bei anderen Gelegenheiten mag man es vielleicht lieber pompös und drapiert das Geschenk in handgefärbter Seide.

Spannend ist die Frage, welche Materialien von alltäglichen Dingen zu Geschenkpapierpapier umfunktioniert werden können. Schöne Stoff- oder Papierzuschnitte sind zum Beispiel ideal, um als Verpackung wiederverwendet zu werden, und vielleicht werden die Beschenkten sie auch aufbewahren und wiederverwenden, sodass die Verpackung noch lange nach der Übergabe des Geschenks genutzt werden kann.

Stoffe, Schnüre, Beutel und Bänder – am besten natürlich gefärbt – können allesamt wieder zum Einsatz kommen. Sobald Sie über den Tellerrand hinausschauen, werden Sie sicherlich schon bald eine Verwendung für Dinge finden, die Sie vorher weggeworfen haben.

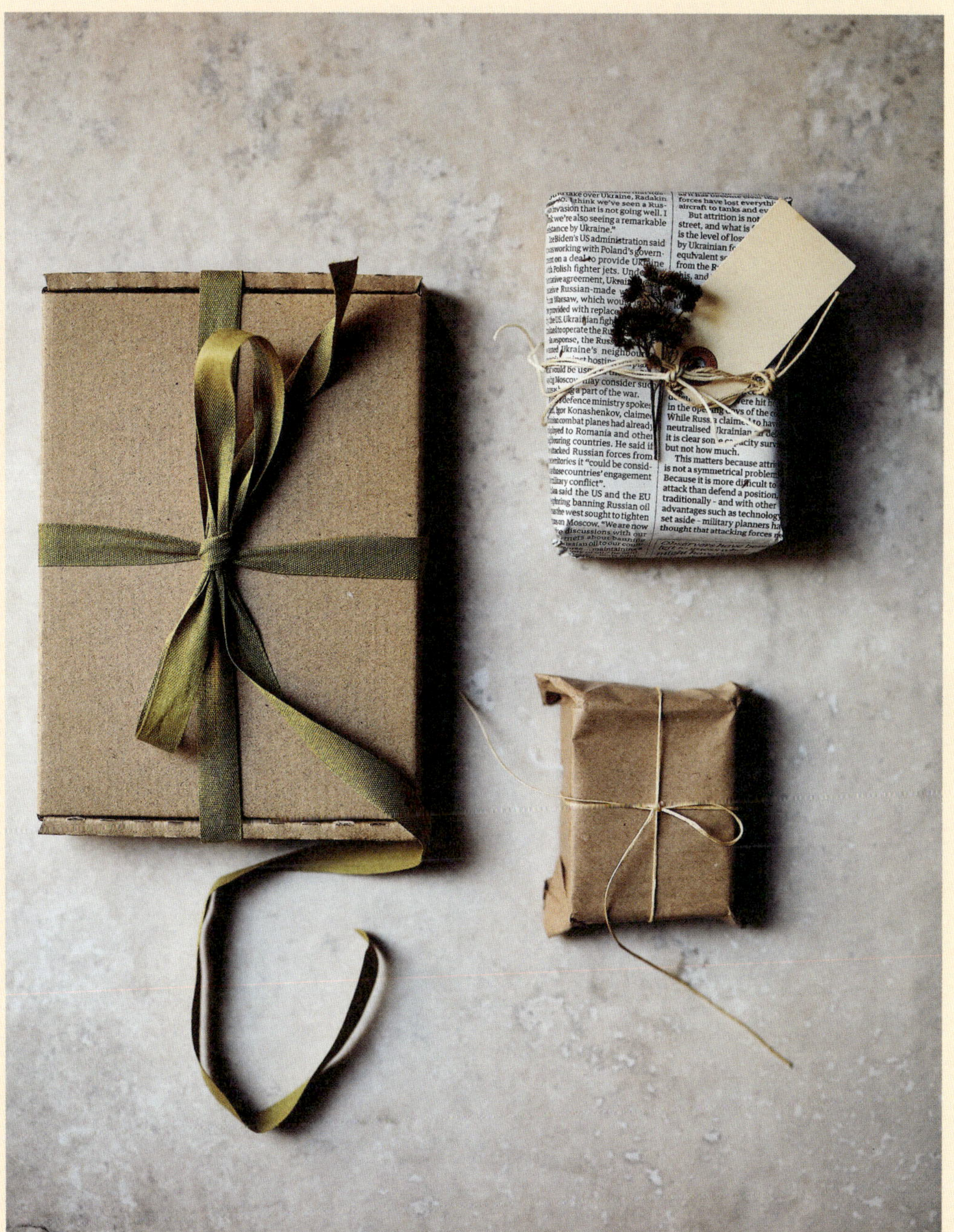

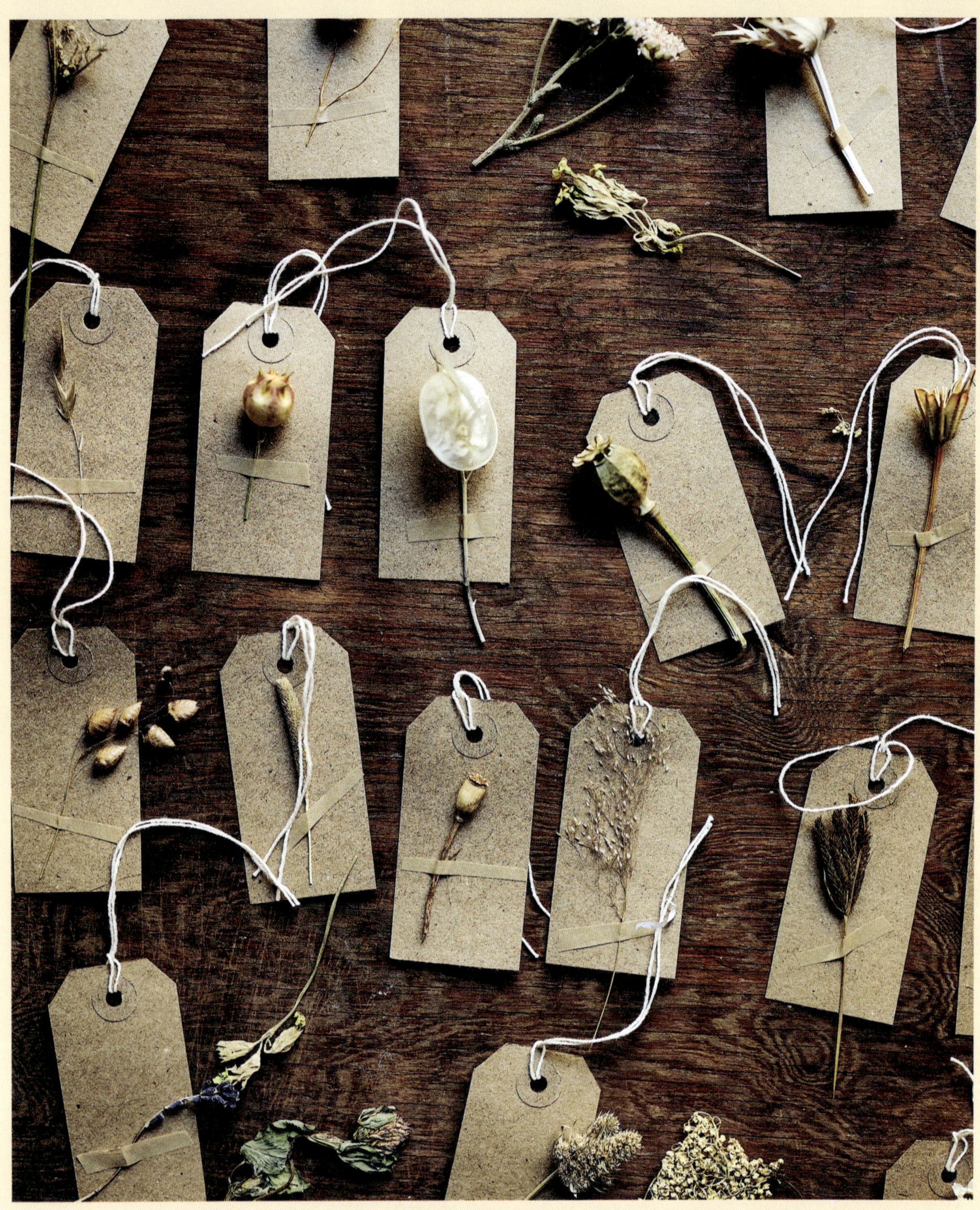

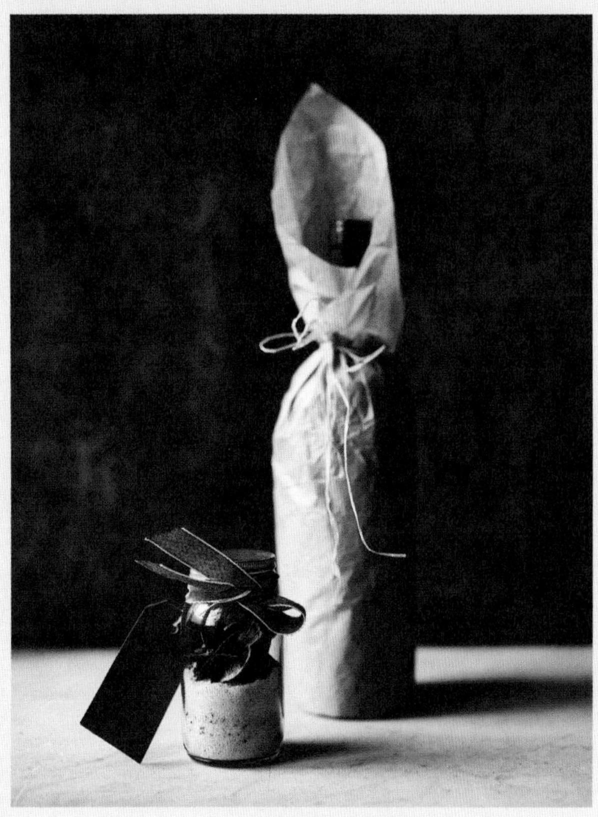

Geschenkanhänger

Ein Geschenk mit einem Etikett zu versehen, bedeutet nicht nur, dem Empfänger mitzuteilen, von wem das Geschenk stammt – es kann auch eine wunderbare Gelegenheit sein, dem Präsent ein weiteres i-Tüpfelchen hinzuzufügen. Übrig gebliebene Blumen könnten Sie beispielsweise nach der Anleitung auf Seite 14 trocknen und mit Papierklebeband auf einem Stückchen Pappe befestigen. Anhänger funktionieren auch hervorragend als kleine Gebrauchsanweisungen, die darüber informieren, wie man den Inhalt des Geschenkes am besten verwenden kann oder wie lange er haltbar ist.

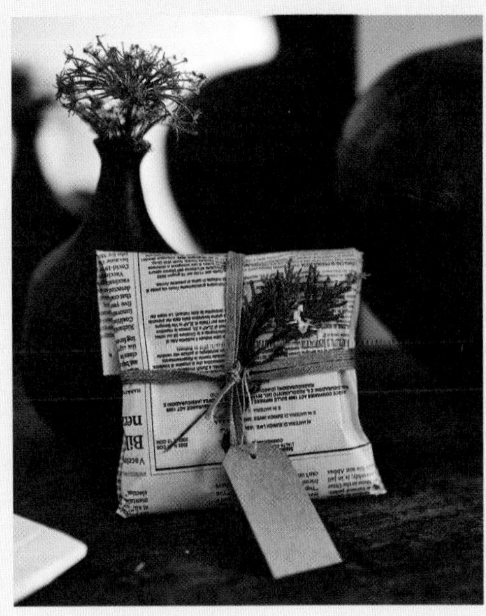

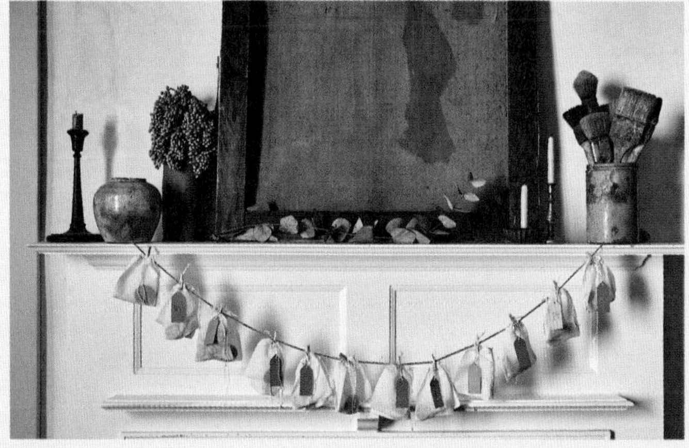

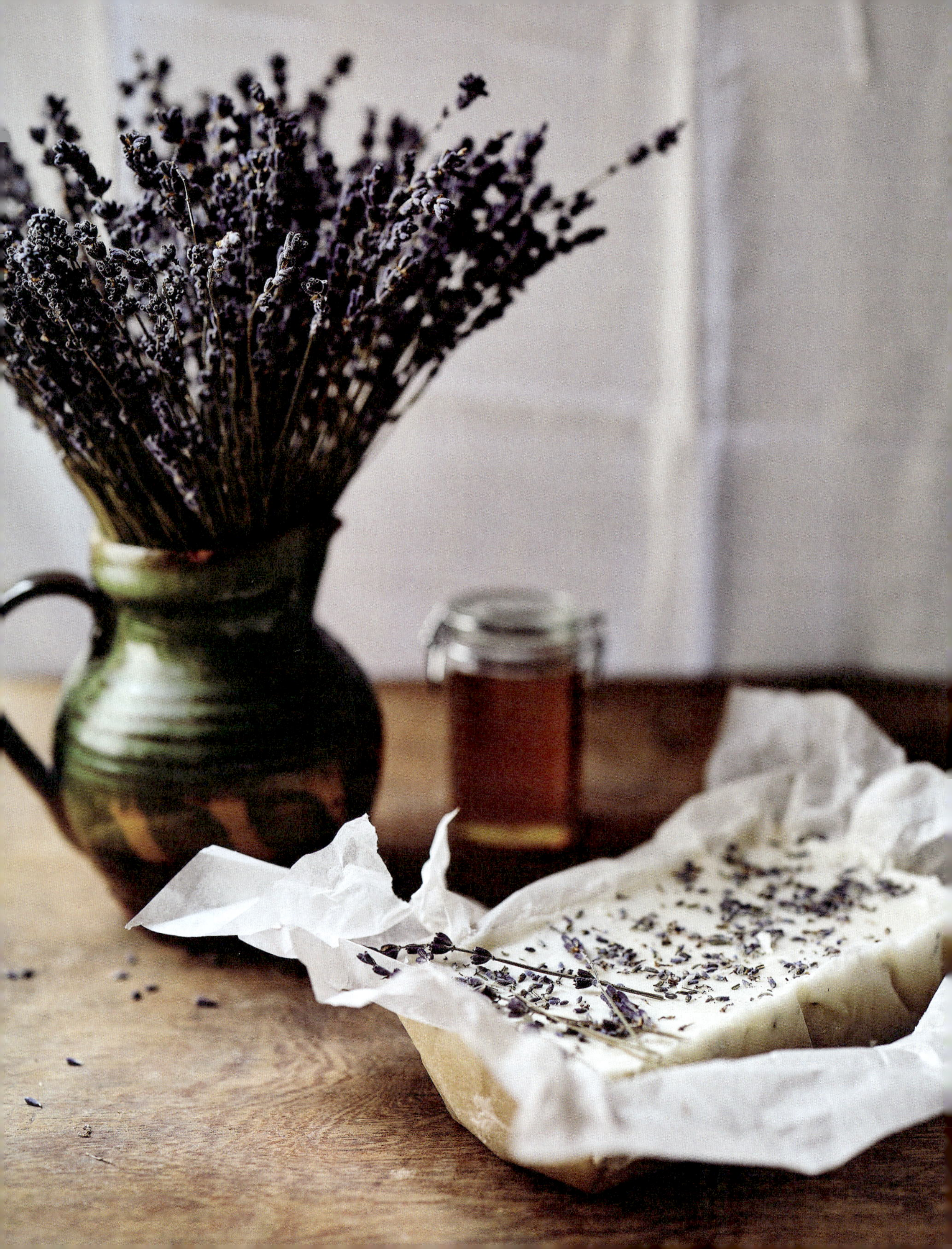

PFLEGE

LAVENDEL-HONIG-SEIFE –
BADESALZ – SHEA-LIPPENBALSAM
MIT MINZE – HANDCREME
FÜR GÄRTNER – BADEÖL

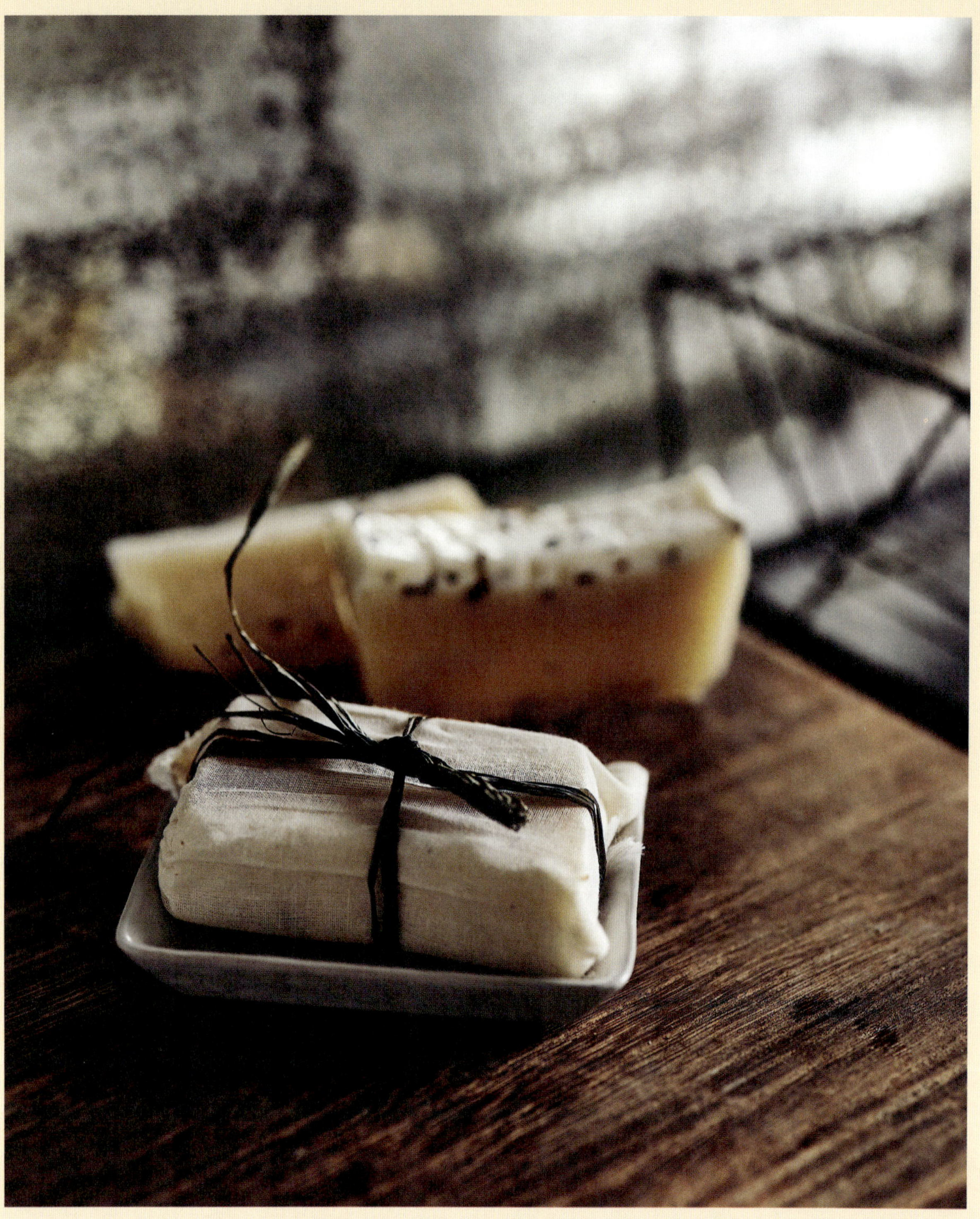

LAVENDEL-HONIG-SEIFE

Unser Wunsch nach einem einfacheren und nachhaltigeren Lebensstil hat das eigene Herstellen von Produkten wie etwa fester Seife geradezu beflügelt. Seife ist nicht nur ein großartiges praktisches Geschenk, sondern verspricht zugleich einen Hauch von Luxus und Selbstfürsorge. Noch dazu sieht sie sehr dekorativ aus. Für die Methode, die ich anwende, braucht man keine Natronlauge – normalerweise wird sie dazu benutzt, um mit Öl zusammen eine Emulsion zu bilden, die die Seife später zum Schäumen bringt. Dieser Prozess ist ein wenig knifflig, erfordert Sicherheitsvorkehrungen und kann daher abschreckend wirken. Durch die Verwendung einer Seifenbasis wird das Ganze vereinfacht und ist somit auch für Anfänger geeignet. Wenn Sie Spaß an der Herstellung haben, experimentieren Sie gerne zusätzlich mit verschiedenen ätherischen Ölen, getrockneten Zutaten und sogar mit natürlichen Farbstoffen. Schließlich können Sie sich auch an das Laugenverfahren herantrauen, um Ihre Fähigkeiten in der Seifenherstellung noch weiter auszubauen.

ZEIT: 40 Minuten (plus Aushärtungszeit) ERGIBT: 8 Seifenstücke à 10 x 5 cm

Man braucht:
1 kg Seifenbasis (Schmelzen und Gießen)
4 TL getrocknete Lavendelblüten (zum Trocknen siehe Seite 14)
4 TL Honig
100 Tropfen ätherisches Lavendelöl

Ausstattung:
Scharfes Küchenmesser
Glasschüssel und Kochtopf (zum Wasserbad siehe Seite 18)
Kochlöffel
Ich habe eine Kastenform mit 900 g Fassungsvermögen verwendet und mit Backpapier ausgelegt (eine Silikonform geht auch)

Zum Verpacken:
Musselin- oder andere Stoffreste
Streifen aus feinem Stoff, Jutegarn oder Schleifenband
Getrocknete Blumen oder Gräser
Geschenkanhänger

1. Die Seifenbasis mit einem scharfen Küchenmesser in 2 x 2 cm große Würfel schneiden und in eine Glasschüssel geben, die gut auf den Kochtopf passt.

2. Den Topf mit Wasser füllen (etwa 2,5 cm) und zum Kochen bringen.

3. Die Schüssel auf den Topf stellen und die Seifenbasis bei mittlerer Hitze schmelzen. Gelegentlich mit dem Kochlöffel umrühren.

4. Sobald die Seifenbasis vollständig geschmolzen ist, vom Herd nehmen und die getrockneten Lavendelblüten, den Honig und das ätherische Öl hinzufügen. Verrühren.

5. Die Mischung in die Form gießen und mit weiteren Blüten dekorieren, bevor sie vollständig ausgehärtet ist.

6. An einem kühlen Ort aufbewahren. Wenn die Seife vollständig ausgehärtet ist (je nach Temperatur dauert das 24–48 Stunden), vorsichtig aus der Form nehmen und den Seifenblock in 2–3 cm dicke Scheiben schneiden.

7. Die Seife verpacken. In Musselin einschlagen oder mit Streifen aus feinem Stoff, Jutegarn oder Schleifenband umwickeln. Zum Schluss getrocknete Blumen oder Gräser dazustecken. Die selbst gemachte Seife ist bis zu 12 Monate haltbar. Diese Information kann auf dem Geschenkanhänger vermerkt werden.

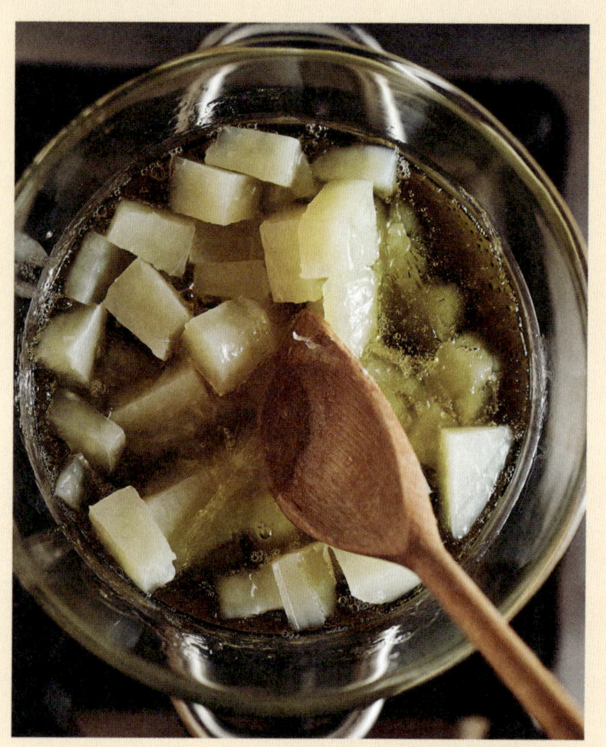

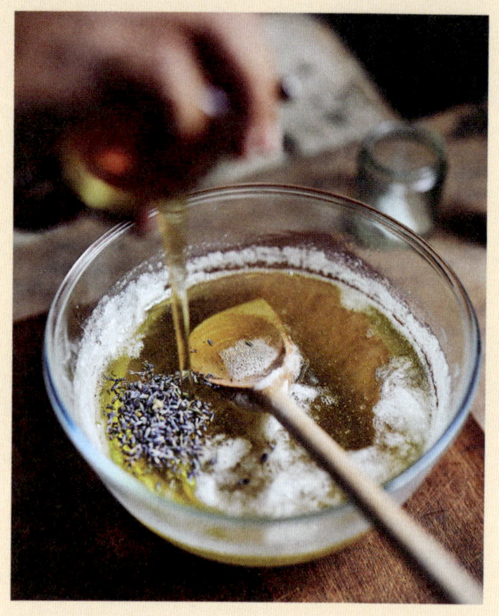

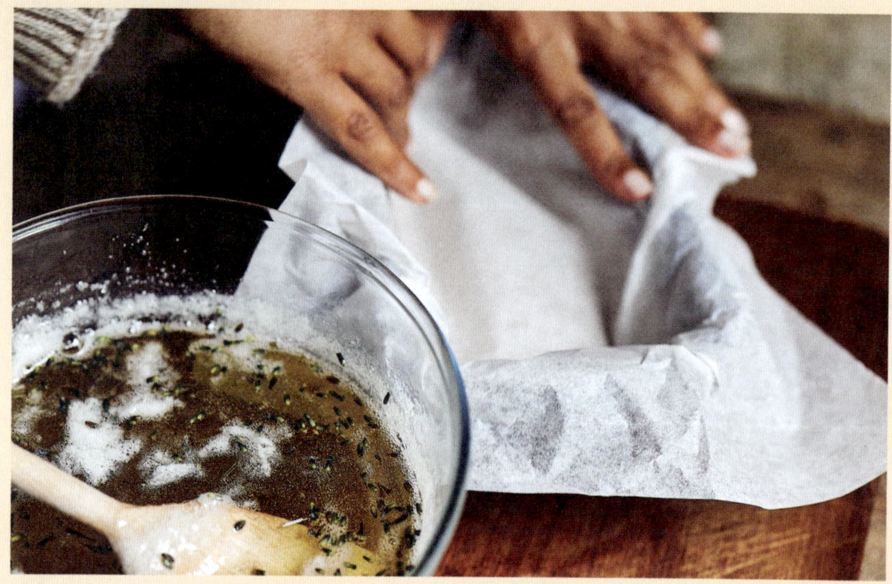

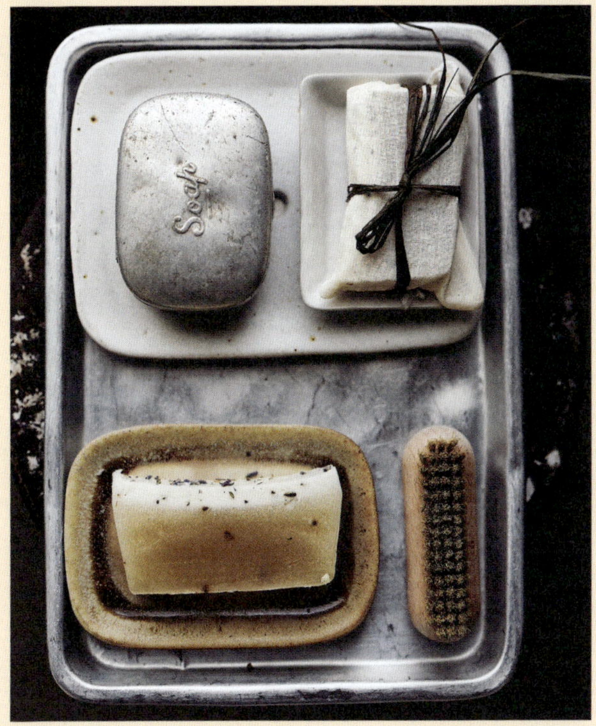
Soap

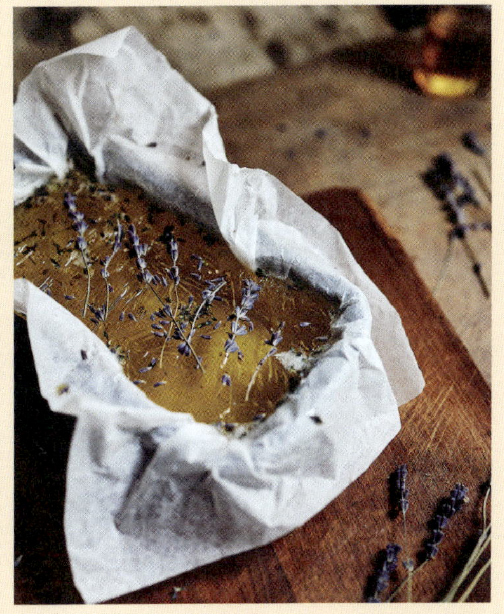

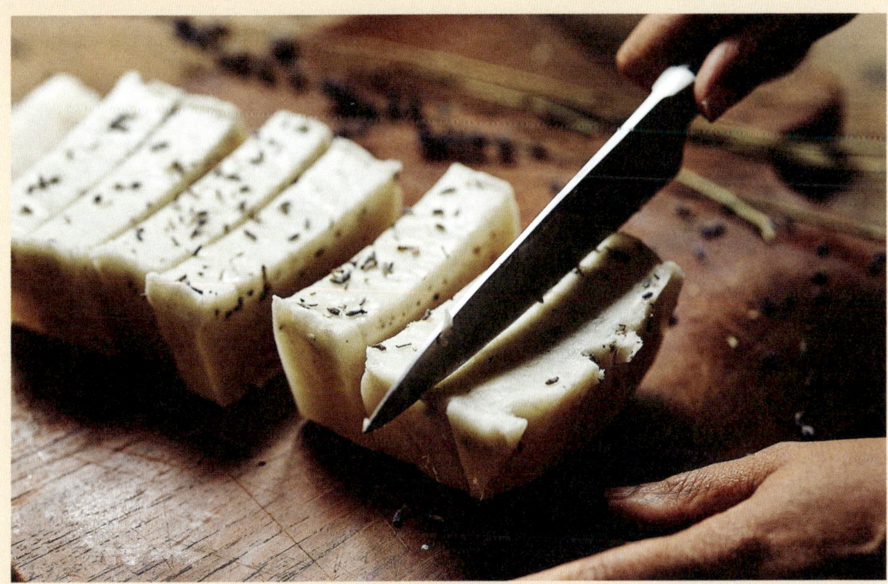

BADESALZ

Badesalz ist perfekt geeignet für kleine Wellnessauszeiten. Wie schön, dass man diese zum Teil kostspieligen Produkte zu einem Bruchteil des Preises selbst herstellen kann. Sicherlich ist das ein kleiner Anreiz für Sie, dieses luxuriöse Geschenk für einen geliebten Menschen zu machen, der eine kleine Verwöhnung benötigt. Ein Bad bei Kerzenschein mit diesem selbst gemachtem Badesalz bietet absolute Tiefenentspannung, und zugleich wirkt die beruhigende Mischung aus Rose, Lavendel und Kamille als Einschlafhilfe.

ZEIT: 20 Minuten ERGIBT: Ein Gefäß à 250 ml

Man braucht:
120 ml (½ Tasse) Bittersalz
120 ml (½ Tasse) Himalayasalz
¼ TL Natron
10 Tropfen ätherisches Öl nach Wahl (ich habe marokkanische Rose, Kamille und Lavendel verwendet)
1 EL getrocknete Blütenblätter (ich habe getrocknete Rosenblüten, Kamille und Lavendel verwendet; zum Trocknen siehe Seite 14)
Ein luftdichtes Glasgefäß nach Wahl (ein Schraubglas oder eine Apothekerflasche sehen schön aus)

Ausstattung:
Schüssel
Löffel

Zum Verpacken:
Schleifenband
Geschenkanhänger

1. Salz und Natron in einer Schüssel mischen.
2. 10 Tropfen ätherisches Öl hinzufügen und vermischen, sodass sich alles gleichmäßig verteilt.
3. Nach Belieben Blütenblätter hinzufügen.
4. Die Badesalzmischung in ein Glasgefäß nach Wahl umfüllen.
5. Das Gefäß mit einer Schleife verzieren und die Gebrauchsanweisung auf einem Etikett notieren: „An einem kühlen, trockenen Ort ohne direktes Sonnenlicht aufbewahren. Eine Handvoll ins heiße Badewasser geben." Eine persönliche Nachricht nicht vergessen.

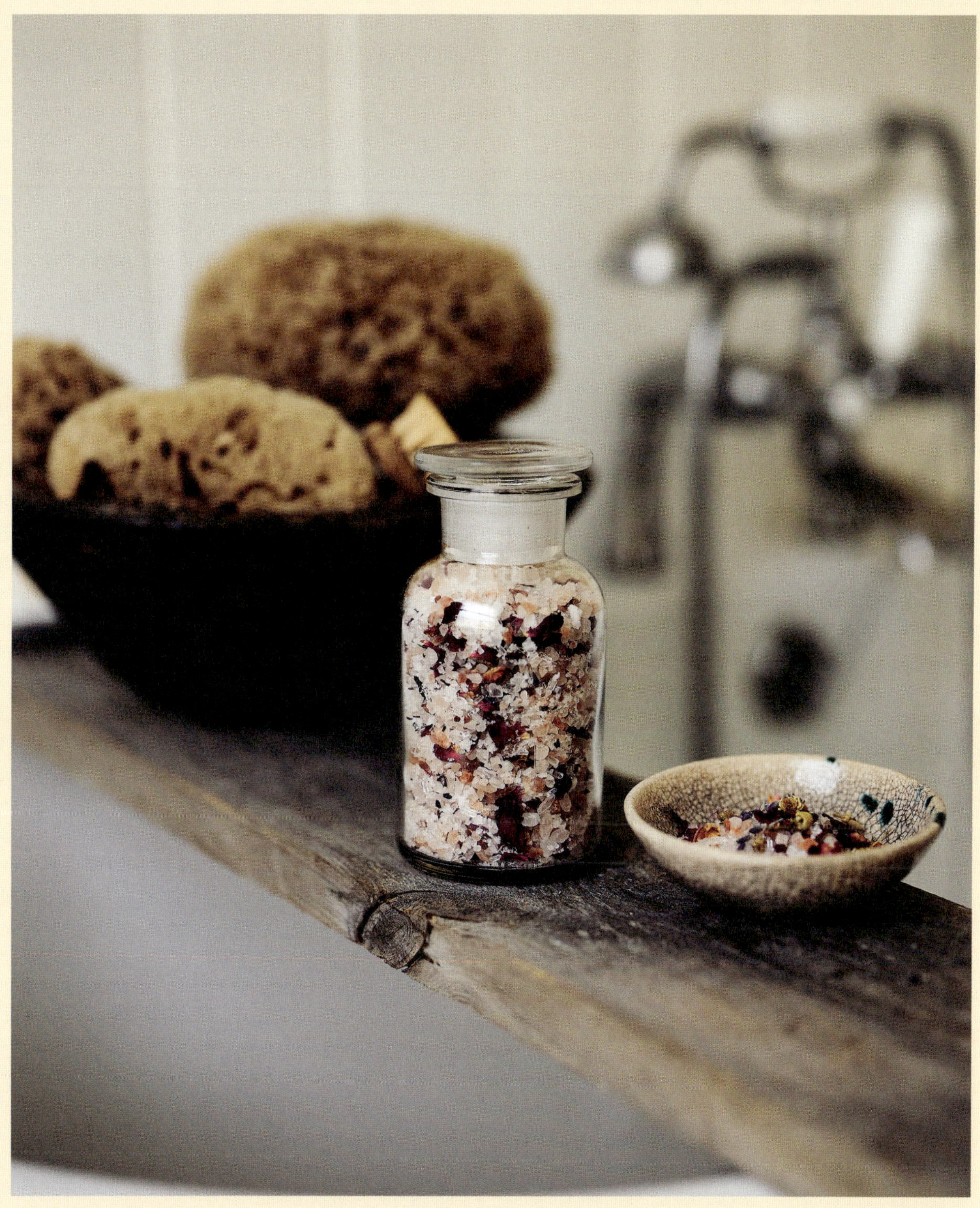

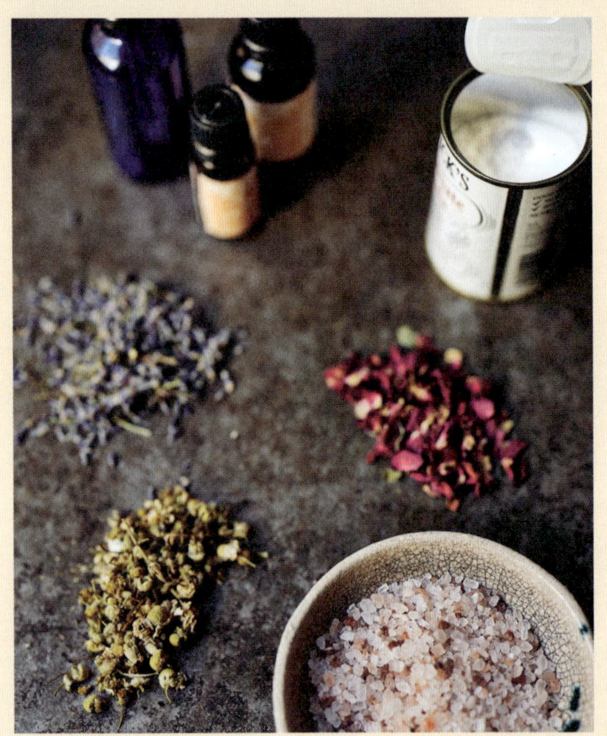

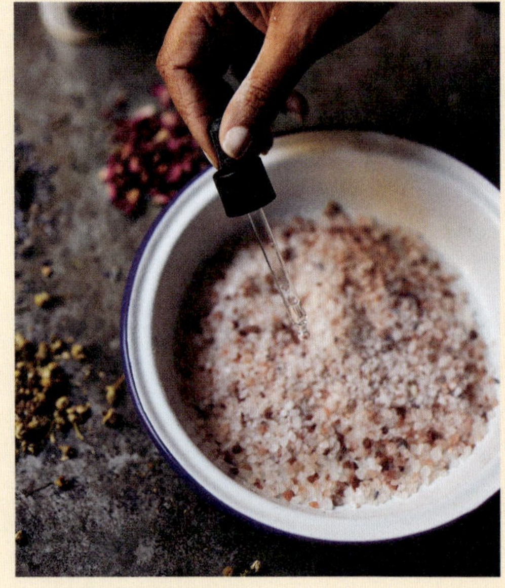

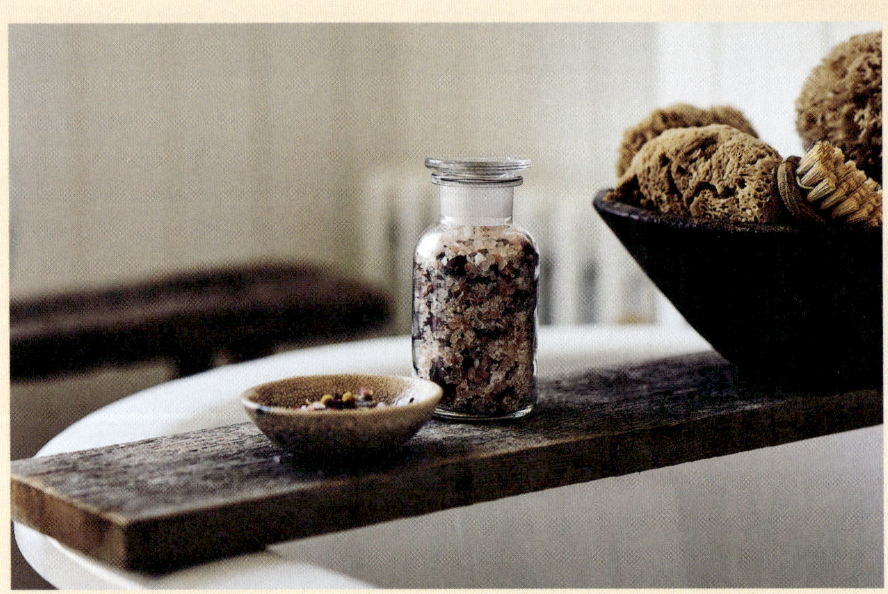

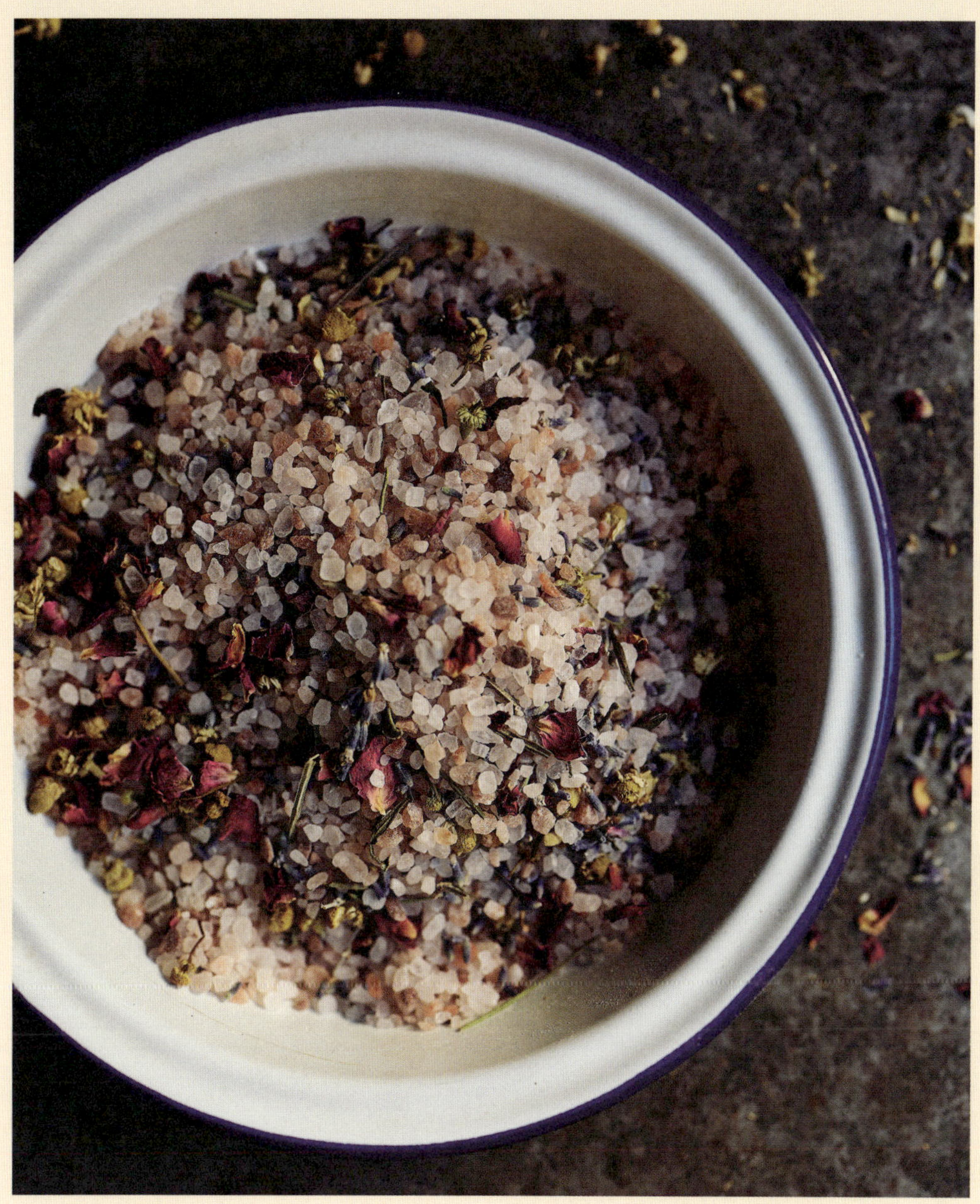

SHEA-LIPPENBALSAM MIT MINZE

Kleine praktische Dinge wie Lippenbalsame, die man einfach in die Tasche stecken kann, sind wunderbare Geschenke. Gerade in den kälteren Monaten des Jahres sind sie als Pflegeprodukte unverzichtbar. Lippenbalsam eignet sich hervorragend als Weihnachtsgeschenk und wird mit noch größerer Begeisterung aufgenommen, wenn er selbst gemacht ist. Dieses Grundrezept lässt sich beliebig um andere ätherische Öle erweitern, sodass Sie individuelle Kreationen für Freunde und Familie herstellen können.

ZEIT: 20 Minuten ERGIBT: 3 Dosen à 20 ml

Man braucht:
1 EL Sheabutter (oder Kakaobutter)
1 TL Rizinusöl
1 TL Sonnenblumenöl (Oliven- oder Kokosnussöl gehen auch)
1 TL Bienenwachs
4 Tropfen ätherisches Pfefferminzöl
3 Gläschen oder Dosen mit Schraubverschluss à 20 ml
Klebeetiketten (zur Angabe des Haltbarkeitsdatums)

Ausstattung:
Kleiner Stieltopf
Kochlöffel

Zum Verpacken:
Kleiner Stoffbeutel
Jutegarn
Geschenkanhänger

1. Sheabutter, Rizinusöl, Sonnenblumenöl und Bienenwachs in einem kleinen Topf bei geringer Temperatur schmelzen. Gelegentlich umrühren und darauf achten, dass die Mischung nicht zu heiß wird und köchelt.

2. Wenn alle Zutaten geschmolzen sind, den Herd ausschalten.

3. Das Pfefferminzöl in die Mischung geben und sorgfältig umrühren.

4. Die Mischung noch warm in die Dosen gießen und bis knapp unter den Rand füllen.

5. 15 Minuten abkühlen lassen oder in den Kühlschrank stellen, um das Aushärten zu beschleunigen.

6. Die Deckel aufschrauben und auf dem Boden das Haltbarkeitsdatum von drei Monaten notieren.

7. Meinen Lippenbalsam verpacke ich in dem auf Seite 94 vorgestellten selbst gemachten Teebeutel und umwickle ihn mit Jutegarn.

Anmerkung:
Für einen veganen Lippenbalsam das Bienenwachs durch eine pflanzliche Alternative wie Soja-, Carnauba- oder Candelillawachs ersetzen.

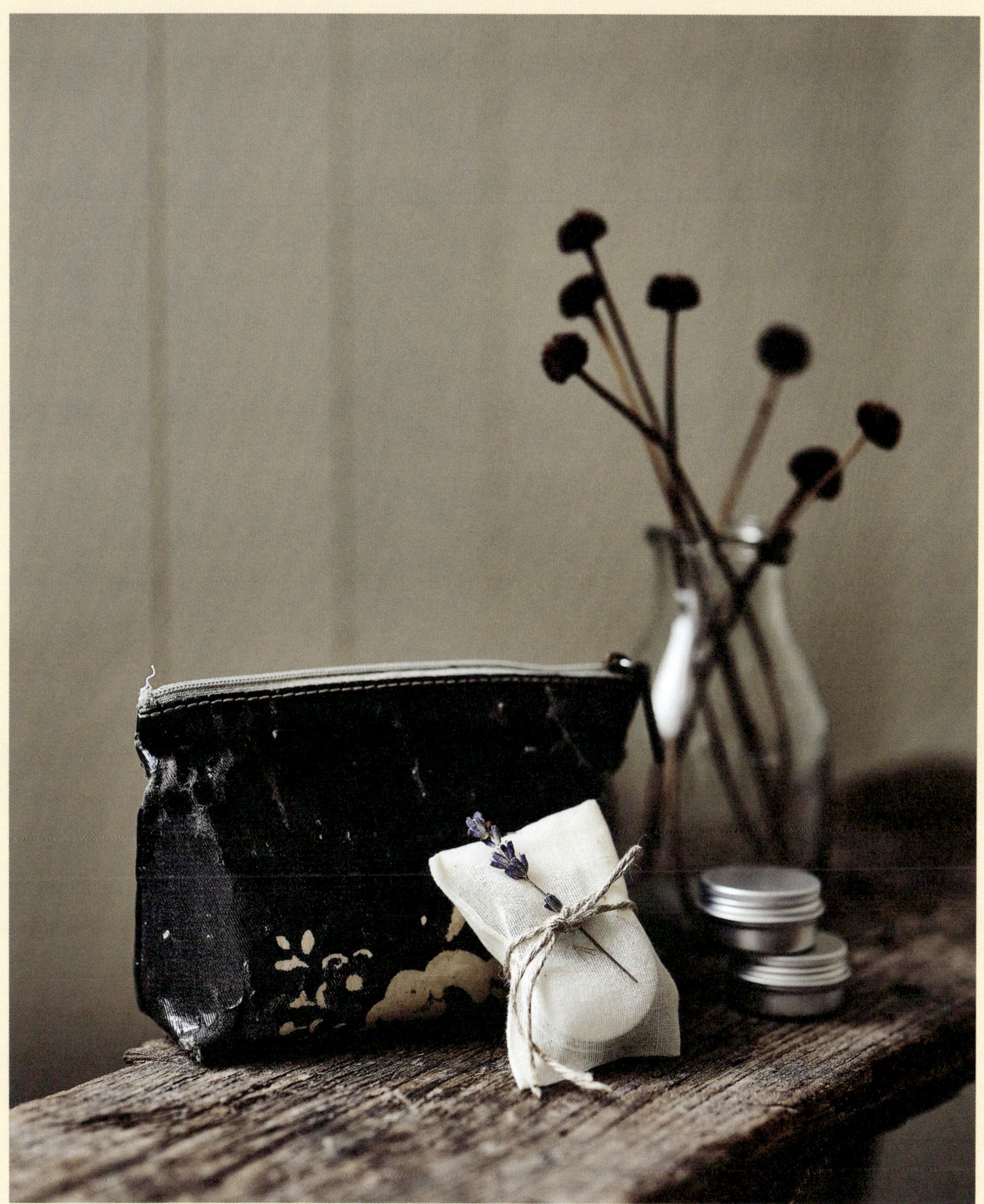

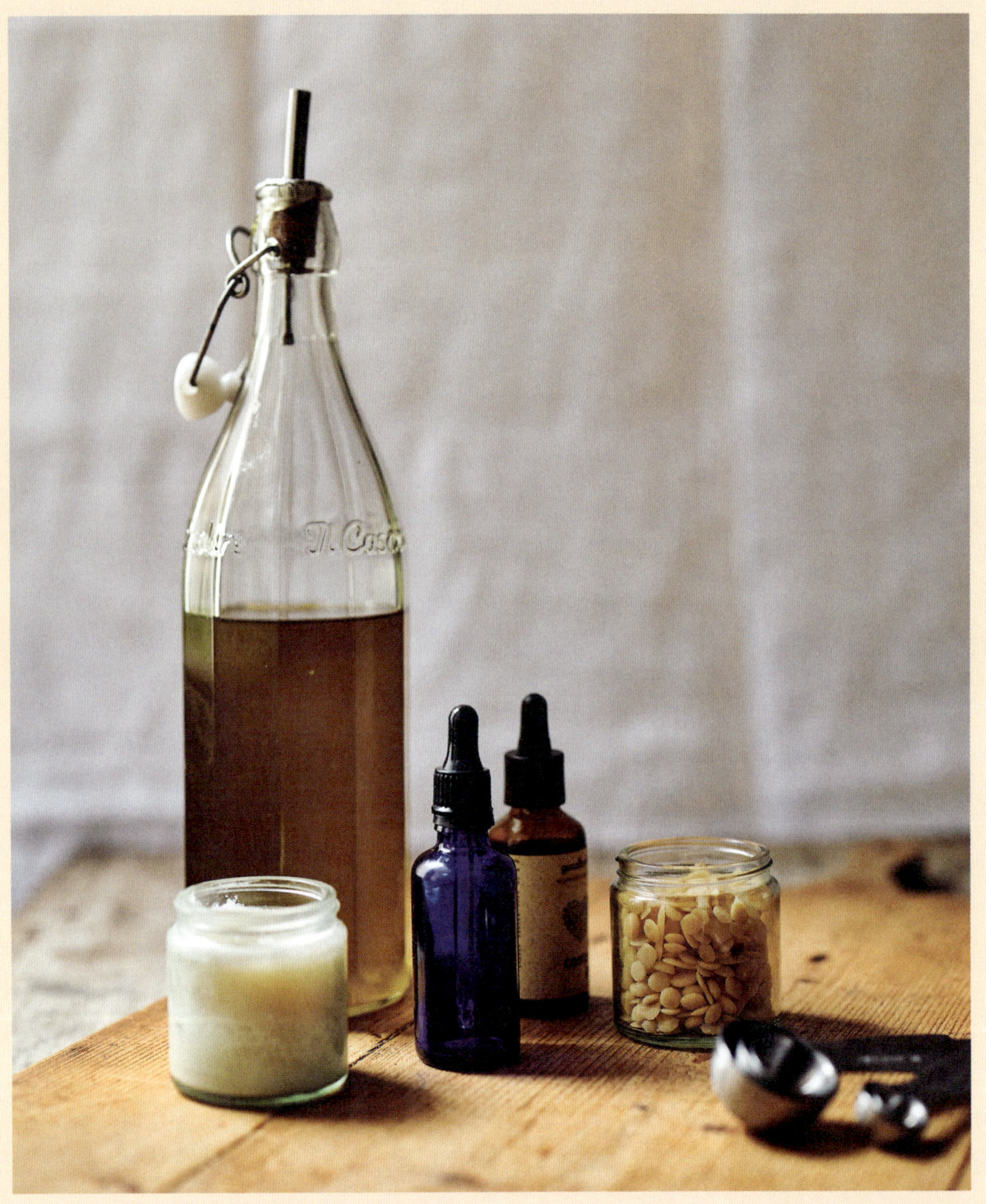

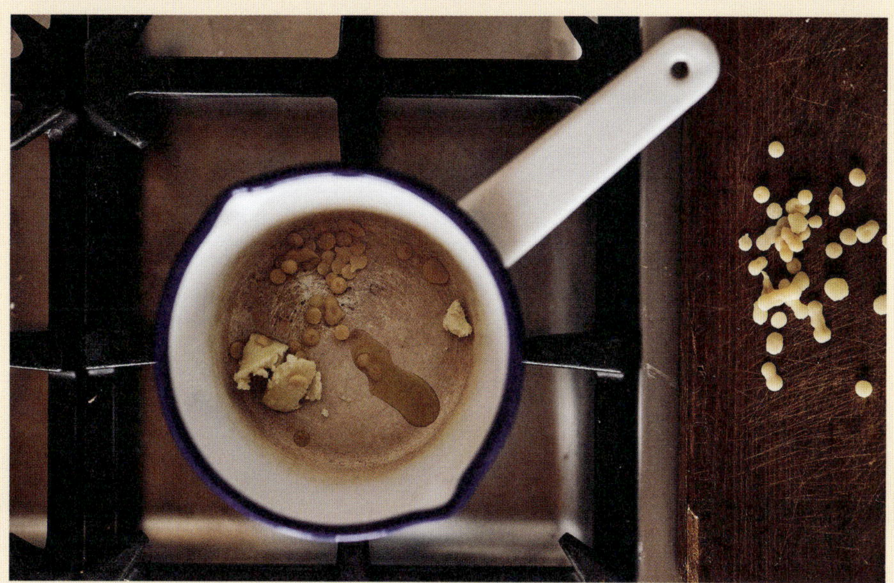

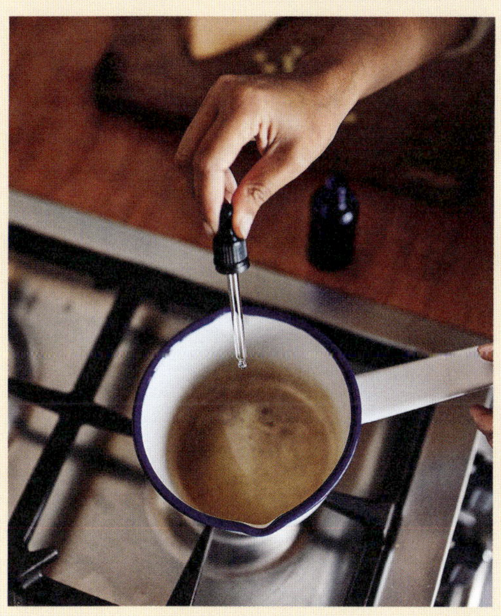

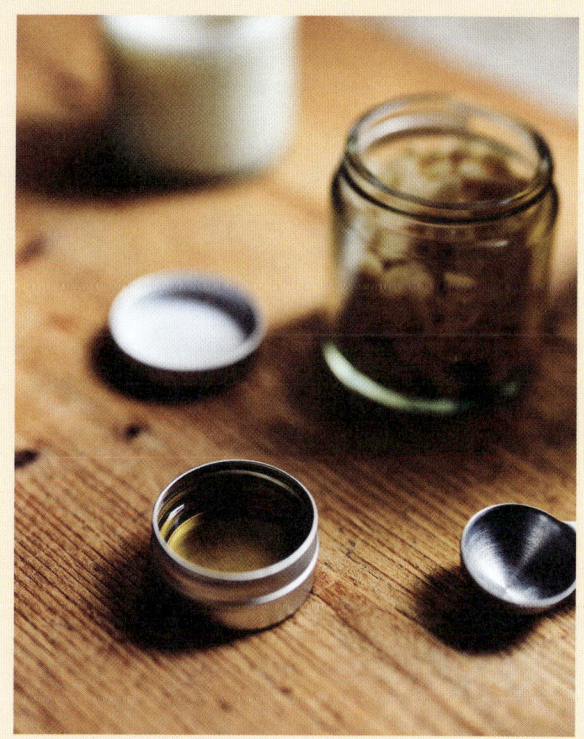

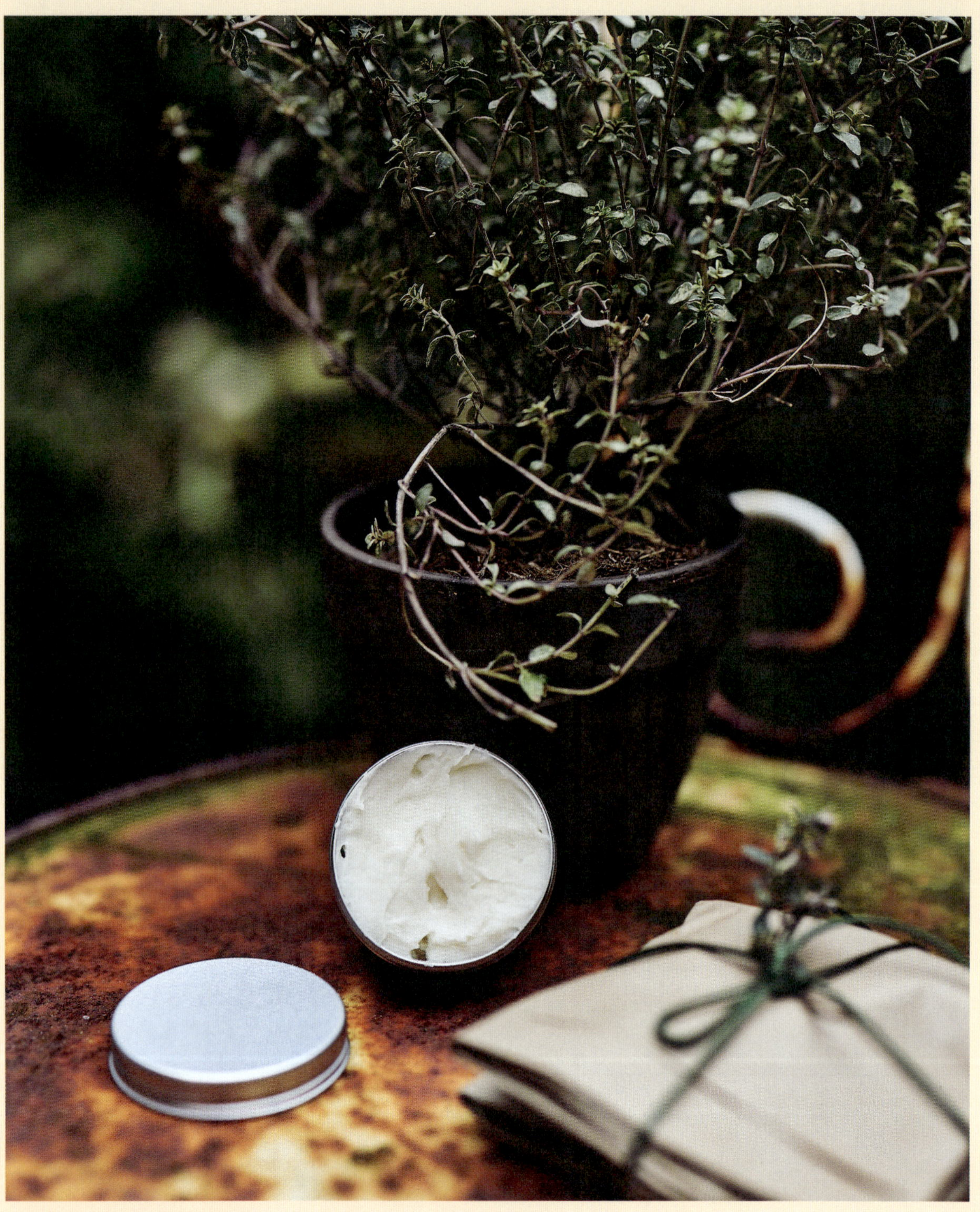

HANDCREME FÜR GÄRTNER

Das perfekte Geschenk für alle Gärtner: Nach einem langen Tag im Garten brauchen müde Hände unbedingt eine kleine Wellnessbehandlung. Diese herrliche Handcreme beruhigt die Haut und fördert die Zellerneuerung – obendrein duftet sie noch herrlich nach Rosmarin, Zitrone, Lavendel, Orange und Thymian.

ZEIT: 30 Minuten   ERGIBT: Eine Dose à 50 ml

Man braucht:
Eine kleine sterile Aluminiumdose (zum Sterilisieren siehe Seite 19)
Klebeetikett (zur Angabe des Haltbarkeitsdatums)

Zutaten für Phase 1:
1 TL Kakaobutter
1 TL Sheabutter
3 TL Basisöl (Oliven-, Mandel-, Argan-, Kokosnuss- oder Jojobaöl)
1 TL Bienenwachs

Zutaten für Phase 2:
4 EL (60 ml) Mineralwasser oder gefiltertes Wasser
1 EL Emulgierwachs (siehe Seite 11)
1 TL flüssiges pflanzliches Glyzerin

Insgesamt 20 Tropfen ätherisches Öl (ich habe Rosmarin, Zitrone, Lavendel, Orange und Thymian verwendet)

Ausstattung:
Kochtopf und Glasschüssel (zum Wasserbad siehe Seite 18)
Kleiner Kochtopf
Kochlöffel
Lebensmittelthermometer
Handrührgerät
Spatel/Metalllöffel

Zum Verpacken:
Packpapier oder Zeitungspapier
Kordel oder Schleifenband
Geschenkanhänger
Blumenzweig

Für die Handcreme müssen Sie eine Emulsion herstellen, indem Sie die öl- und wasserbasierten Zutaten kombinieren. Dazu werden zwei getrennte Mischungen hergestellt, die ich als Phase 1 und Phase 2 bezeichne.

Phase 1. Einen Kochtopf mit 2,5 cm Wasser füllen und zum Kochen bringen. Die Glasschüssel darauf stellen. Kakaobutter, Sheabutter, Basisöl und Bienenwachs in die Schüssel geben, umrühren und bei mittlerer Hitze schmelzen. Sobald alles geschmolzen ist, den Herd ausschalten und die Mischung beiseitestellen.

Phase 2. Das Mineral- oder gefilterte Wasser in einem kleinen Kochtopf auf 80 °C erhitzen. Ein Thermometer verwenden, um sicherzustellen, dass das Wasser die richtige Temperatur erreicht hat.

Die restlichen Zutaten der Phase 2 – das Emulgierwachs und das Glyzerin – zum Wasser hinzufügen und rühren, bis das Wachs vollständig geschmolzen ist.

3. Beide Mischungen zusammenbringen und mit dem Handrührgerät verquirlen. Nun das ätherische Öl zufügen. Die Creme ist fertig, wenn alle Zutaten miteinander verbunden sind und eine cremige Konsistenz entstanden ist.

4. Die Masse abkühlen lassen und mit einem Spatel oder Metalllöffel in eine sterilisierte Dose umfüllen. Das Etikett mit Datum und Haltbarkeit (drei Monate) beschriften und aufkleben.

5. Zum Verschenken in Packpapier oder Zeitungspapier einwickeln, mit einer Kordel zusammenbinden und einem Blumenzweig verzieren.

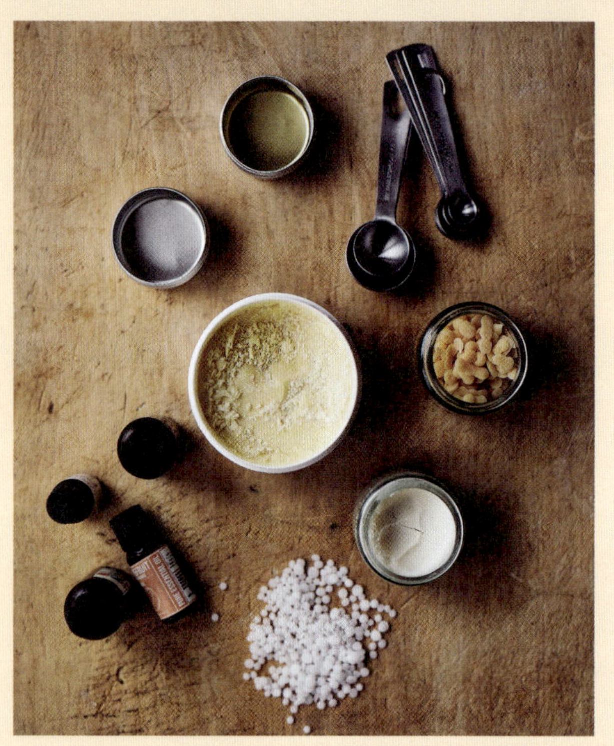

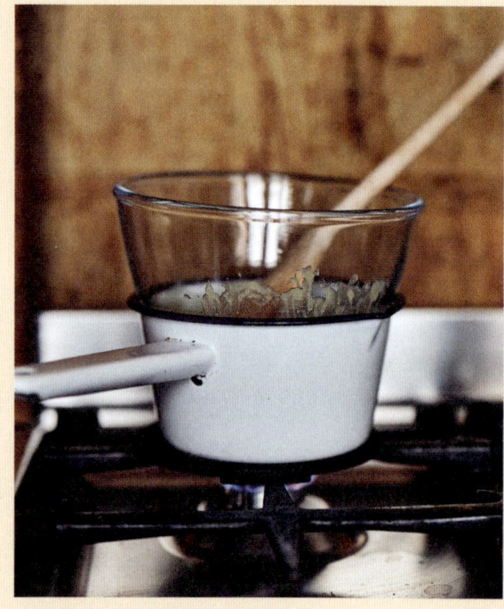

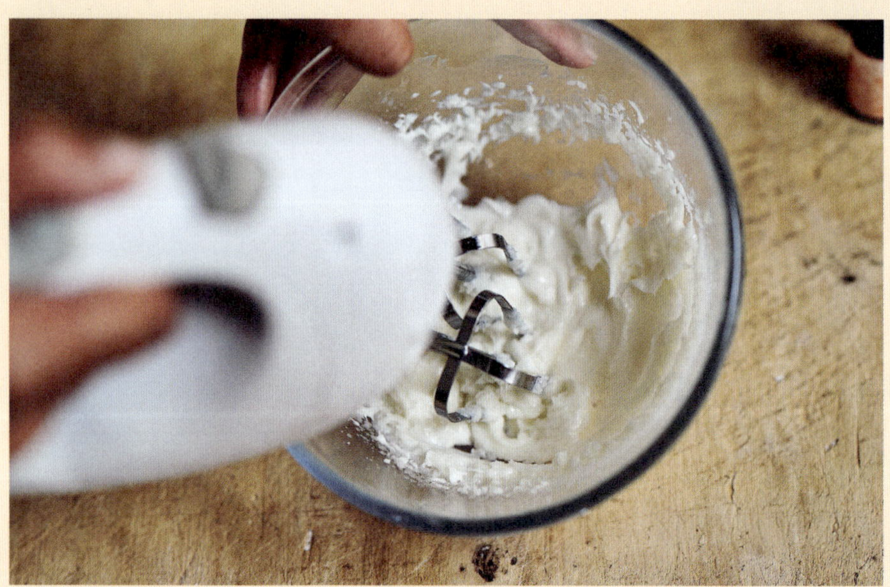

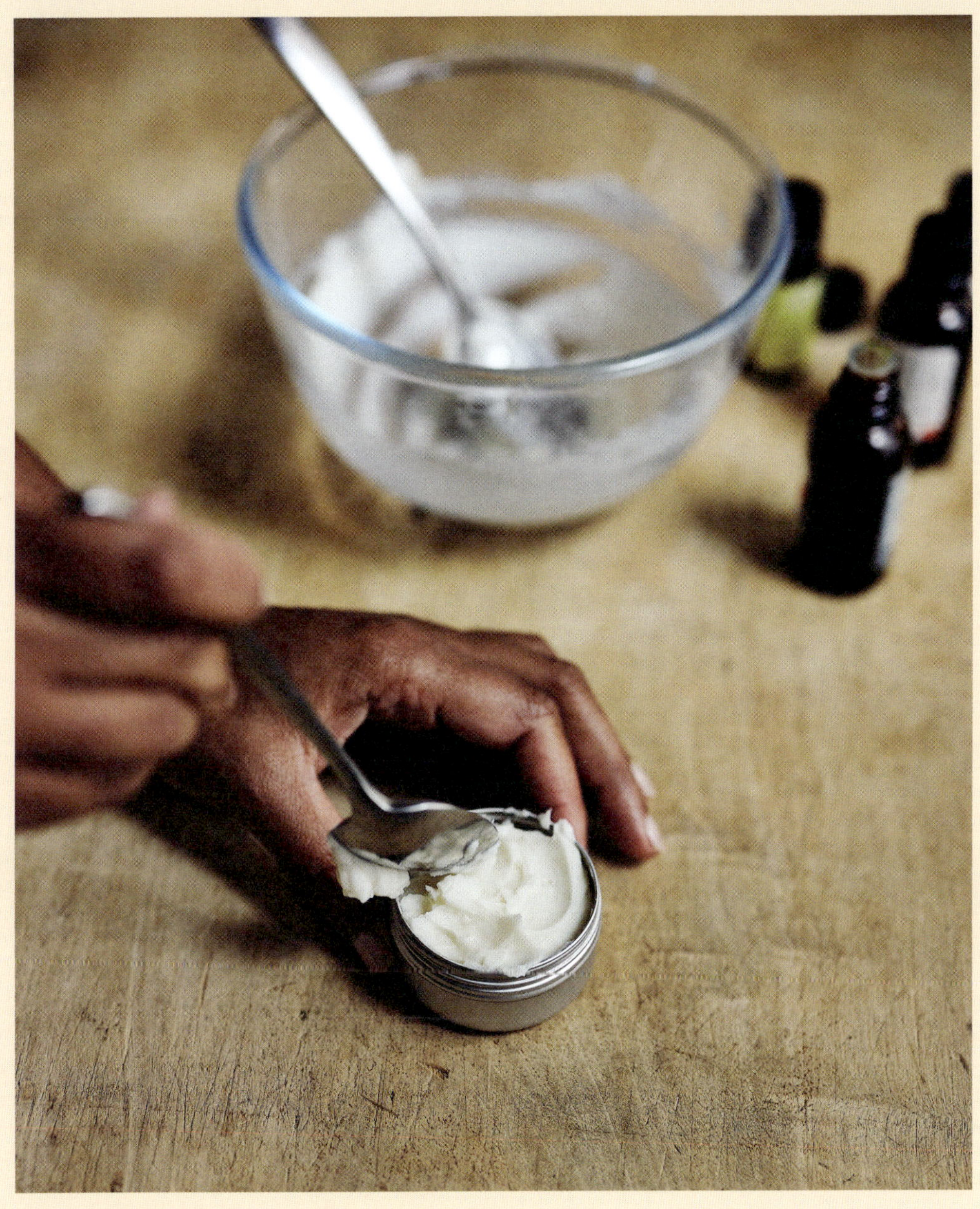

BADEÖL

Ein entspannter Abend in der Badewanne ist für viele der ersehnte Abschluss am Ende eines langen Tages. Mit einem selbst gemachten Badeöl wird es noch besonderer. Dieses verwöhnende Geschenk gelingt mit wenigen Zutaten und kann nach Belieben individualisiert werden.

ZEIT: 20 Minuten   ERGIBT: Eine Flasche à 250 ml

Man braucht:

2 TL getrocknete Blütenblätter oder einzelne Blumen (optional; ich habe der Schlichtheit halber einen einzelnen Fetthennen-Zweig verwendet, Lavendel, Kamille, Rose, Hibiskus oder andere getrocknete Blumen gehen auch; zum Trocknen siehe Seite 14)
Eine Apothekerflasche à 250 ml oder eine andere Glasflasche mit einer weiten Öffnung, wenn Sie getrocknete Blumen verwenden (ich habe eine alte Flasche genommen, die ich sterilisiert habe; zum Sterilisieren siehe Seite 19)
Etwa 120 ml Basisöl (ich habe Mandelöl verwendet, aber Traubenkern- oder Hagebuttenöl gehen auch, wenn Sie eine Nussallergie haben)
20 Tropfen ätherisches Lavandinöl
20 Tropfen ätherisches Bergamotteöl
20 Tropfen ätherisches Lavendelöl
Klebeetikett (zur Angabe des Haltbarkeitsdatums)

Zum Verpacken:

Schleife
Geschenkanhänger
Recyceltes Seidenpapier oder Packpapier

Anmerkung:

Standardglasflaschen mit 250 ml Füllvolumen sind im Internet oder in Drogerien erhältlich. Wenn Sie ein Glasgefäß wiederverwenden, sollten Sie das Volumen zuvor ermitteln (siehe Seite 19) und die Menge der Zutaten entsprechend anpassen. Die Faustregel für die Herstellung eines Badeöls lautet: 18–20 Tropfen ätherisches Öl auf 50 ml (3 EL) Basisöl.

1. Wenn Sie getrocknete Blumen oder Blütenblätter verwenden, diese in die Flasche geben. Die Menge an Blüten kann erhöht werden, wenn es in der Flasche etwas bunter zugehen soll. Hübsch ist auch ein einzelner Zweig oder Blütenstiel, der als Blickfang dient.

2. Das Basisöl in die Flasche gießen. Es sollte 95 Prozent der Flasche ausfüllen.

3. Die ätherischen Öle hinzufügen – sie ergeben die restlichen 5 Prozent. Die Flasche nicht zu voll machen – nur bis zum Flaschenhals.

4. Die Flasche mit einem Deckel oder Korken verschließen und gut schütteln, damit sich die ätherischen Öle gleichmäßig im Basisöl verteilen. Die Flasche mit dem Haltbarkeitsdatum (drei Monate) beschriften.

5. Mit einem Band die Flasche verzieren. Ein Geschenketikett mit der folgenden Anweisung hinzufügen: „Eine kleine Menge davon ins Badewasser geben. Das Öl kann bis zu drei Monate an einem kühlen Ort aufbewahrt werden." Zum Verschenken in Seidenpapier oder Packpapier einschlagen.

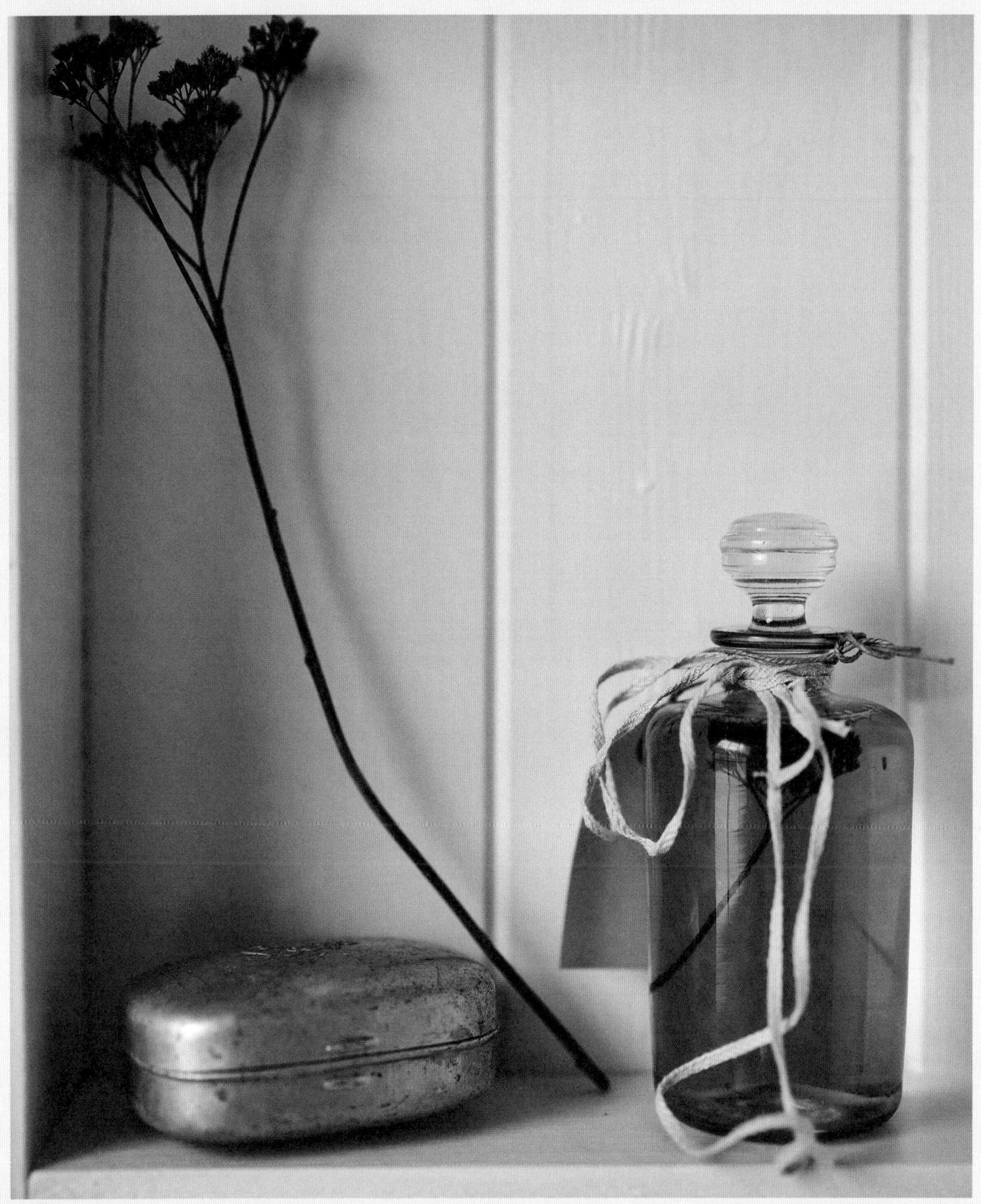

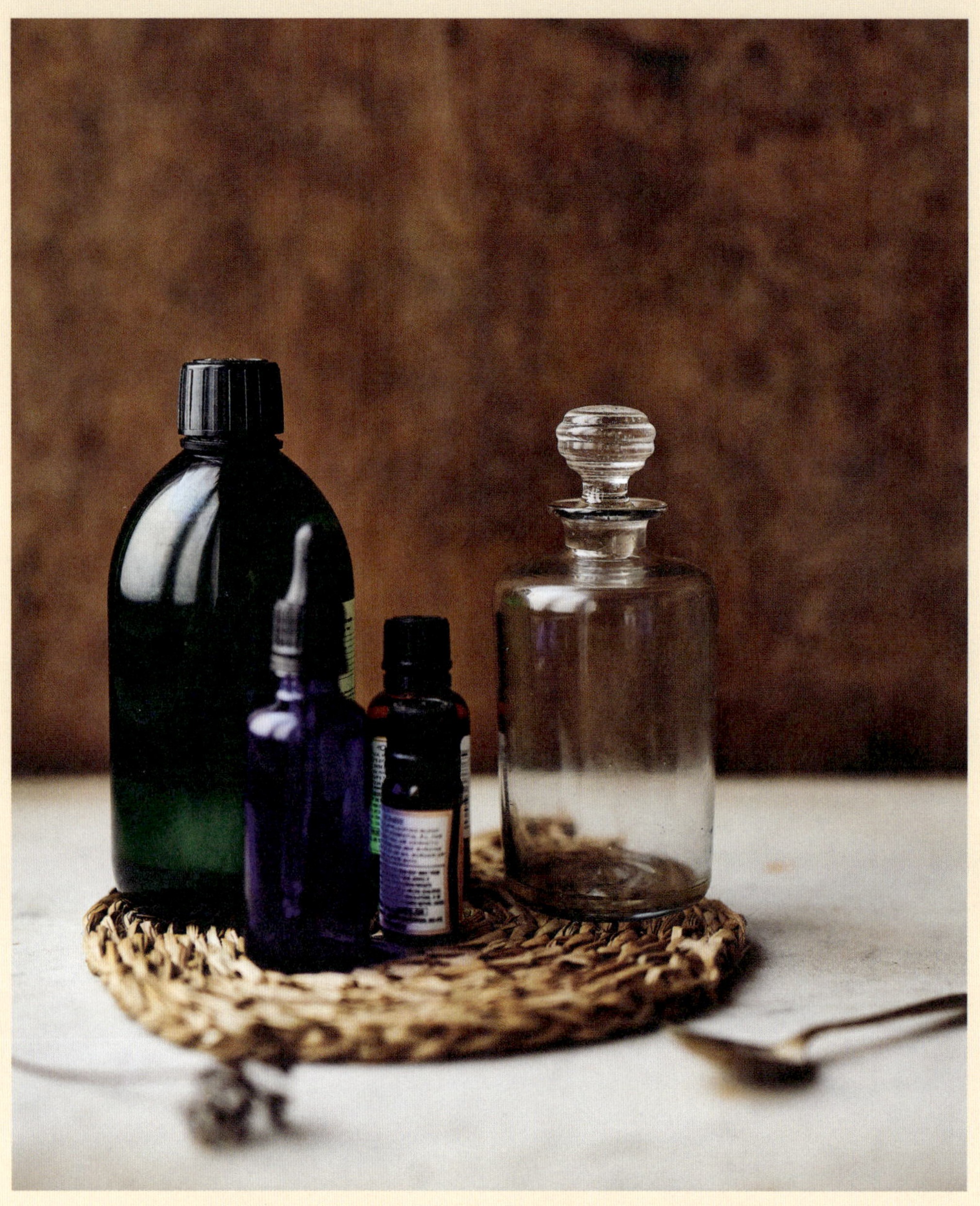

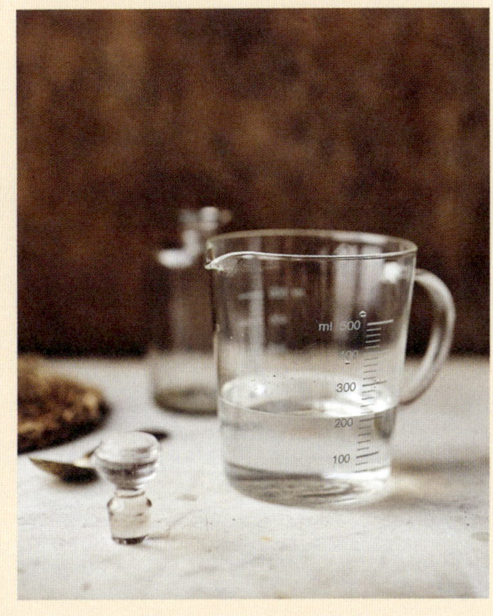
ml 500
300
200
100

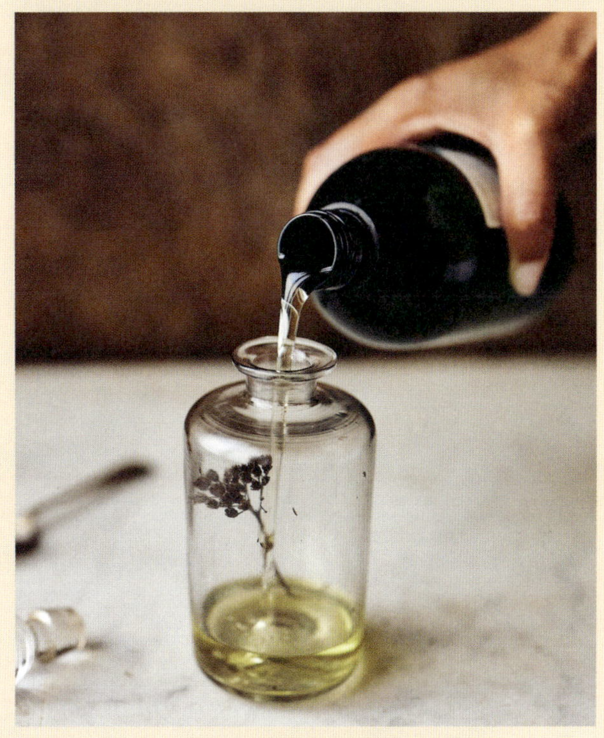

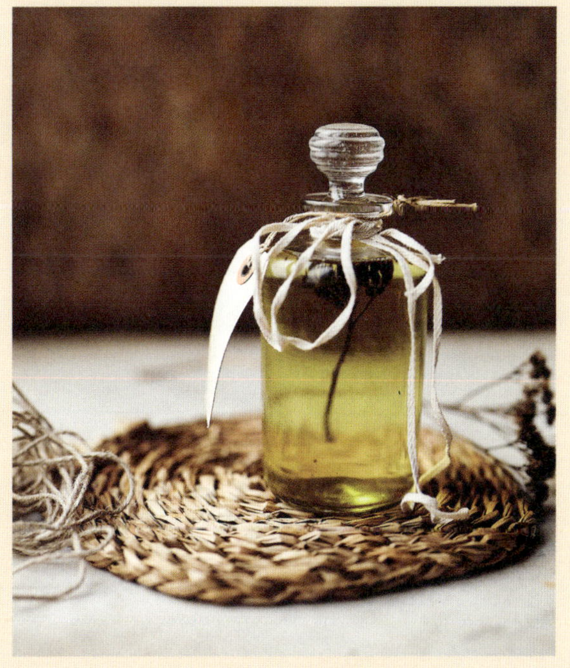

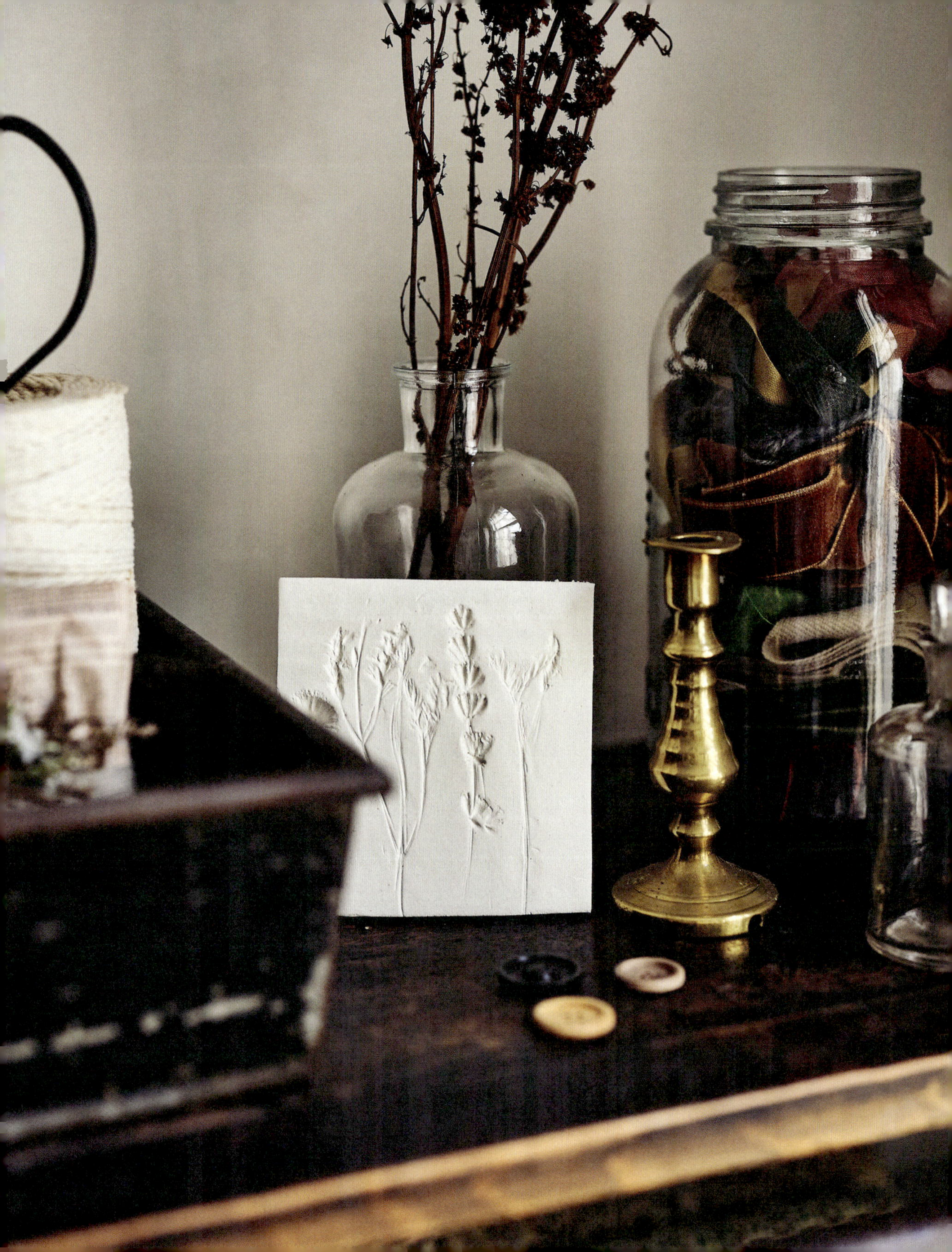

ZUHAUSE

BIENENWACHSKERZEN – UNTERSETZER AUS ZWEIGEN – FLORALE DEKORFLIESE – TROCKENBLUMENSTRÄUSSCHEN – WIEDERVERWENDBARER ADVENTSKALENDER – NATÜRLICHER WEIHNACHTSBAUMSCHMUCK

BIENENWACHSKERZEN

Kerzenziehen ist eine uralte Technik, die auch heute noch sehr beliebt ist. Dabei wird ein Docht über einen Stock gelegt und wiederholt in geschmolzenes Wachs getaucht. Auf diese Weise entstehen zwei Kerzen – an jedem Ende des Dochtes eine. Der Geruch von Bienenwachs hat etwas Beruhigendes, Bodenständiges. Ich bin absolut hingerissen von diesem herrlichen Naturmaterial.

ZEIT: 1 Stunde (plus Trocknungszeit) ERGIBT: 9 Sets à 2 Kerzen

Man braucht:
720 g Bienenwachs
Kerzendocht
Holzstab (zum Aufhängen der Dochte)
Schraubenmuttern

Ausstattung:
Lineal
Schere
Hohes Metallgefäß zum Kerzenziehen
Kochtopf
Eimer (optional; zum Kühlen)
Wäscheständer
Messer

Zum Verpacken:
Seidenpapier
Jutegarn
Geschenkanhänger
Ein großer Karton

Anmerkung:
Wachs kann sich entzünden, daher niemals unbeaufsichtigt lassen. Die Hitze sofort reduzieren, sobald das Wachs zu rauchen oder brennen beginnt. Beachten Sie außerdem, dass je nach Dicke der Kerze die richtige Dochtstärke ausgesucht werden muss. Informationen dazu finden Sie auf der Verpackung.

1. Die Dochtlänge zuschneiden – sie richtet sich nach der Länge der Kerzen, die entstehen sollen. Für zwei 12 cm lange Kerzen also die 12 cm mit zwei multiplizieren und weitere 12 cm für die Aufhängung addieren (insgesamt 36 cm). Die Dochte in Abständen von 5 cm über einen Holzstab hängen. Die Abstände mit einem Stift markieren oder kleine Kerben in den Rand des Holzstücks ritzen.

2. Das Metallgefäß in den Topf stellen und das Bienenwachs hineingeben. Den Topf zu etwa einem Drittel mit Wasser befüllen und langsam zum Kochen bringen, bis das Bienenwachs vollständig geschmolzen ist. Die Höhe des Metallgefäßes bestimmt die Länge der Kerzen; eine Kaffeedose eignet sich beispielsweise.

3. An beide Enden der Dochte je eine Schraubenmutter knoten, damit der Faden nicht im Wachs schwimmt. Alternativ die unteren paar Zentimeter des Dochts drei- oder viermal in das Bienenwachs tunken, um den Enden etwas Gewicht zu verleihen.

4. Die Dochte bis zur gewünschten Länge einmal in das Bienenwachs eintauchen und langsam wieder herausziehen. Die Kerzen zum Abkühlen für ein paar Minuten auf den Wäscheständer hängen oder kurz in einen Eimer mit kaltem Wasser legen. Sobald sie abgekühlt sind, erneut in das Wachs eintauchen. Diesen Vorgang insgesamt so oft wiederholen, bis die Kerzen den gewünschten Umfang erreicht haben.

5. Die Gewichte (falls verwendet) mit einem Messer abschneiden. Die Kerzen dann erneut eintauchen, um einen sauberen Abschluss zu erzielen.

6. Zum vollständigen Abkühlen und Trocknen die Kerzen etwa 30 Minuten an den Wäscheständer hängen.

7. Die Kerzen in Seidenpapier einschlagen (am besten einzeln verpacken, damit sie keine Macken bekommen), mit Jutegarn zusammenbinden und einen Geschenkanhänger mit persönlicher Nachricht hinzufügen. Ein passender Karton ist die sicherste Umverpackung, um sie an einen lieben Menschen zu schicken.

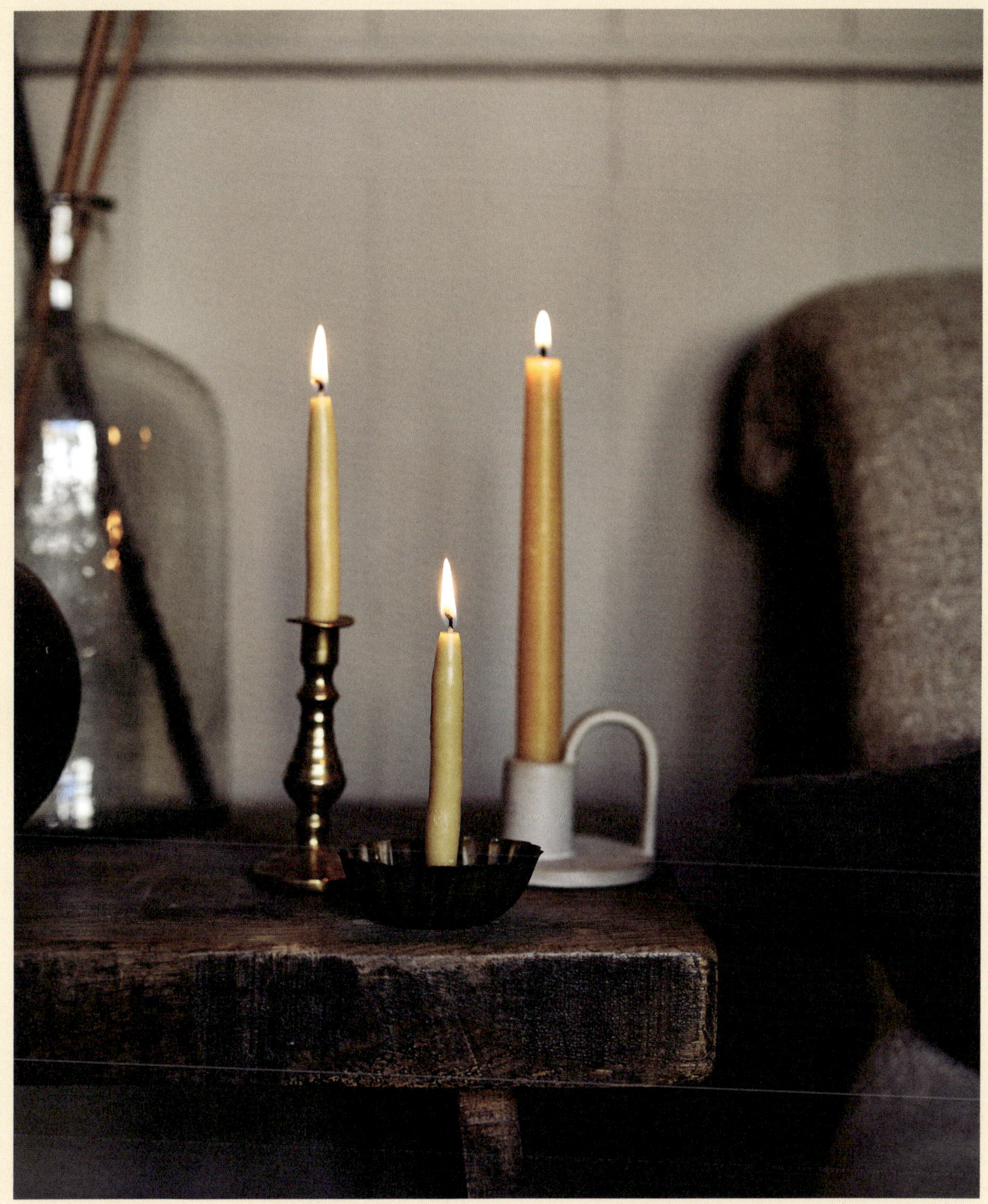

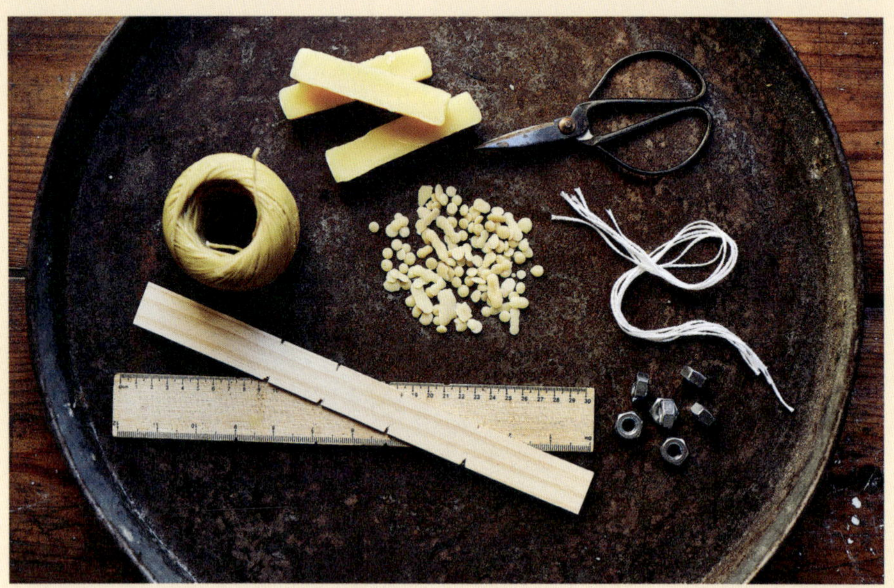

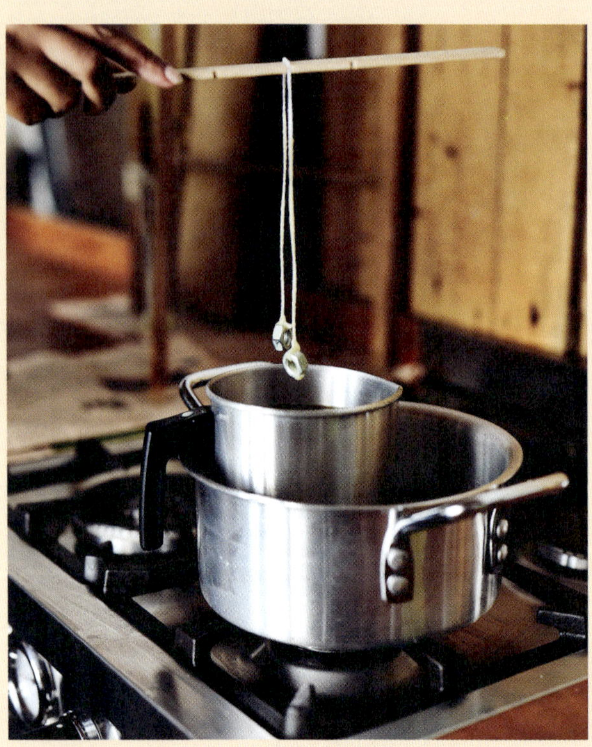

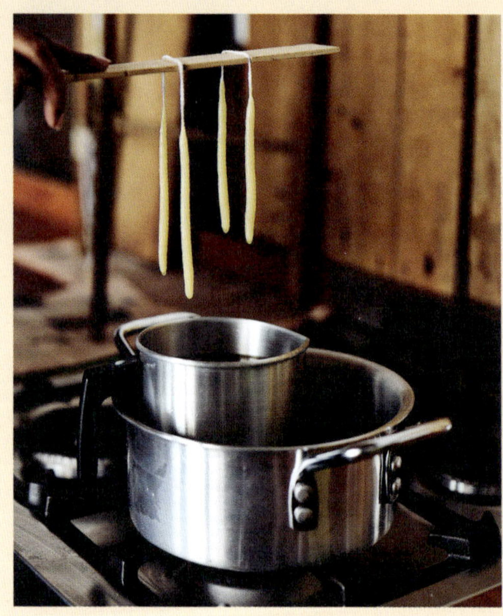

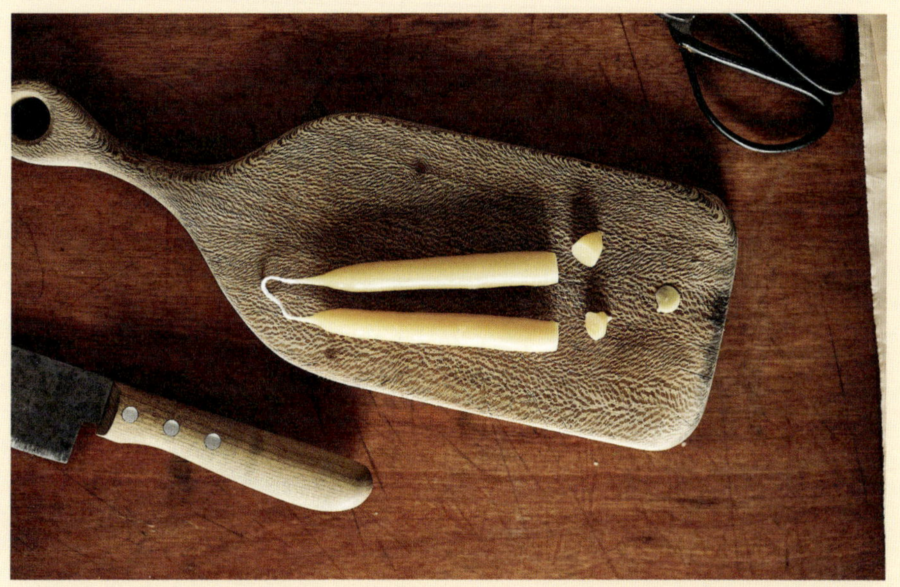

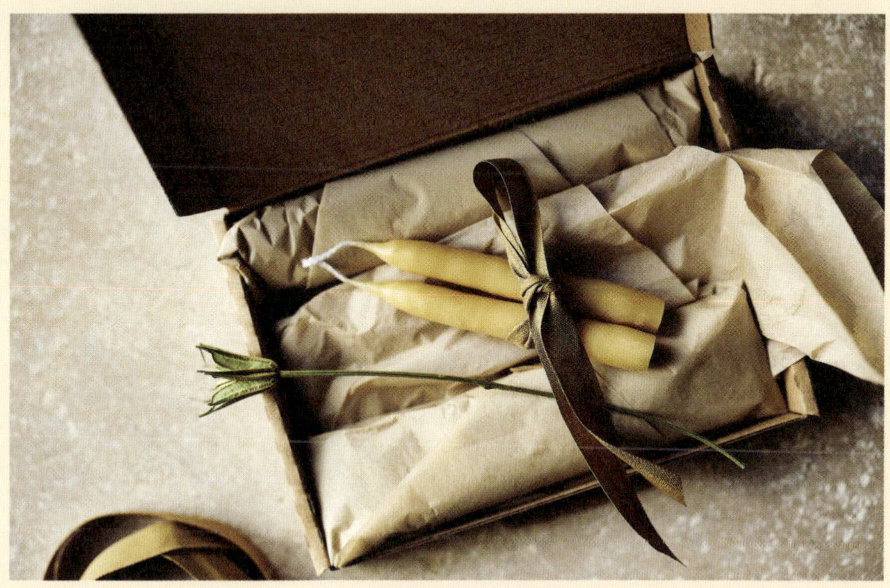

UNTERSETZER AUS ZWEIGEN

Ich bin ein wenig besessen von der Schönheit von Zweigen und sammle sie fleißig bei Spaziergängen. Ihre Farbe und Patina faszinieren mich. Oft habe ich noch robuste Mohnstängel von Trockenblumen-arrangements übrig, die Köpfe sind abgebrochen, aber es wäre schade, sie zu kompostieren. Dieses Projekt ist eine gute Gelegenheit, sowohl die Stängel als auch die Zweige in ein neues Arrangement zu überführen.

ZEIT: 2 Stunden ERGIBT: Ein großer und 4 kleine Untersetzer

Man braucht:
Zweige oder Stiele (15 für einen großen Untersetzer, 9 für einen kleinen)
Blumendraht

Ausstattung:
Drahtschneider
Gartenschere
Lineal

Zum Verpacken:
Ein kleiner Karton
Braunes Seidenpapier
Geschenkband oder Kordel
Geschenkanhänger

1. Zweige auf der Arbeitsfläche ausbreiten und nebeneinander arrangieren. Verschiedene Anordnungen ausprobieren, bis Sie zufrieden sind. Ich habe einen Abstand von 5 mm zwischen meinen Zweigen gelassen, möglich sind natürlich auch breitere oder schmalere Abstände.

2. Für einen quadratischen Untersetzer mit einer Seitenlänge von 15 cm drei Drahtstücke mit je 3 cm Überstand an jedem Ende zuschneiden, also 21 cm für jedes Stück. Für einen quadratischen Untersetzer von 10 cm benötigen Sie dementsprechend drei 16 cm lange Drahtstücke.

3. Ein Stück Draht in der Mitte knicken und den ersten Zweig in der Schlaufe positionieren. Den Draht darüber ein paarmal zwirbeln (oder öfter, je nachdem, wie groß der Abstand zwischen den Zweigen sein soll), sodass der Zweig fixiert ist.

4. Den nächsten Zweig zwischen die Drahtwindungen legen und erneut durch Verdrehen platzieren. Den Vorgang wiederholen, bis alle Zweige verbraucht sind und ein Quadrat entstanden ist. Zwei weitere Drahtreihen hinzufügen, um die Form zu stabilisieren.

5. Überschüssigen Draht mit einer Drahtschere abschneiden. Die Zweige, wenn gewünscht, mit einer Gartenschere sauber zuschneiden.

6. Einen Karton mit Papier auslegen und die Untersetzer reinlegen. Mit einer Schleife und einem Geschenkanhänger verzieren.

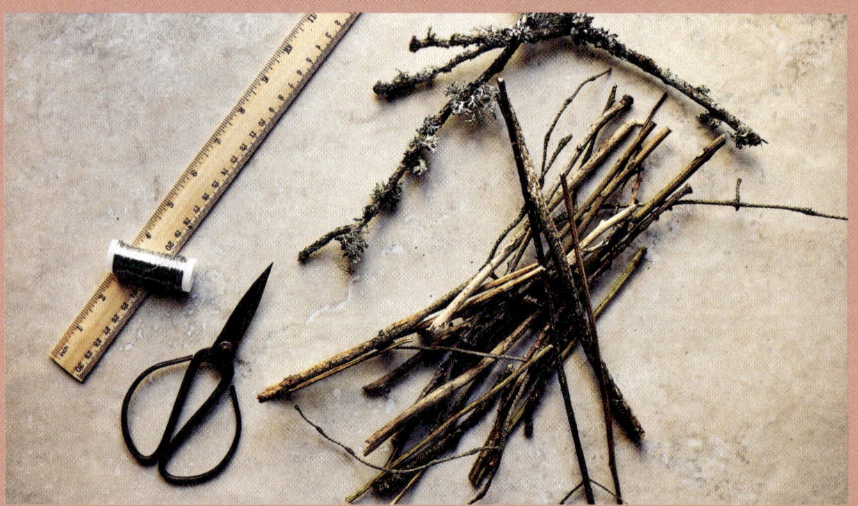

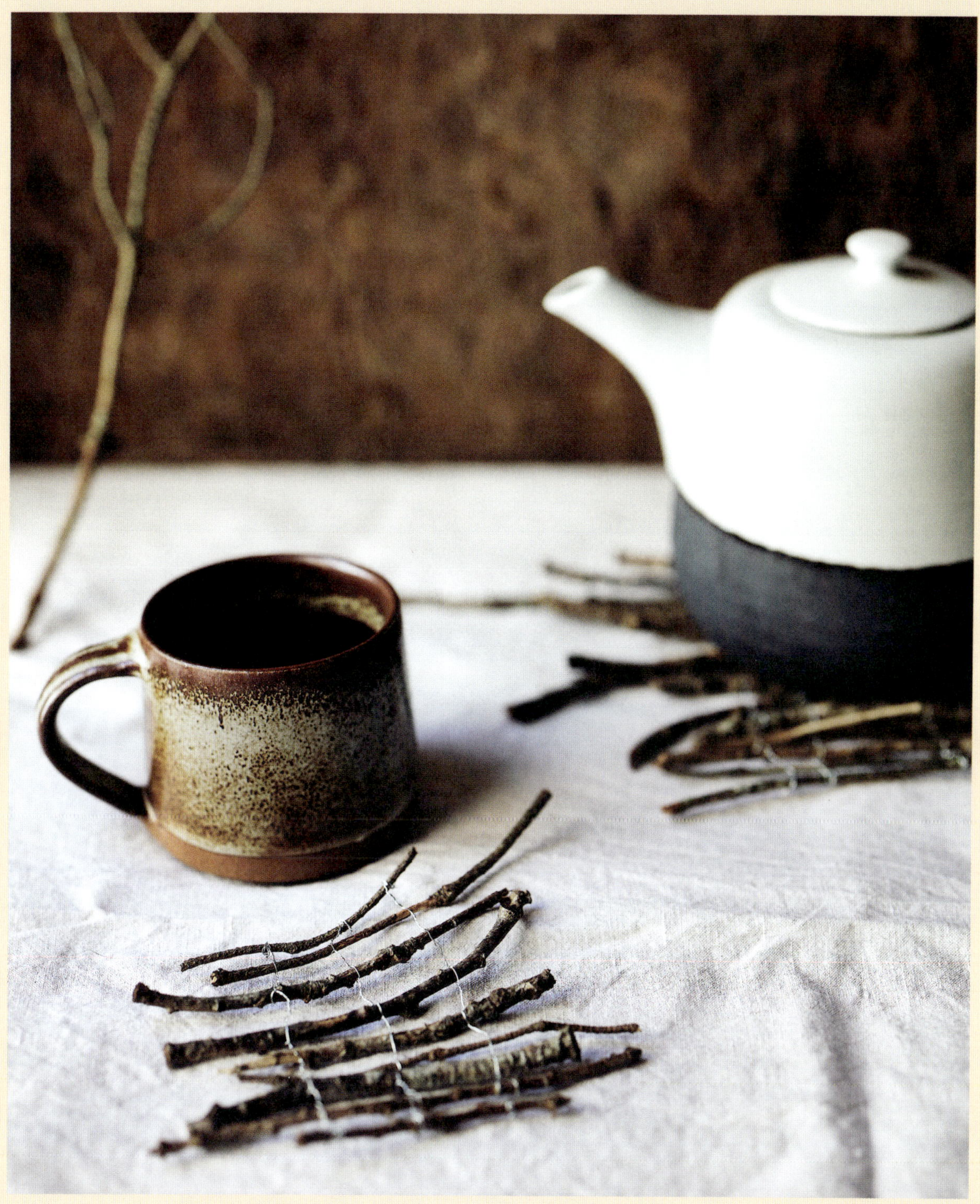

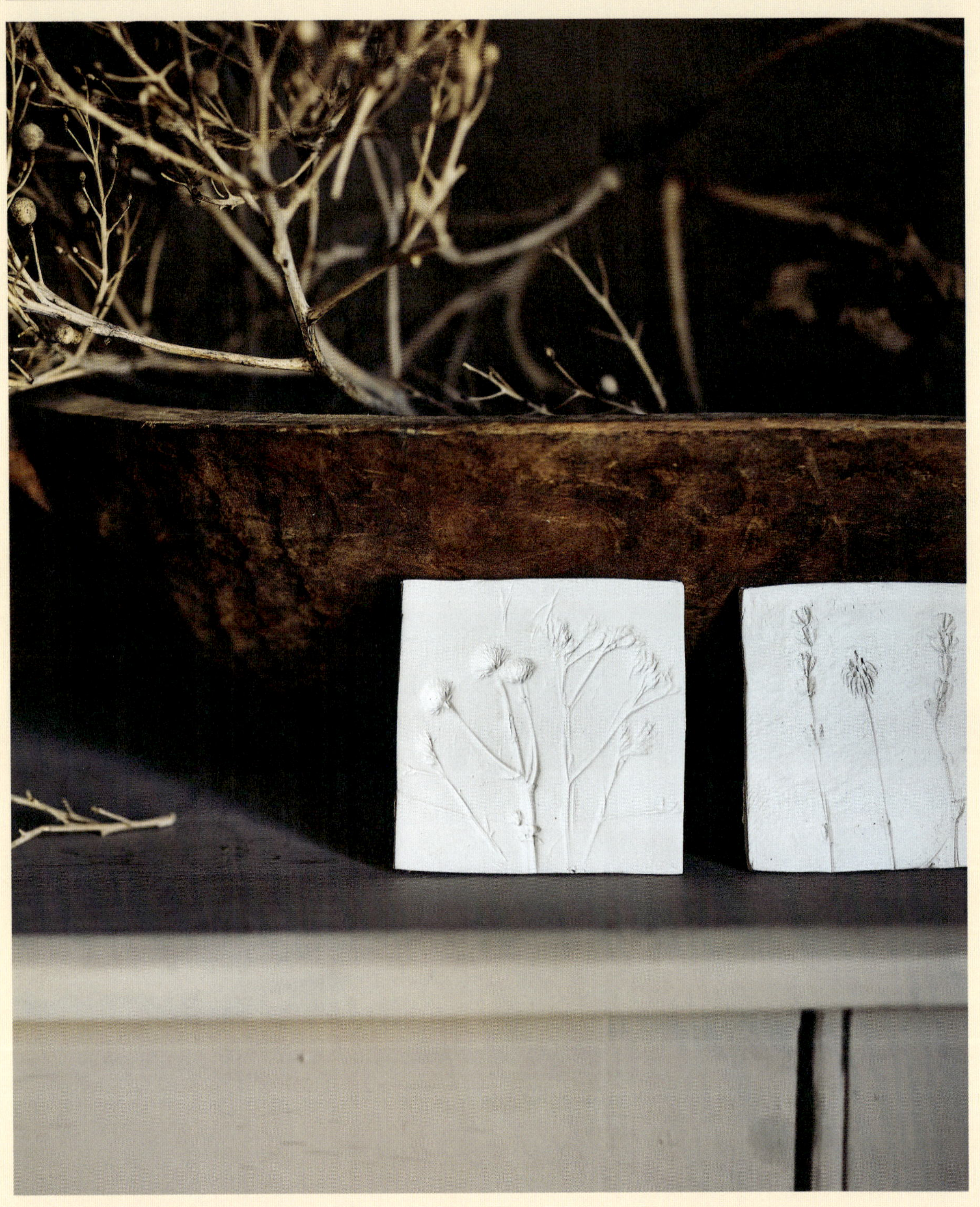

FLORALE DEKORFLIESE

Diese hübsche kleine Fliese ist ein toller Akzent für jedes Regal oder jeden Kaminsims. Mit ein paar Blumen aus Ihrem Garten oder von einem Frühlings- oder Sommerspaziergang können Sie ein einzigartiges Geschenk gestalten, das an einen schönen Tag in der Natur erinnert.

ZEIT: 2 Stunden, 72 Stunden Trocknungszeit ERGIBT: 4 Fliesen

Man braucht:
500 g lufttrocknende Modelliermasse
Getrocknete Blumen und Gräser (ich habe Lavendel und verschiedene Gräser gewählt; zum Trocknen siehe Seite 14)

Ausstattung:
Backpapier
Schneidebrett aus Holz
Nudelholz
Schablone à 10 x 10 cm (selbst aus Pappe anfertigen oder eine Keramikfließe verwenden)
Scharfes Messer
Pinzette

Zum Verpacken:
Seidenpapier
Packpapier oder Zeitungspapier
Schnur oder Schleifenband
Geschenkanhänger

1. Ein Blatt Backpapier auf das Schneidebrett legen und die Modelliermasse 1 cm dick ausrollen.

2. Mithilfe der Schablone vier 10 x 10 cm große Fliesen aufmalen. Die vier Platten mit einem scharfen Messer ausschneiden und die restliche Modelliermasse vom Schneidebrett entfernen.

3. Die getrockneten Blumen und Gräser auf den Fliesen behutsam zu einer Komposition anordnen. Ein Blatt Backpapier über die Blütenstände legen und mit dem Nudelholz vorsichtig in die Modelliermasse drücken.

4. Das Backpapier entfernen und überprüfen, ob die Blumen vollständig in die Modelliermasse gedrückt sind und nichts über die Oberfläche hinausragt. Falls nötig, erneut mit Backpapier bedecken und noch einmal sacht darüberrollen.

5. Die Blüten und Stiele aus der Modelliermasse entfernen. Das geht am besten mit einer Pinzette. Vorsichtig sein, damit keine Pflanzenreste zurückbleiben.

6. Wenn alles entfernt ist, die Fliesen 24–72 Stunden in einem Schrank trocknen lassen. Neben einem Heizkörper wird der Trocknungsprozess beschleunigt.

7. Die Fliesen einzeln in Seidenpapier einschlagen. Wenn Sie die Fliesen als Set verschenken, können Sie sie mit einer Lage Seidenpapier zwischen jeder Fliese übereinanderstapeln und alle zusammen in Packpapier oder Zeitungspapier einwickeln. Mit Kordel oder Schleifenband zusammenbinden und einen Geschenkanhänger anbringen.

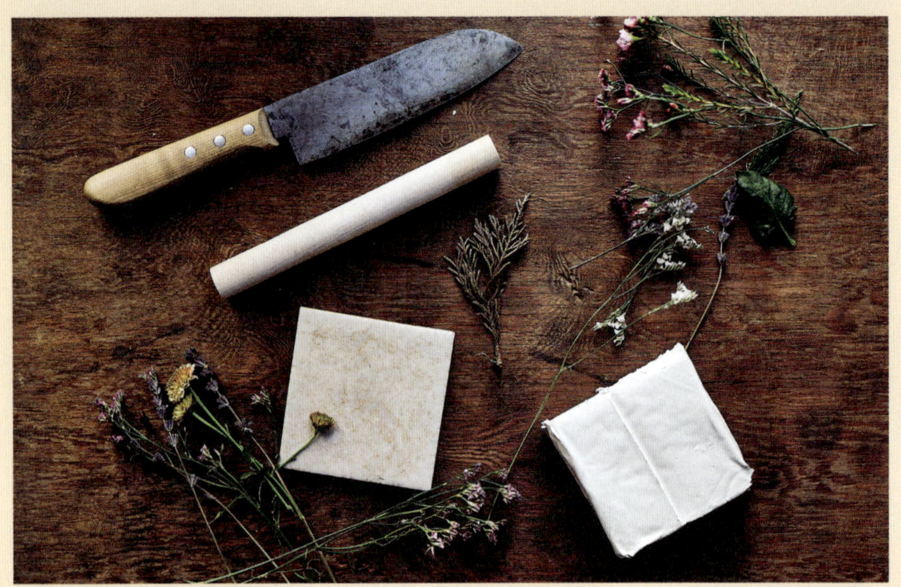

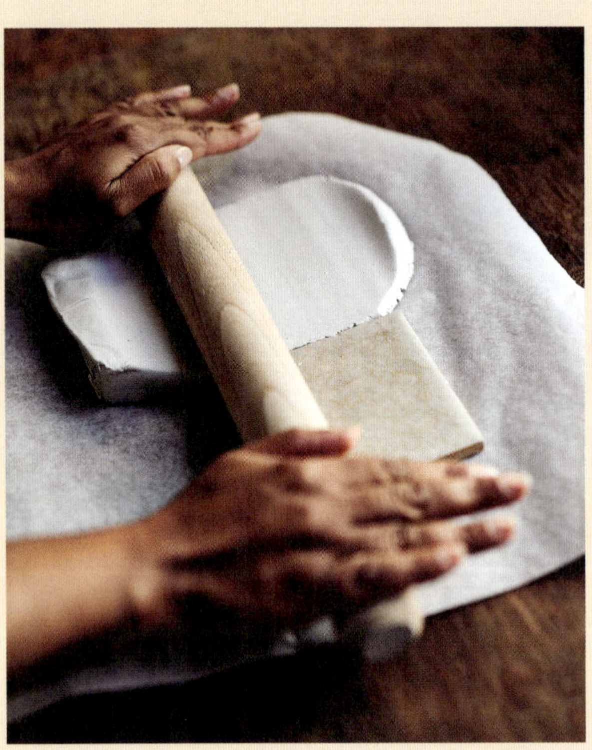

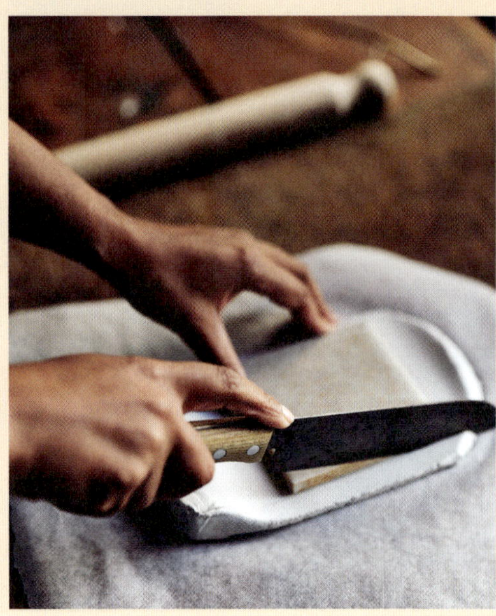

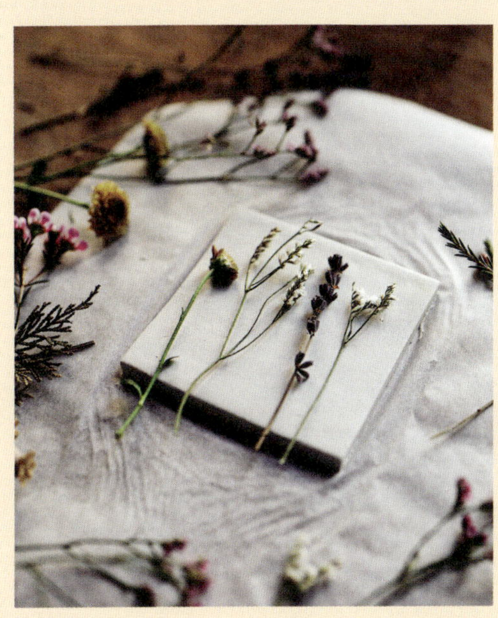

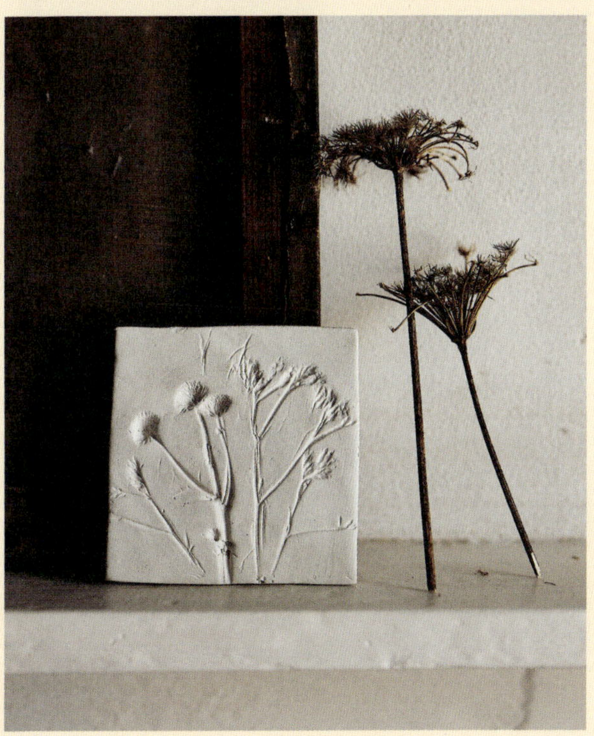

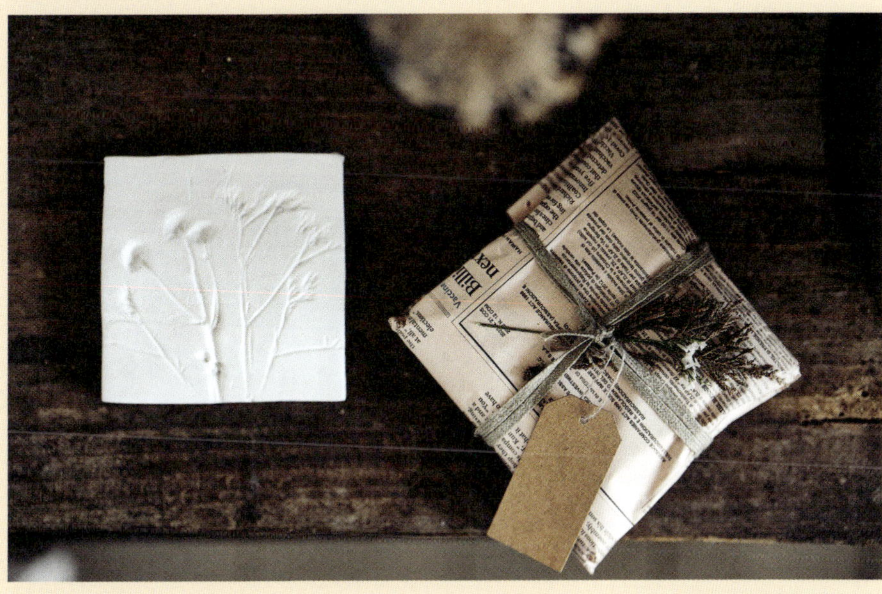

TROCKENBLUMENSTRÄUSSCHEN

Trockenblumen sind ein herrlicher Frühlings- oder Sommergruß, vielleicht für den Geburtstag einer Freundin oder als Genesungsgeschenk. Die immerwährenden kleinen Sträußchen sind schnell gemacht und glänzen mit ihrer unaufdringlichen Wirkung. Sie machen sich schick in einer kleinen Vase oder in einem Marmeladenglas oder können an einem Kleidungsstück angeheftet als Blickfang dienen. Ausgepackt und kopfüber an die Wand gehängt oder an einem Faden im Fenster sind sie eine wunderbare Blütendekoration.

ZEIT: 20 Minuten ERGIBT: Ein Sträußchen

Man braucht:
15–20 getrocknete Blumen pro Sträußchen – eine interessante Mischung aus Blumen und Gräsern, einschließlich eines Stängels, der als Blickfang dienen soll
Jutegarn oder Floristikband

Ausstattung:
Floristik- oder Gartenschere

Zum Verpacken:
Packpapier oder Zeitungspapier (DIN A4)
Braunes Papierklebeband
Schnur oder Schleifenband

1. Mit dem zentralen Stängel beginnen, der als Blickfang dienen soll. Danach kommen die Gräser und einfacheren Blumen. Die Stiele einzeln im 45-Grad-Winkel um den zentralen Stängel drum herum drapieren. Darauf achten, dass die Stiele nicht kürzer als 20–25 cm sind, damit sie noch in eine kleine Vase passen.

2. Wenn alle Stiele aufgebraucht sind, den Strauß mit einer Hand festhalten und mit der anderen die Stielenden zusammendrehen, um das Arrangement zu fixieren.

3. Den Strauß mit Jutegarn oder Floristikband zusammenbinden.

4. Das Arrangement in Packpapier oder Zeitungspapier einwickeln. Um eine schöne Kegelform zu erhalten, das Papier mit einer Ecke nach oben auf den Tisch legen. Den Strauß so auf dem Papier positionieren, dass die Blumen ebenfalls nach oben zeigen und mittig liegen. Dann zuerst die eine Seite des Papiers umschlagen, die untere Ecke nach oben falten und schließlich die andere Seite umlegen. Das Papier mit Klebeband fixieren und alles mit einer Schnur oder Schleifenband zusammenbinden.

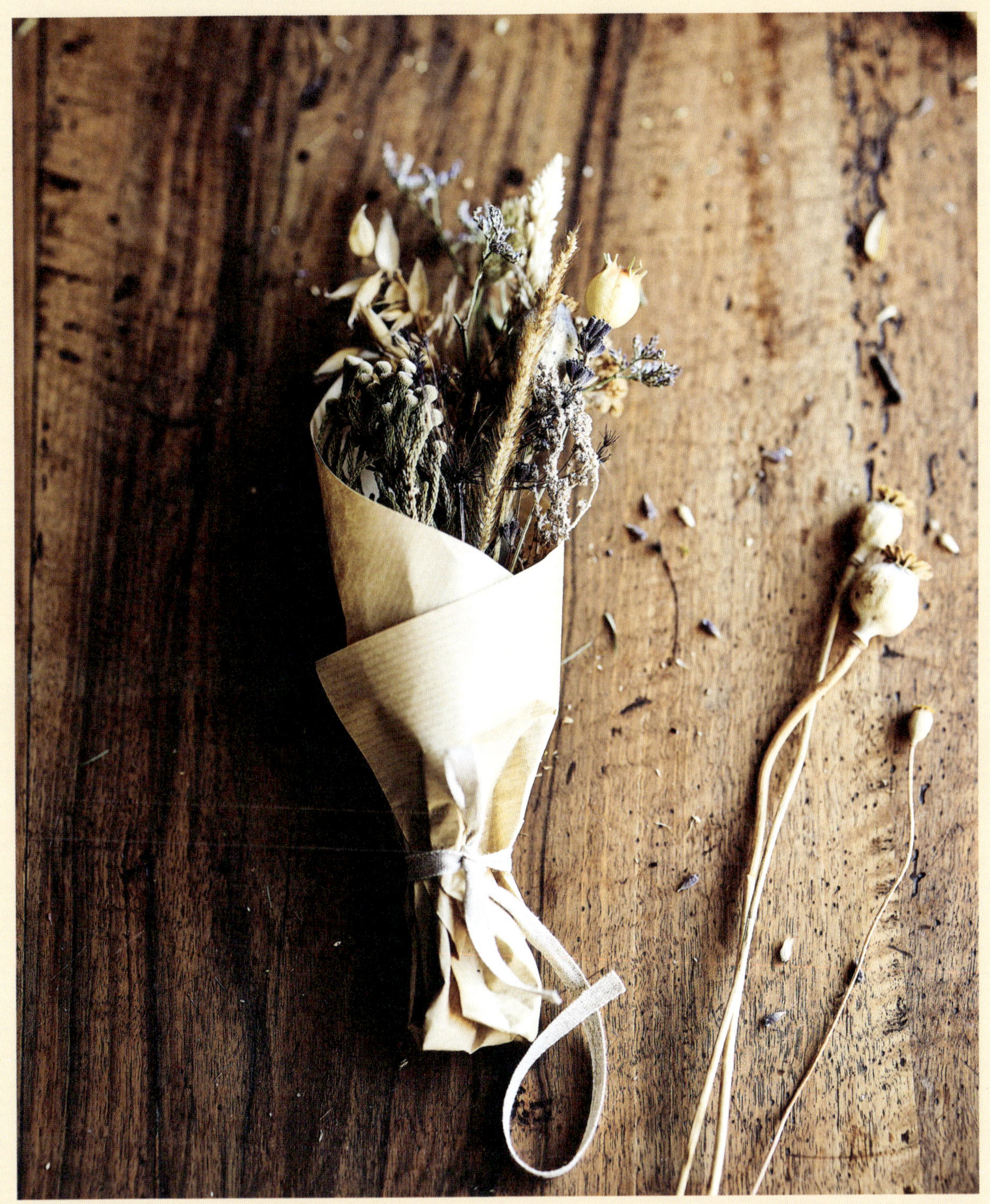

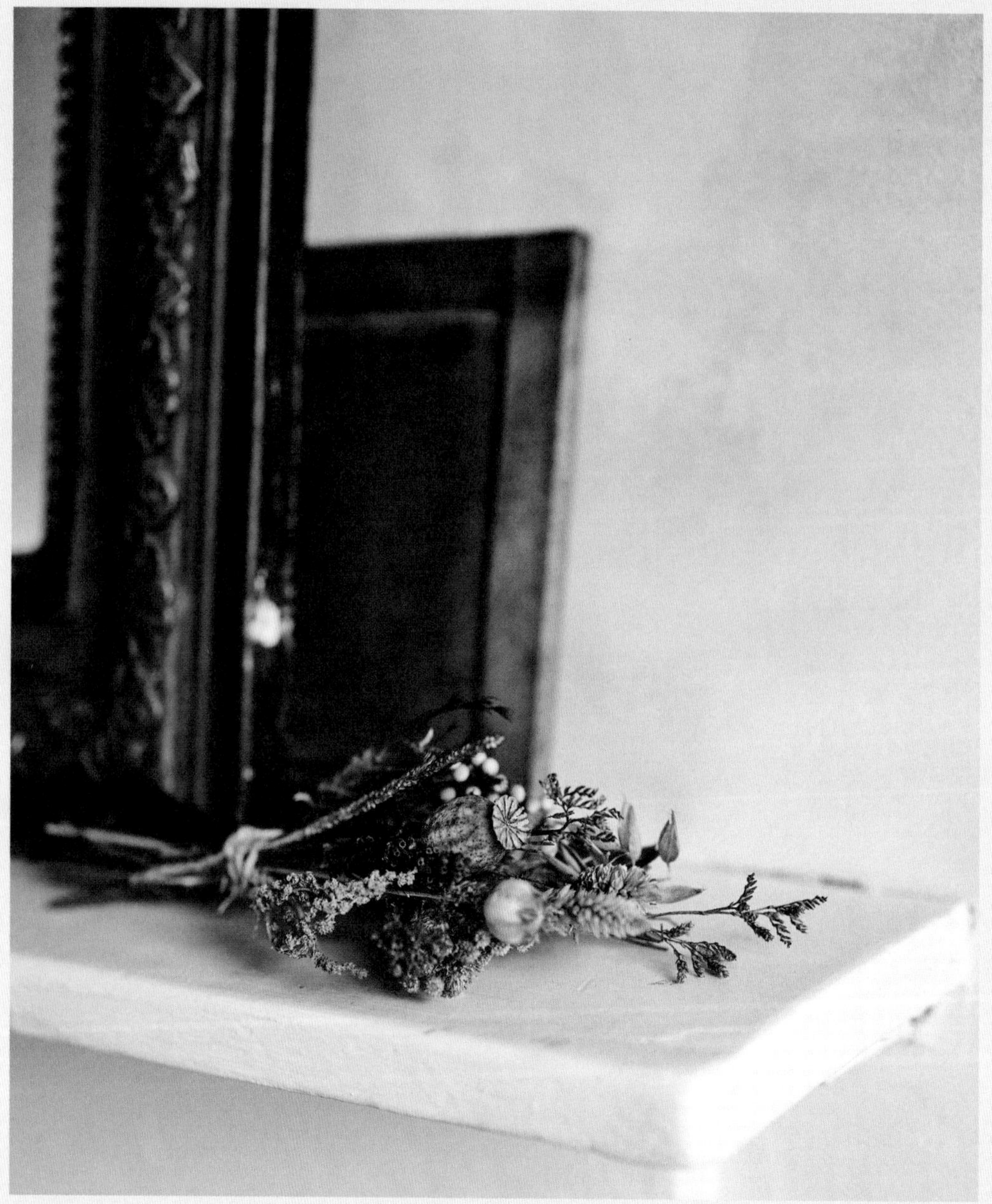

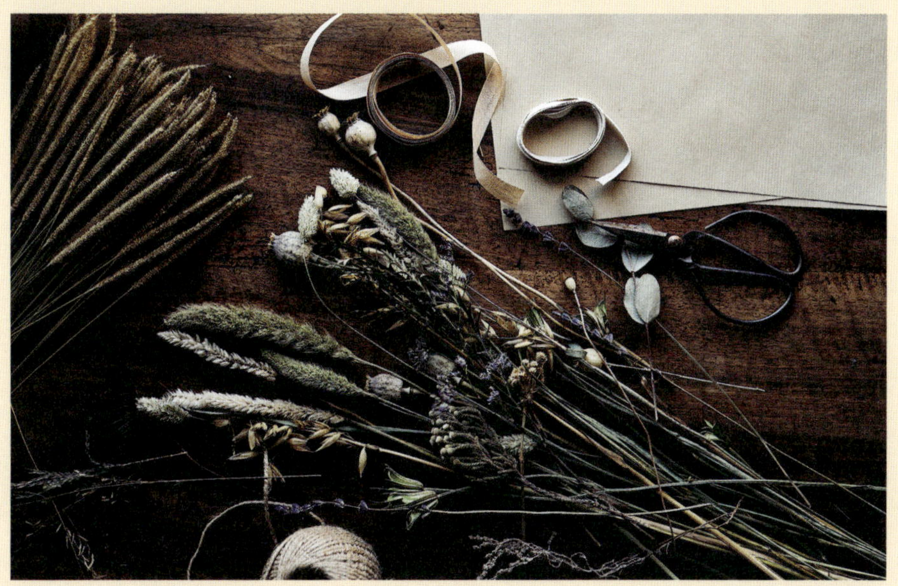

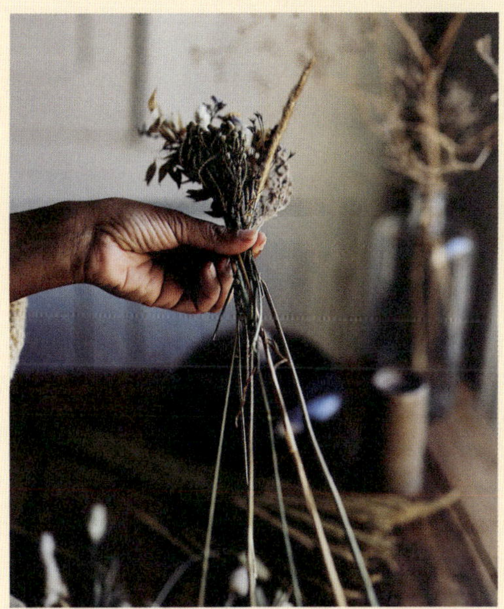

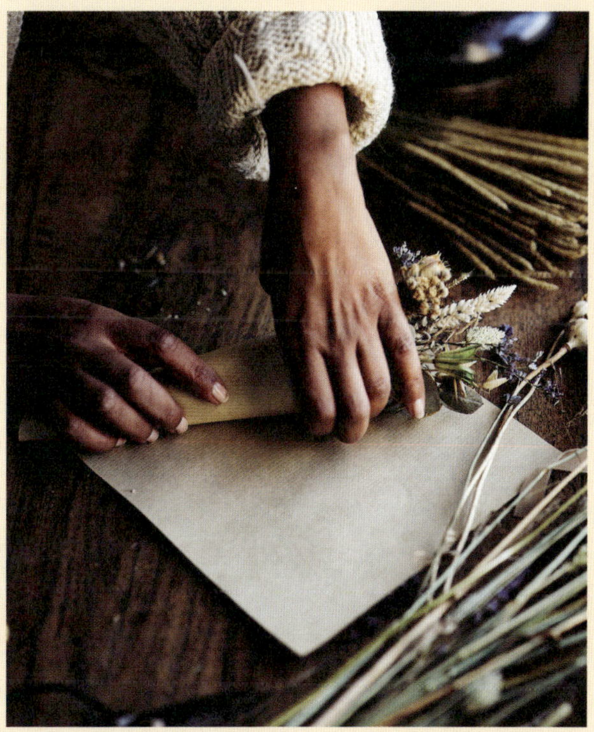

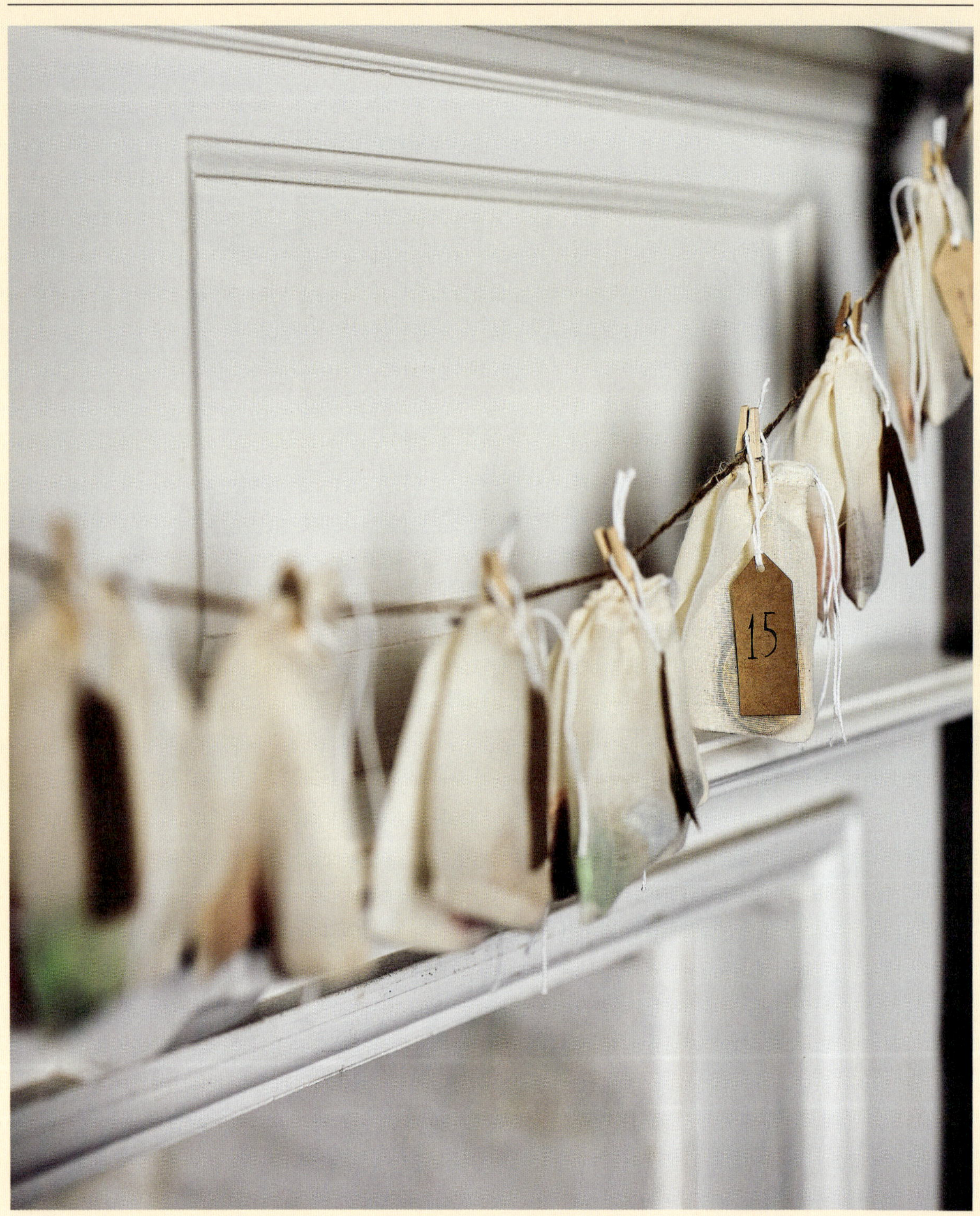
15

WIEDERVERWENDBARER ADVENTSKALENDER

Die Adventszeit ist für viele von uns aufregend schön, denn wir bereiten uns in diesen Wochen auf die bevorstehenden Festtage vor. Der Adventskalender ist so gestaltet, dass er immer wieder verwendet werden kann. Alljährlich mit vielen kleinen Überraschungen befüllt, kann er zu einer hübschen Weihnachtstradition werden.

ZEIT: 1 Stunde ERGIBT: Ein Kalender

Man braucht:

24 Baumwollsäckchen
2 Messingringe
150 cm langes Jutegarn
24 Mini-Wäscheklammern
24 Überraschungen (Leckereien, Teelichter, Lippenbalsam, Kristalle, Lavendel- oder Kräuterbündel, natürlich gefärbte Bänder oder Stoffhaargummis, Haarspangen, Schokotaler, Räucherstäbchen, Blumensamen, ätherische Öle, auch ein Zitat oder eine kleine Notiz können enthalten sein)
24 Mini-Anhänger
2 Messingnägel oder -haken

Ausstattung:

Schere
Maßband
Stift

Zum Verpacken:

Ein Karton oder eine Geschenktasche
Recyceltes Seidenpapier
Schleifenband
Christbaumschmuck

1. 24 Baumwollsäckchen nähen (siehe Anleitung auf Seite 94). Fertige Musselinbeutel aus Biobaumwolle bekommen Sie auch online.

2. Die Messingringe mit ordentlichen Knoten an die Enden des Jutegarns knüpfen.

3. Die Wäscheklammern in regelmäßigen Abständen am Jutegarn befestigen.

4. Die Säckchen mit einer Auswahl an schönen Dingen befüllen. Die Zahlen 1–24 auf die Anhänger schreiben und jeweils einem Säckchen zuordnen.

5. Die gefüllten Beutel an der Schnur aufhängen – entweder von links nach rechts entsprechend den Zahlen 1–24 oder wild durchmischt, sodass der Beschenkte nach dem jeweiligen Tag suchen muss.

6. Zum Verschenken einen Karton mit Seidenpapier auslegen und den Adventskalender mitsamt Messingnägeln oder -haken darin drapieren. Den Karton mit Schleifenband dekorieren. Alternativ den Adventskalender in eine Geschenktasche legen, den oberen Rand umschlagen, befestigen und mit Weihnachtsbaumschmuck verzieren.

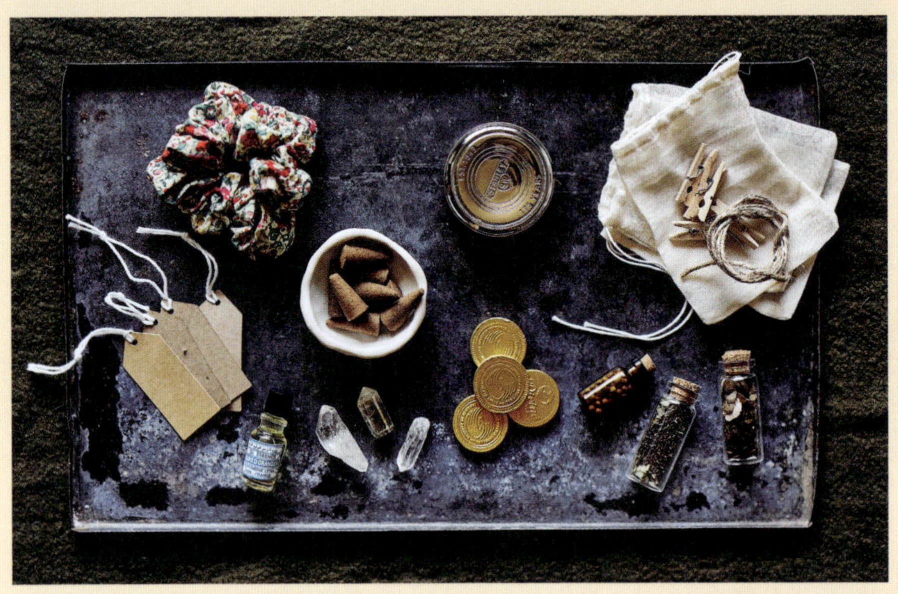

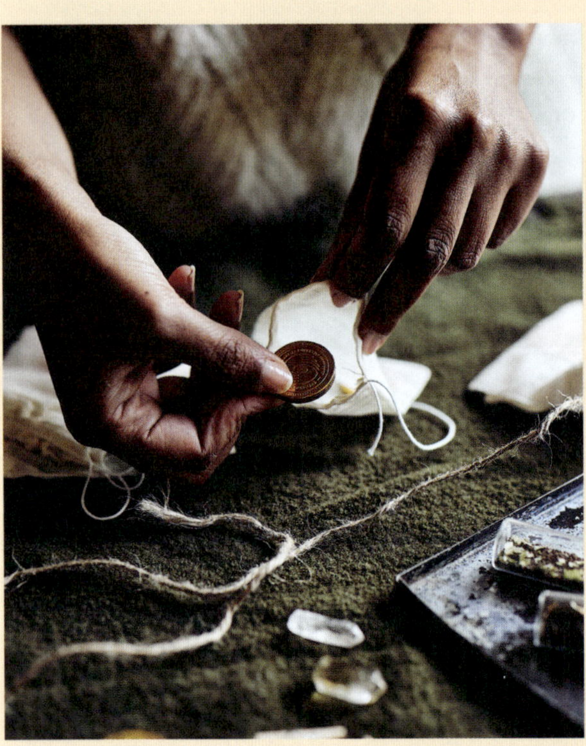

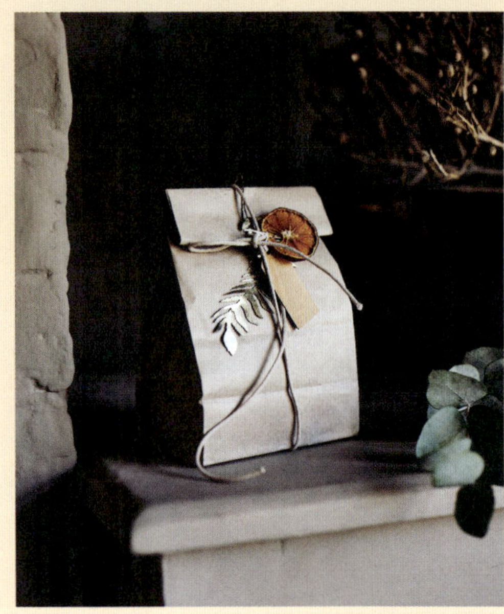

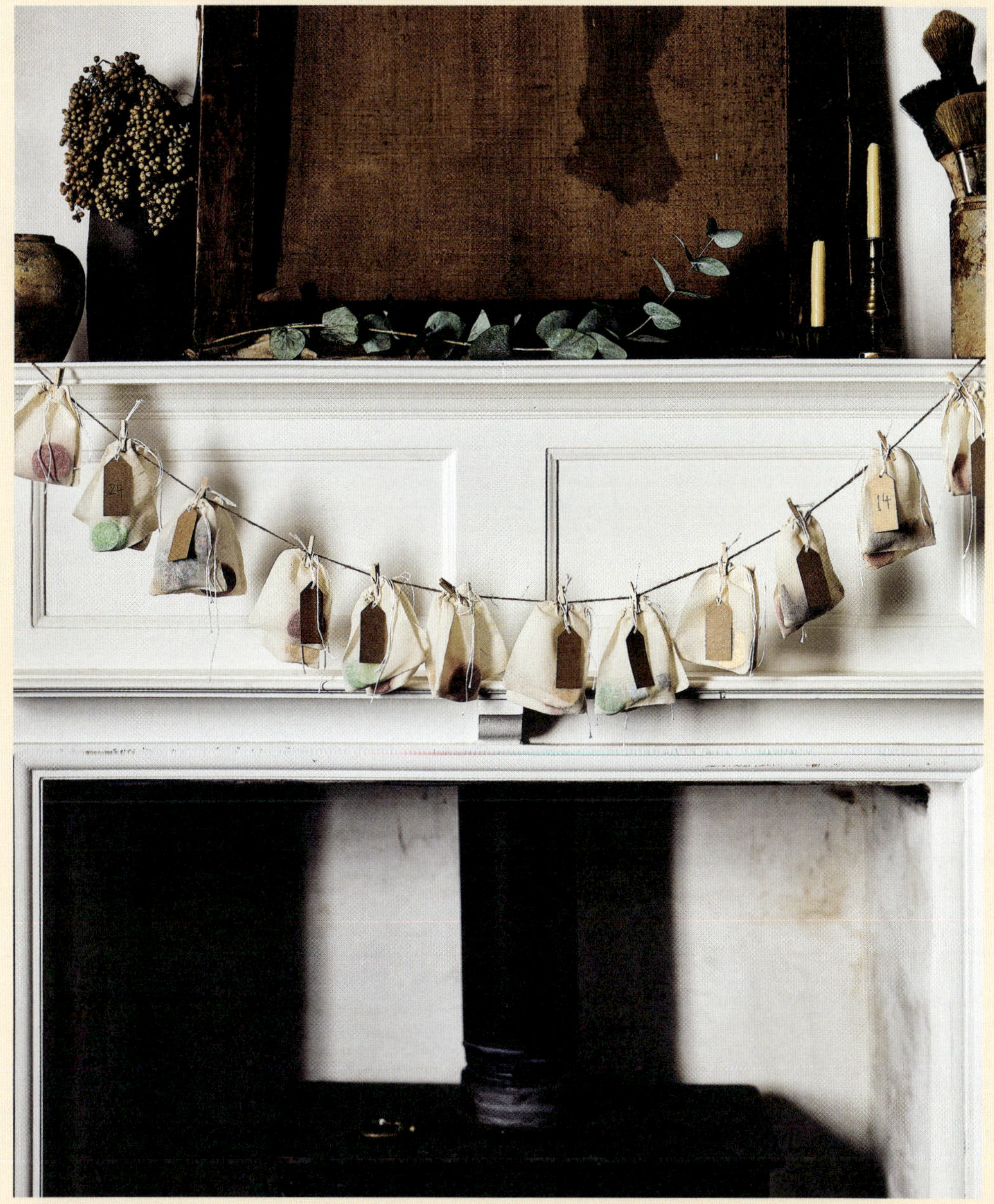

NATÜRLICHER WEIHNACHTS-BAUMSCHMUCK

Wenn uns eine Sache so richtig auf Weihnachten einstimmt, dann ist es das Schmücken des Tannenbaums. Warum also nicht jemandem, der Ihnen sehr am Herzen liegt, eine kleine Schachtel mit handgefertigten Anhängern schenken? Er oder sie wird mit Sicherheit jedes Jahr aufs Neue beim Schmücken an Sie denken.

ZEIT: **Ein Nachmittag (plus Trocknungszeit)** ERGIBT: **12 Anhänger**

Für die Tonformen

Man braucht:
Lufttrocknende Modelliermasse (terrakottafarben, weiß oder grau)
Jutegarn

Ausstattung:
Schneidebrett aus Holz (oder Keramikfliese)
Backpapier
Nudelholz
Ausstechformen: Sterne, Kreise, Dreiecke (oder scharfes Messer, Lineal und kleine Gläser)
Holzstäbchen (z. B. Schaschlikspieß)
Kuchengitter

1. Ein Stück Backpapier auf das Schneidebrett oder die Keramikfliese legen und die Modelliermasse 4–5 mm dick ausrollen. Mit den Ausstechformen Sterne, Kreise und Dreiecke formen. Alternativ die Formen mit einem scharfen Messer und einem Lineal ausschneiden oder mithilfe kleiner Gläser Kreise ausstechen.

2. Mit dem Holzstäbchen ein Loch für die Aufhängung in die Formen stechen.

3. Die Kreationen vorsichtig anheben und auf ein Kuchengitter legen. Die Schritte wiederholen, bis alle Reste aufgebraucht sind. Die Modelliermasse trocknen lassen.

4. Wenn die Anhänger vollständig ausgehärtet sind, ein Stück Jutegarn durch die Löcher fädeln und hübsch verknoten.

Für die Zweigsterne

Man braucht:
Zweige
Blumen- oder Messingdraht
Jutegarn oder Baumwollkordel

1. Für jeden Stern drei Zweige auf je 8 cm Länge zurechtschneiden. Auf der Arbeitsfläche jeweils zwei so auslegen, dass ein Kreuz entsteht. Ein weiteres Ästchen diagonal darüberlegen, sodass Sie sechs Spitzen haben. In der Mitte mit Blumen- oder Messingdraht fixieren. Jutegarn oder Baumwollkordel zum Aufhängen am obersten Zweig befestigen.

Für Tannenzapfen

Man braucht:
Tannenzapfen
Blumen- oder Messingdraht

1. Ein Stück Blumen- oder Messingdraht abschneiden und etwa 1 cm vom Stielansatz des Zapfens entfernt an einer Deckschuppe befestigen, verzwirbeln und eine Schlaufe zum Aufhängen formen.

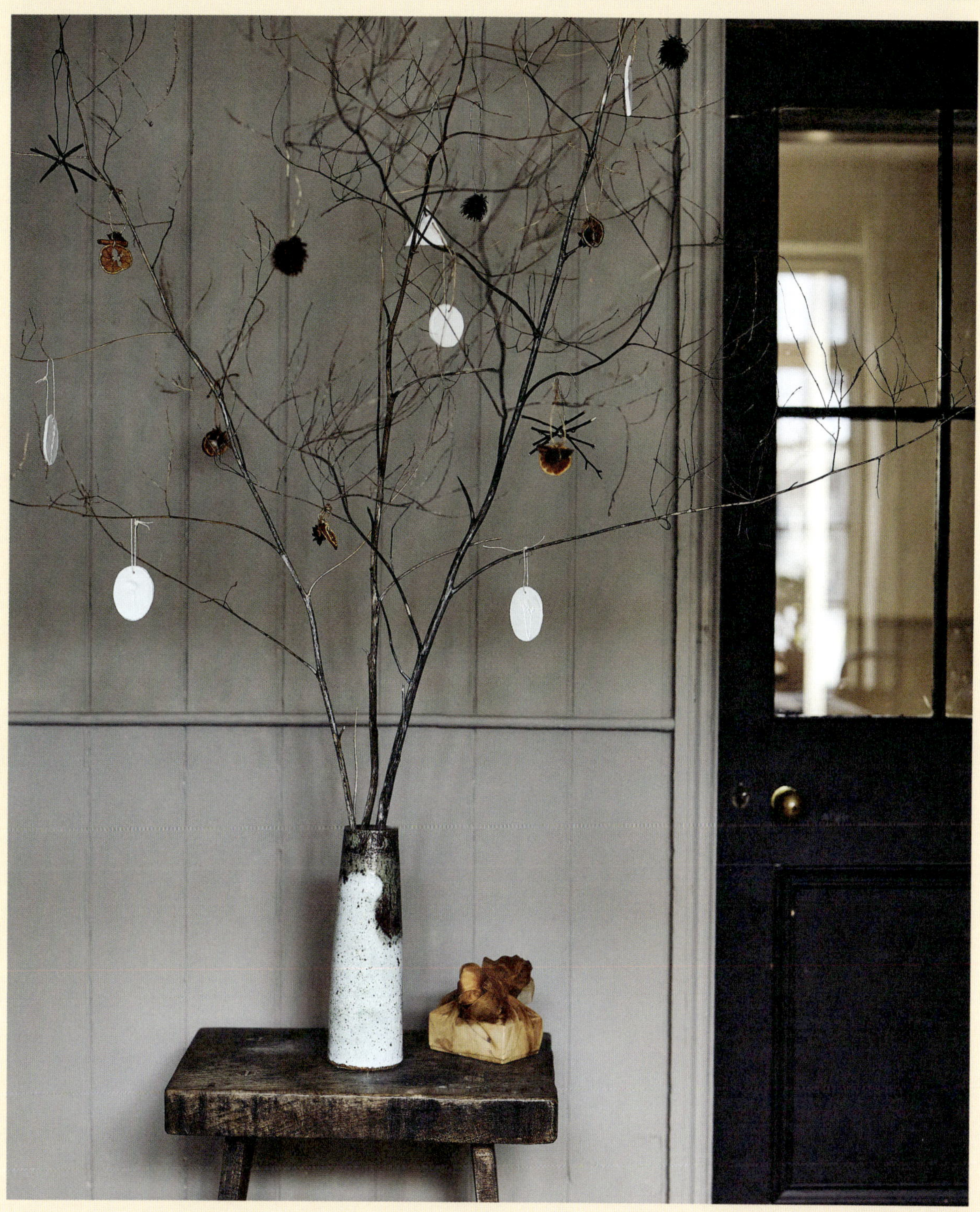

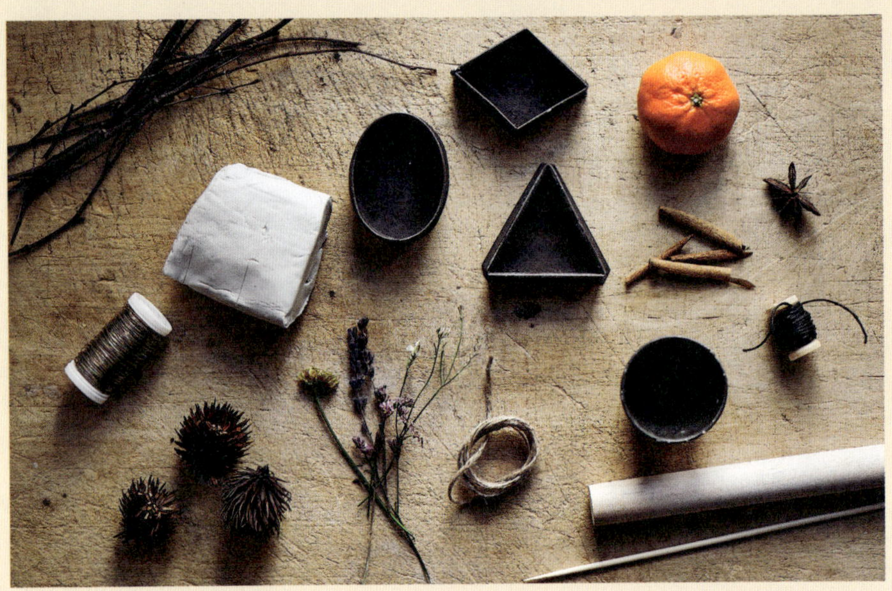

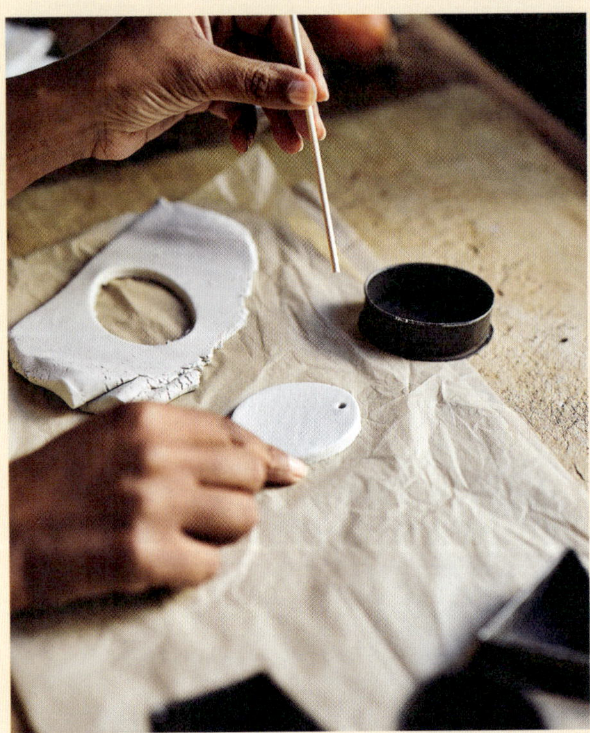

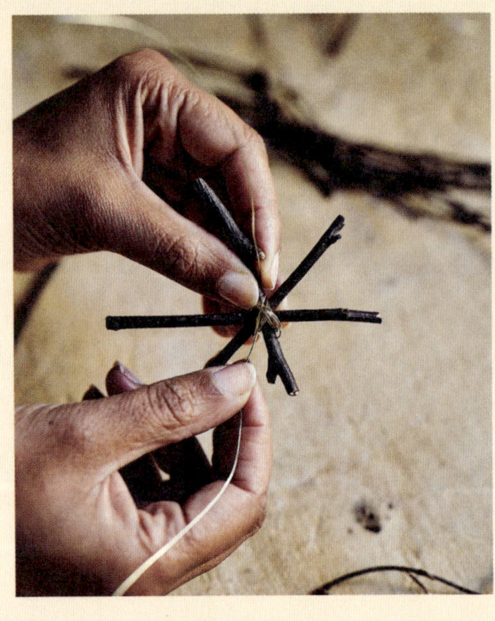

Für die Mandarinen

Man braucht:
Feste Mandarinen oder Clementinen
Jutegarn
Zimtstange und Sternanis (optional)

Ausstattung:
Scharfes Messer
Backblech
Holzstäbchen (z. B. Schaschlikspieß)

1. Die Mandarinen in Scheiben schneiden.

2. Die Scheiben auf ein Backblech legen und im Ofen bei niedriger Hitze (45–80 °C) für 6–8 Stunden trocknen.

3. Mit einem Holzstäbchen ein Loch in jede Scheibe stechen und ein Stück Jutegarn zum Aufhängen durchfädeln. Nach Belieben um Zimt oder Sternanis ergänzen.

Zum Verschenken (pro Geschenkbox etwa 6–12 Aufhänger einplanen):

Geschenkbox aus Kraftpapier
Recyceltes Seidenpapier

1. Wenn alle Anhänger fertig sind, eine Geschenkbox mit Seidenpapier auslegen und den Weihnachtsbaumschmuck hineinlegen.

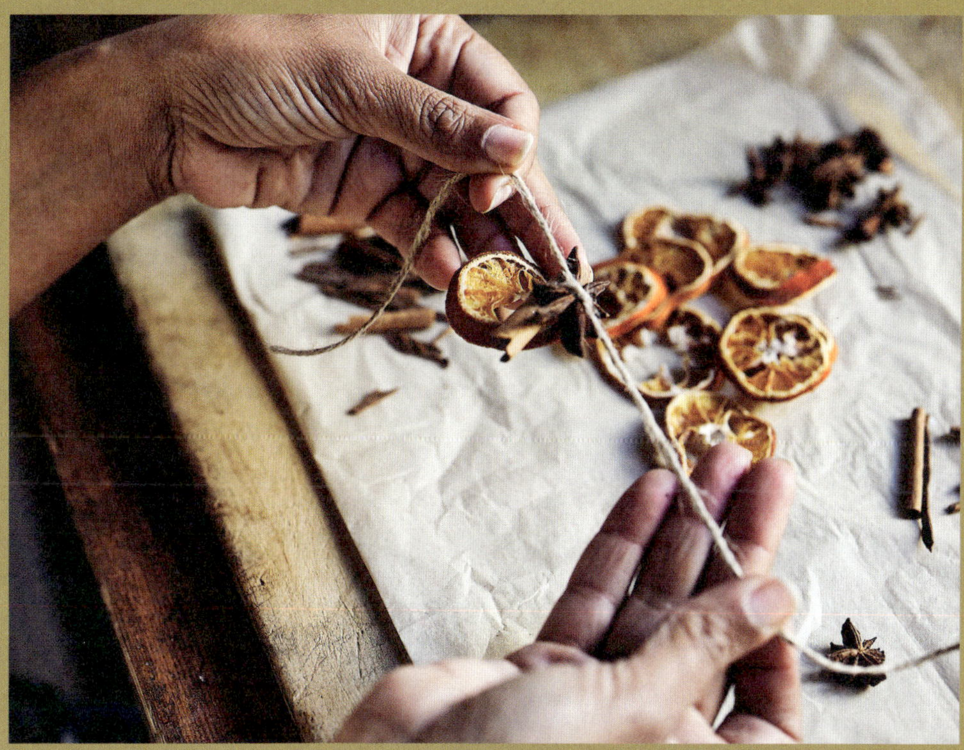

Anmerkung: *Warum entscheiden Sie sich dieses Jahr nicht für einen Weihnachtszweig anstelle eines Weihnachtsbaums? Er ist eine ökologische Alternative zu einer gefällten Tanne und für mich eine meiner Lieblingsweihnachtsdekorationen. Sie können dafür große heruntergefallene Zweige in einem nahegelegenen Wald oder Park sammeln (informieren Sie sich vorher über die örtlichen Gesetze und Vorschriften diesbezüglich).*

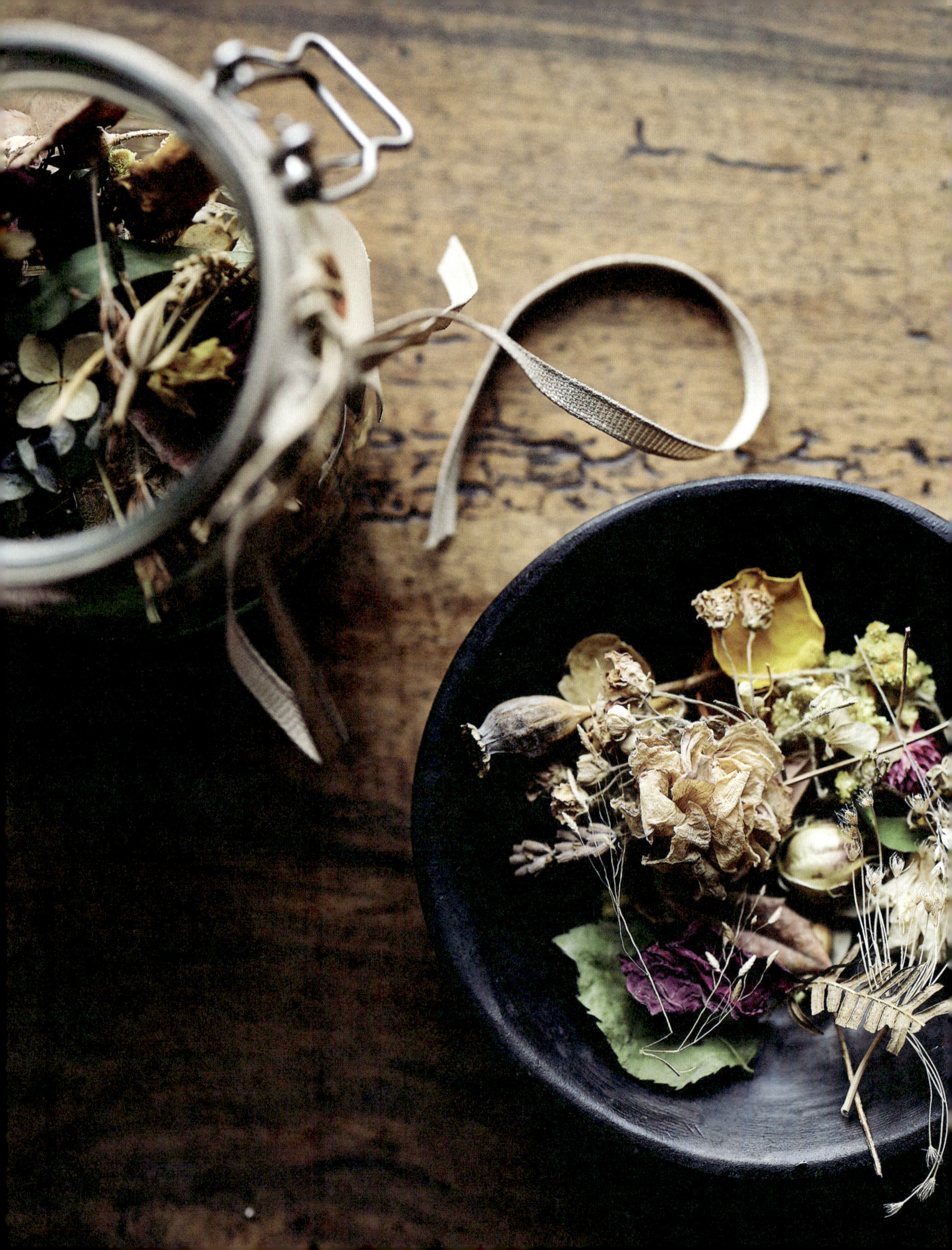

DUFT

DUFTKERZEN – POTPOURRI – RÄUCHERBÜNDEL – DUFTWACHS – HOPFEN-KAMILLE-LAVENDELSÄCKCHEN

DUFTKERZEN

Duftkerzen haben in den letzten Jahren auf der Beliebtheitsskala deutlich zugelegt. Warum? Weil wir uns wieder gerne zu Hause einmummeln und die gemütliche Zeit auskosten wollen, vor allem in den Wintermonaten. Dabei übersehen wir nur leicht, dass gekaufte Kerzen viele ungesunde Inhaltsstoffe aufweisen. Bei selbst gemachten Duftkerzen weiß man nicht nur genau, aus was sie bestehen, sie kosten auch nur einen Bruchteil von dem, was man sonst in der Regel für sie ausgibt.

ZEIT: 30 Minuten (plus Zeit zum Aushärten) ERGIBT: 5 Gläser à 120 ml

Man braucht:

Glasgefäße oder Dosen mit Deckel (ich habe braune Kerzengläser à 120 ml verwendet; wiederverwendete Gläser sollten Sie vorab sterilisieren, siehe Seite 19)

5 Kerzendochte, die für Sojawachs geeignet und lang genug für das gewählte Gefäß sind (ich habe 10 cm lange mit Sojawachs vorgewachste Dochte verwendet)

500 g Sojawachsflocken oder -pellets

100 Tropfen ätherisches Öl nach Wahl (ich habe Eukalyptus verwendet)

Ausstattung:

Wäscheklammern
Hohes hitzebeständiges Gefäß
Kochtopf
Kochlöffel oder Holzspatel
Lebensmittelthermometer

Zum Verpacken:

Geschenkanhänger
Jutegarn, Schleifenband oder Bast
Baumwollbeutel
Getrocknete Blumen

Wie schon bei der Herstellung von Seife ist auch das Selbermachen von Kerzen mit etwas Aufwand verbunden. Es lohnt sich also, gleich mehrere Kerzen auf einmal herzustellen – damit Sie immer eine auf Vorrat haben. Fünf Stück auf einmal ist eine gute Faustregel. Soll es jedoch nur eine sein, müssen Sie die angegebenen Mengen lediglich entsprechend dividieren.

1. Die Gläser vorbereiten: Die Dochte in der Mitte des Bodens platzieren. Ich habe Dochte verwendet, die direkt auf dem Boden des Glases kleben.

2. Eine Wäscheklammer am oberen Ende des Dochtes befestigen und auf den Rand des Glases legen. So bleibt der Docht an Ort und Stelle, während die Kerze später aushärtet.

3. Das ätherische Öl abmessen und beiseitestellen. Es wird zum Wachs hinzugefügt, wenn dieses noch heiß ist. Auf diese Weise vermeidet man Luftblasen. Sie benötigen etwa 100 Tropfen pro 500 g Wachs – je nachdem, wie stark die Kerze duften soll.

4. Die Sojawachsflocken oder -pellets in das hohe Gefäß geben und einen Topf mit 5 cm Wasser füllen. Das Gefäß in den Topf stellen und das Wachs bei mittlerer Hitze vollständig schmelzen. Einen Kochlöffel oder Holzspatel zum Rühren verwenden.

5. Wenn das Wachs eine Temperatur von 45–50 °C erreicht hat, vom Herd nehmen und sofort das ätherische Öl hinzufügen.

6. Das ätherische Öl mit einem Kochlöffel oder Holzspatel gründlich in die Mischung einrühren. Es muss sich gleichmäßig im Wachs verteilen, damit es beim Abbrennen gleichbleibend duftet.

7. Wenn sich Wachs und ätherisches Öl sorgfältig vermischt haben, das Wachs vorsichtig in die Gläser gießen und vollständig auskühlen lassen. Die Kerzen so lange wie möglich aushärten lassen – am besten eine oder zwei Wochen.

8. Sobald die Kerzen gänzlich ausgehärtet sind, die Wäscheklammern entfernen und die Dochte auf 5 mm kürzen. So brennen sie am besten.

9. Die Deckel auf die Gläser schrauben – sie halten Staub ab und bewahren den Duft, da die ätherischen Öle sich so nicht verflüchtigen können. Mit Jutegarn oder einem Bändchen Ihrer Wahl ein persönliches Geschenketikett an jedes Glas hängen. Ich wickle meine Kerzen gerne in Packpapier ein oder verschenke sie in einem Baumwollbeutel, den ich mit einem Band und Trockenblumen hübsch verschnüre.

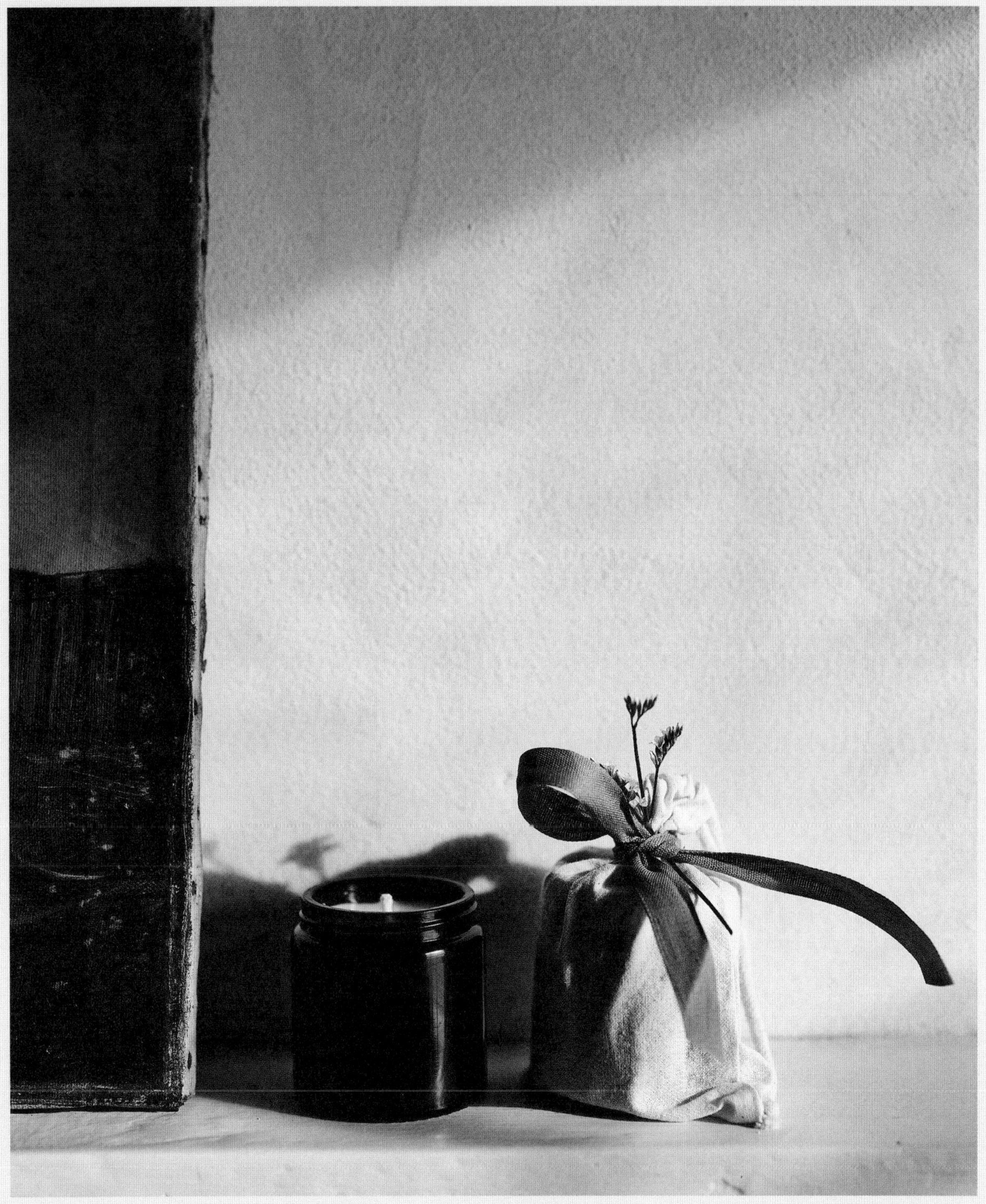

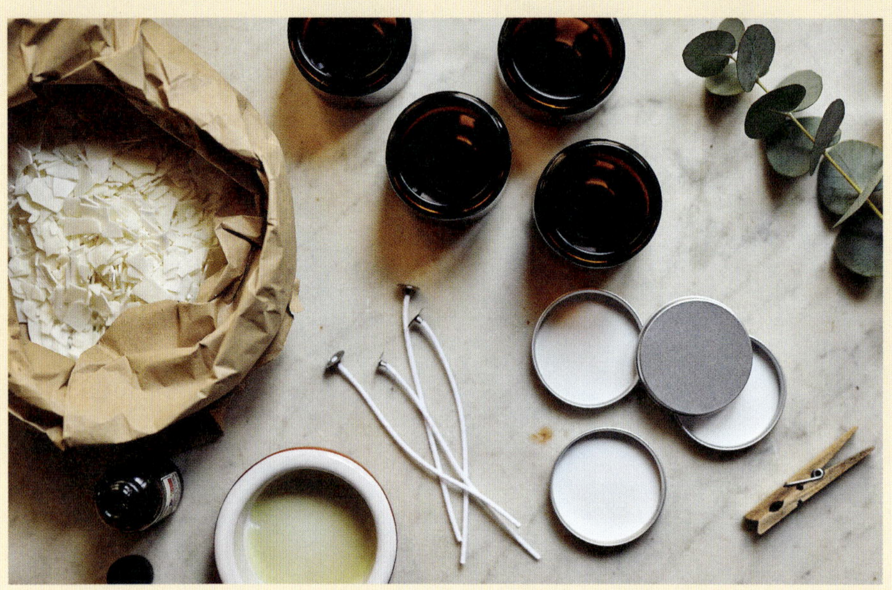

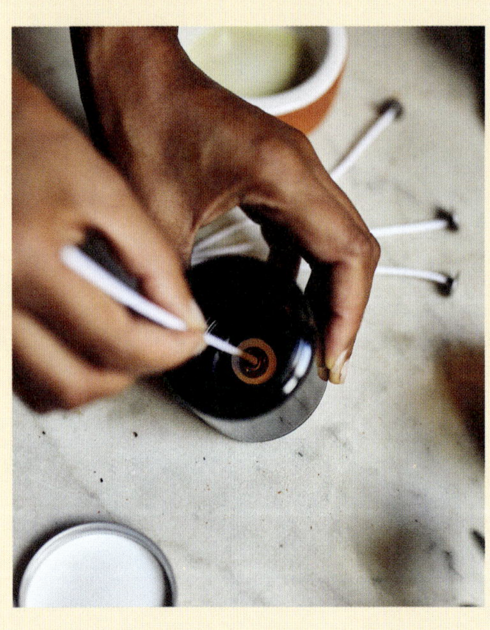

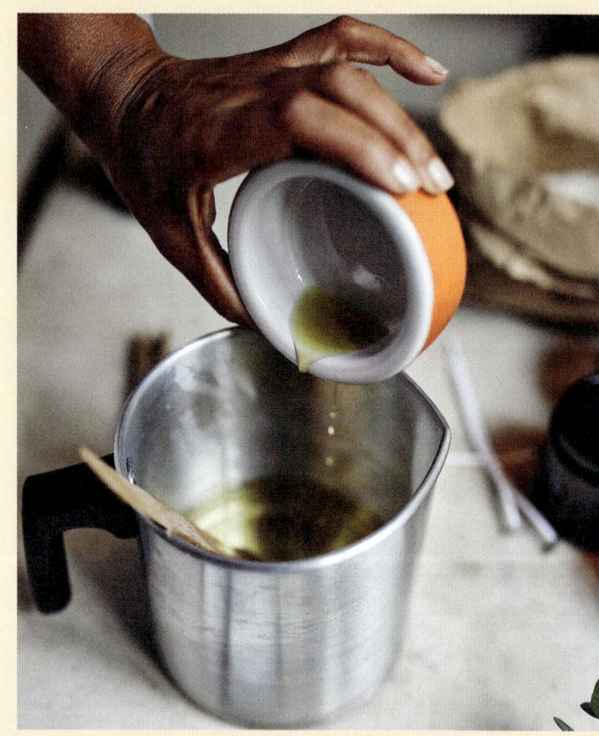

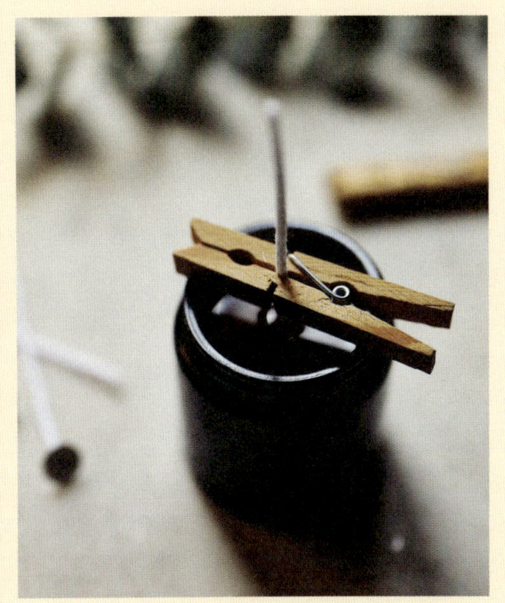

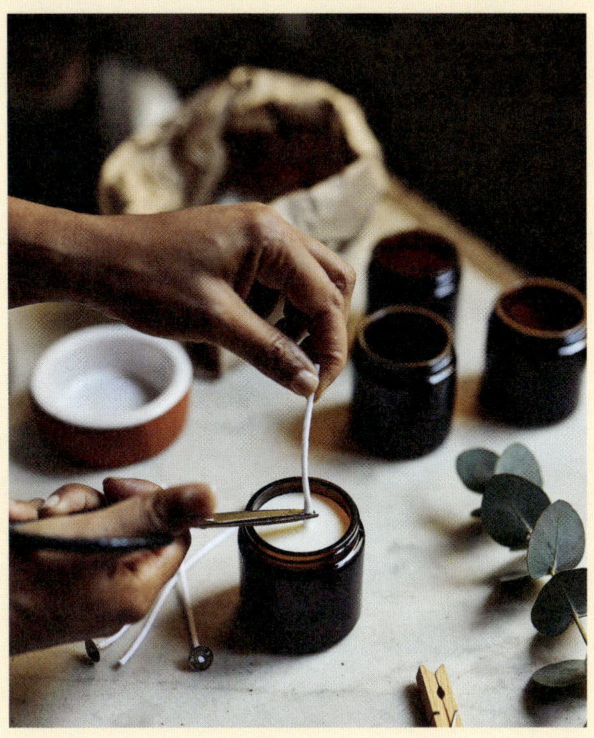

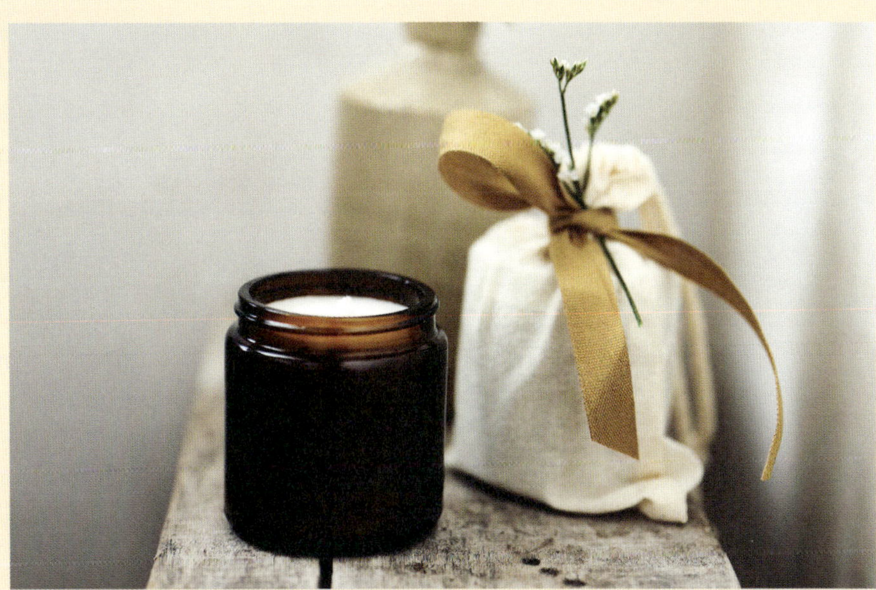

POTPOURRI

Diese fast vergessene Dekoration erinnert mich an meine Kindheit und ist eine großartige Möglichkeit, einen angenehmen Duft im ganzen Haus zu verbreiten. Ich möchte diese atmosphärischen Kunstwerke wiederaufleben lassen und sie häufiger in unseren heimischen vier Wänden sehen. Ein besonders zauberhaftes Arrangement können Sie mit größeren getrockneten Blumen gestalten. Sie können dazu eigene Blumen verwenden, gekaufte trocknen oder mit fertigen Trockenblumen arbeiten. Auch ein Blumenstrauß, der seine beste Zeit bereits hinter sich hat, ist perfekt geeignet für die Weiterverwendung als Potpourri. Alle Varianten sind gleich gut, letztlich hängt es von Ihren zeitlichen Kapazitäten ab und dem, was Sie zur Verfügung haben.

ZEIT: Ungefähr 1 Woche für das Trocknen der Blumen, 20 Minuten für die Herstellung und 6 Wochen für die Reifung des Potpourris
ERGIBT: Genug für ein 1-Liter-Glas

Man braucht:

Ein Einmachglas à 1 Liter (ein Mason-Glas oder ein Glas mit Schraubverschluss gehen auch)
100 g getrocknete Blütenblätter und -köpfe (Ich habe eine Mischung aus Lavendel, Jungfer im Grünen, Mohnkapseln, Hahnenfuß, Wilder Möhre, Hortensie, Rose, Eukalyptus, Fuchsie, Zittergras, Sauerampfer, Kamille und Oregano verwendet. Sie können alle oder auch nur ein paar davon nehmen.)
3–5 Tropfen ätherisches Öl (Ich habe Rose, Rosengeranie und Lavendel genommen. Passen Sie die Tropfenmenge der von Ihnen erwünschten Duftstärke an.)

Ausstattung:

Tablett oder Tisch zum Trocknen der Blumen
Große Rührschüssel

Zum Verpacken:

Naturfarbenes Baumwollband
Geschenkanhänger

1. Wenn Sie frische Blumen zum Trocknen ernten, tun Sie dies am besten an trockenen Tagen vor der heißesten Tageszeit. Für das Potpourri benötigen Sie vor allem Blütenblätter, es sieht aber sehr schön aus, wenn auch ein, zwei ganze Blütenköpfe darunter sind.

2. Für die Blütenblätter eignen sich Blütenköpfe aus dem Garten, die sich leicht von den Stielen lösen lassen: Rosen, Kamelien, Studentenblumen und Geranien zum Beispiel. Etwa 20–30 Blütenköpfe in mindestens drei verschiedenen Farben sammeln.

3. Die Blütenblätter vorsichtig abzupfen und zum Trocknen auf einen Tisch oder ein Tablett legen. Etwa eine Woche lang trocknen lassen. Gegebenenfalls einige Blütenköpfe ganz lassen, um dem Potpourri Struktur und Vielfalt zu verleihen. Lavendel am besten kopfüber in einem Bündel zum Trocknen aufhängen. Es dauert bis zu drei Wochen, bis er getrocknet ist. Wenn Sie nicht so viel Zeit haben, verwenden Sie vorgetrocknete Blumen.

4. Sobald die Blumen vollständig getrocknet sind und keine Spuren von Feuchtigkeit mehr aufweisen, sind sie bereit für das Potpourri. Farben und Texturen bewusst mischen, um ein ästhetisch ansprechendes Arrangement zu erzielen. Die Blütenblätter und -köpfe zusammen mit den ätherischen Ölen in eine Schüssel geben. Mischung aufschreiben, damit Sie die gleiche Kombination erneut herstellen können, wenn Sie Ihnen gefallen hat.

5. Die Zutaten aus der Schüssel in das Einmachglas umfüllen und etwa sechs Wochen lang verschlossen ruhen lassen. Das Glas gelegentlich schwenken, um sicherzustellen, dass sich die ätherischen Öle gleichmäßig verteilen. Nach sechs Wochen den Duft überprüfen und bei Bedarf ein paar weitere Tropfen Öl hinzufügen.

6. Das Glas mit einem naturfarbenen Baumwollband und einem Geschenkanhänger hübsch verpacken.

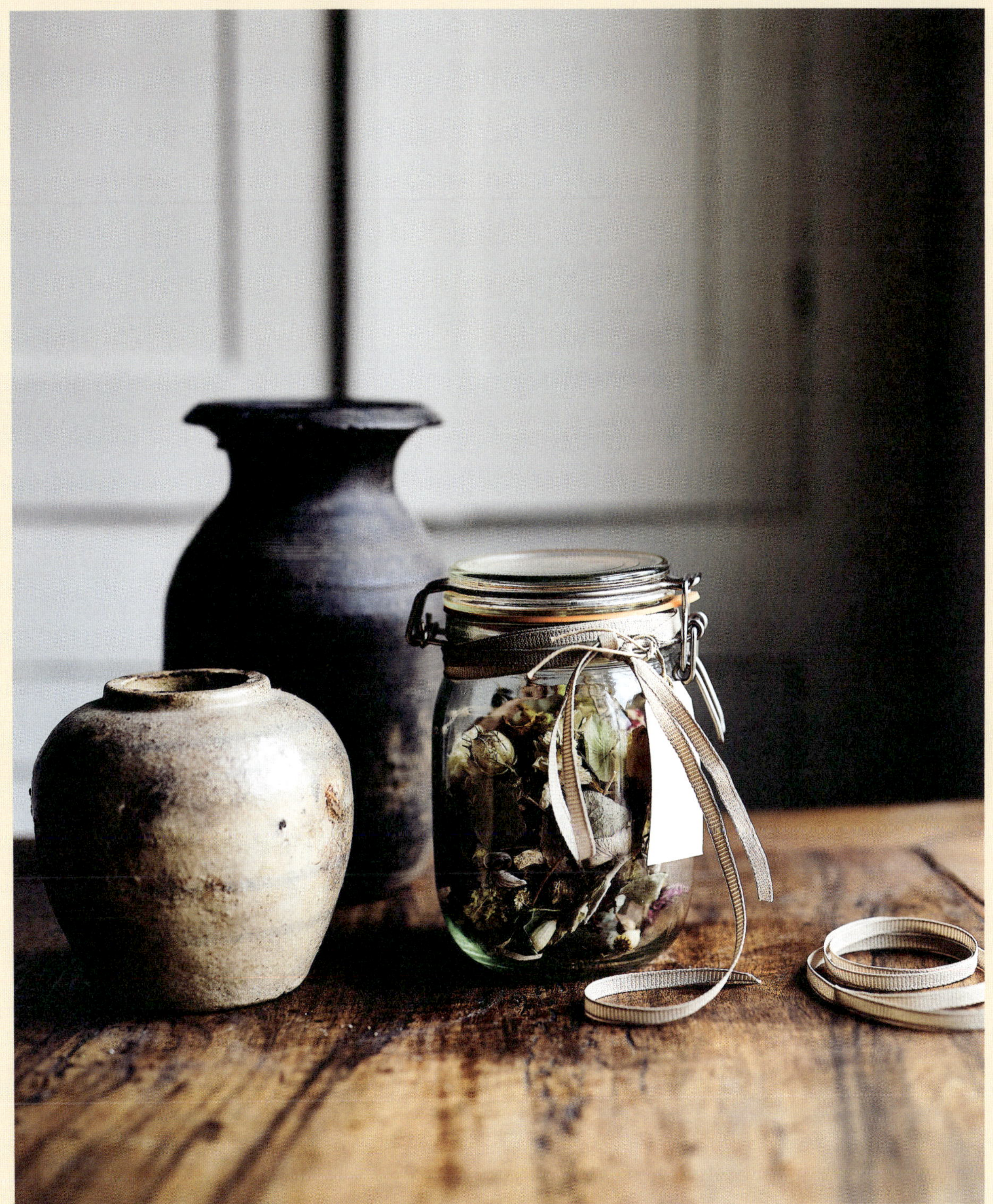

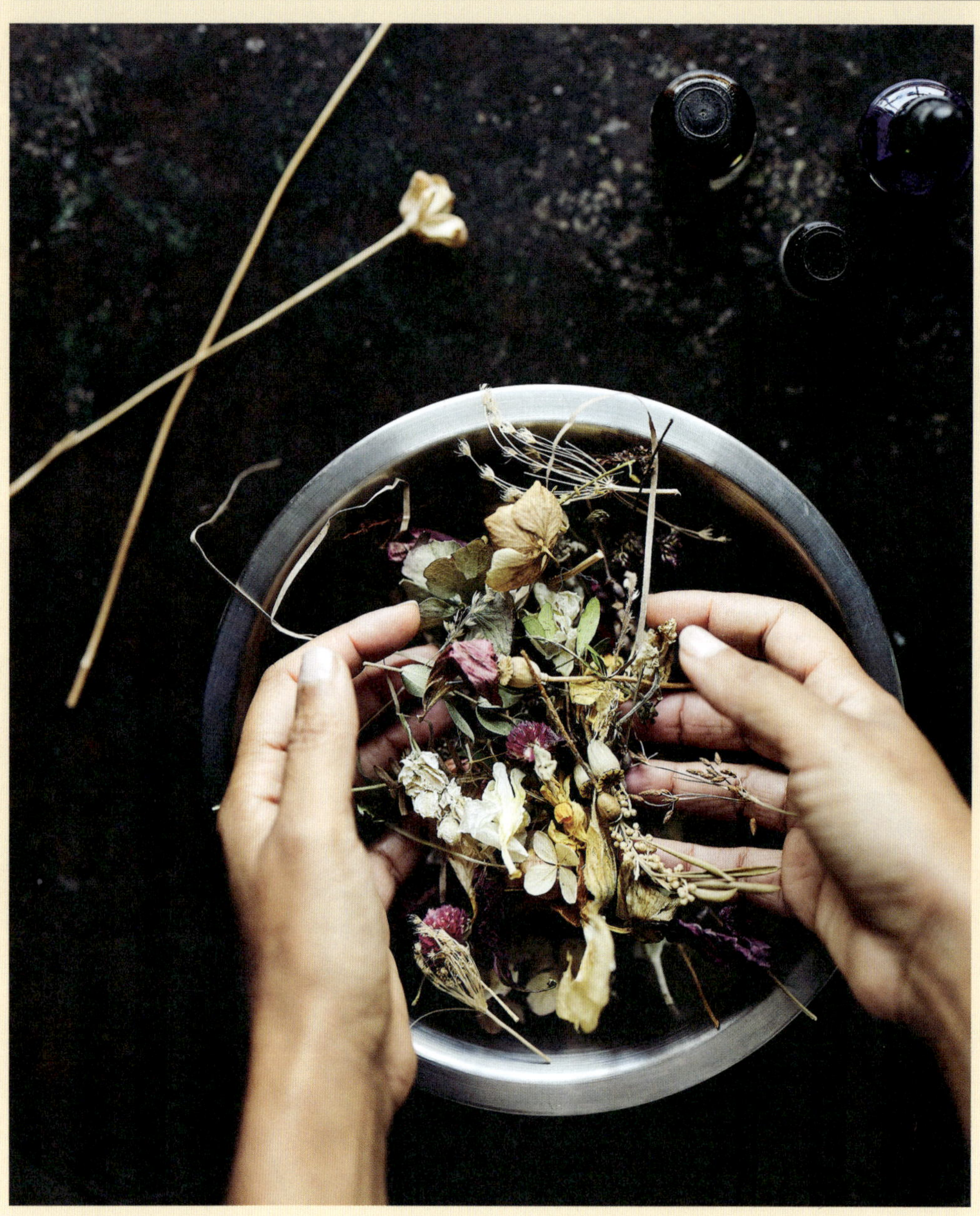

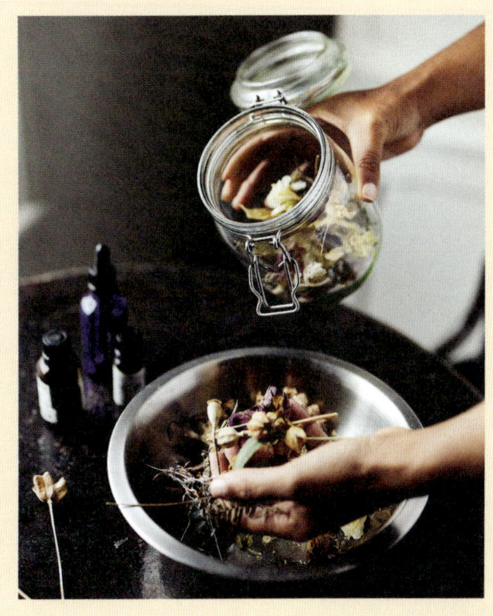

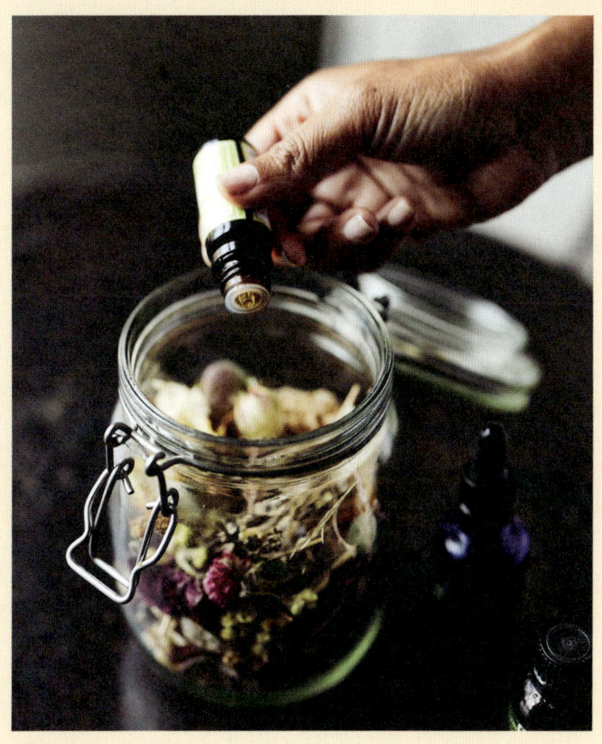

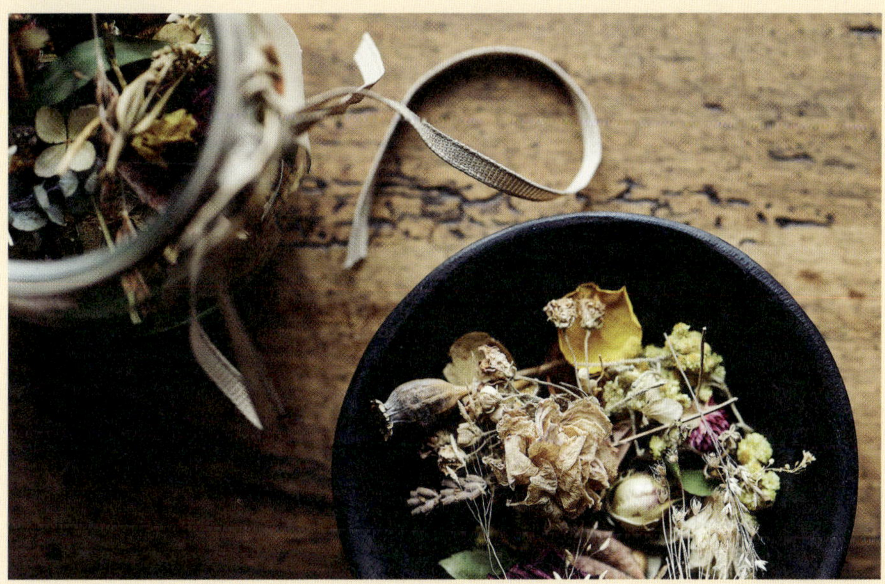

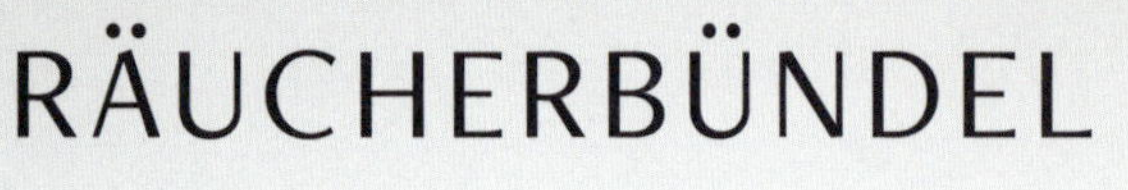

RÄUCHERBÜNDEL

Die energetische Reinigung eines Raumes ist ein Ritual vieler indigenen Völker Nordamerikas: Salbei und andere Kräuter werden zu kleinen Bündeln geschnürt und verbrannt, um die Luft zu klären und den Raum von negativer Energie zu befreien. Diese Räucherbündel sind eine Anlehnung an den Brauch und ein großartiges Geschenk für Freunde, die umziehen oder einen Neuanfang brauchen.

ZEIT: 20 Minuten ERGIBT: Ein Räucherbündel

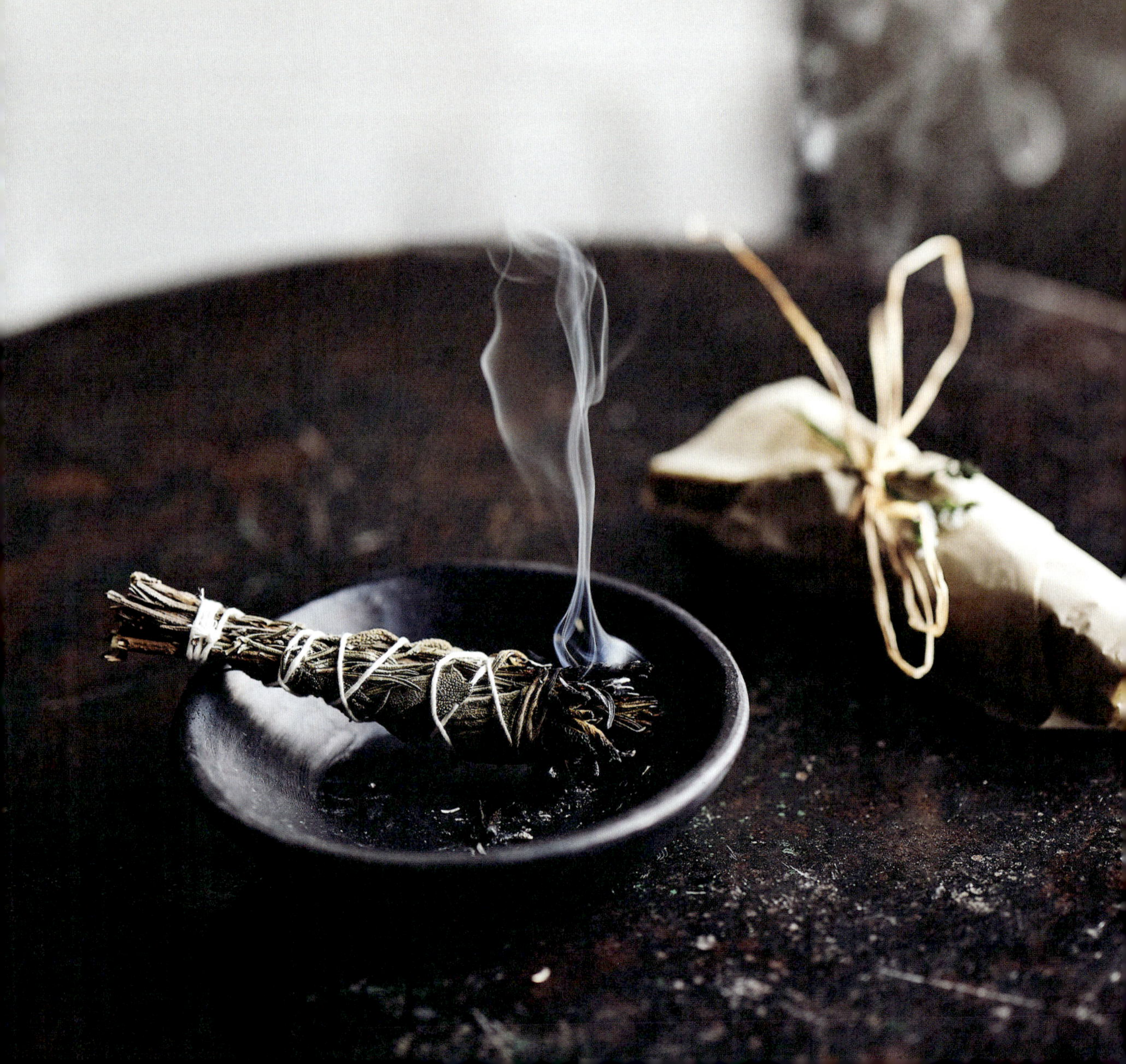

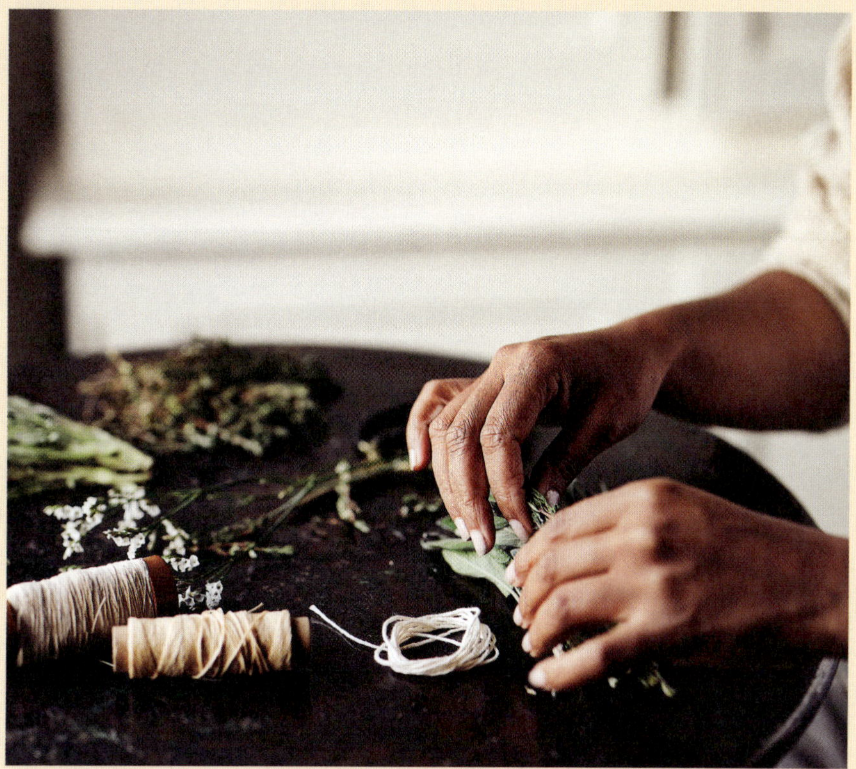

Man braucht:
20–25 Stiele frischer Kräuter pro Bündel (ich habe hauptsächlich Salbei und ein paar Stängel Thymian verwendet)
Getrocknete Blumen zum Dekorieren (ich habe ein paar Stiele Strandflieder verwendet, Lavendel oder Australische Wachsblume sind auch toll)
Baumwollschnur oder Bindfaden

Zum Verpacken:
Geschenkanhänger
Recyceltes Seidenpapier oder ein Stück feinmaschiger Stoff oder Musselin
Bast

1. Frische Kräuter – zum Beispiel aus dem Garten – bereitlegen. Sie benötigen so viele Stängel, wie zwischen Daumen und Zeigefinger passen, wenn sie einen Kreis bilden (etwa ein Durchmesser von 4 cm – bedenken Sie jedoch die Schrumpfung durch das Binden). Das entspricht etwa 20–25 Stielen.

2. Darauf achten, dass die Kräuter nicht feucht sind. Für die Bündel müssen Sie mit frischen Stielen beginnen und sie erst nach dem Zusammenbinden vollständig trocknen lassen (zuvor getrocknete Kräuter wären zu spröde zum Bündeln).

3. Die Kräuter zu einem Bündel anordnen. Sie sehen am besten aus, wenn man die verschiedenen Kräuter gut erkennen kann.

4. Wenn der gewünschte Umfang erreicht ist, nach Belieben weitere dekorative Blumenstiele hinzufügen.

5. 1 m Baumwollschnur abmessen und abschneiden. Um das untere Ende des Bündels wickeln und mit einem Knoten sichern.

6. Die Schnur im Zickzackmuster um das Kräuterbündel wickeln. Am oberen Ende erneut mit einem Knoten befestigen und die überschüssige Schnur abschneiden. Einen Geschenkanhänger mit der Anweisung hinzufügen: „Das Räucherbündel kurz entzünden, auswehen und den Rauch in einem Raum oder im ganzen Haus verteilen. Es reinigt die Luft und schenkt einem die Kraft der Gelassenheit. Das Bündel hält ewig, aber am besten in den nächsten 1–2 Jahren verwenden."

7. In Seidenpapier, in feinen Stoff oder Musselin einschlagen und mit Bast umwickeln.

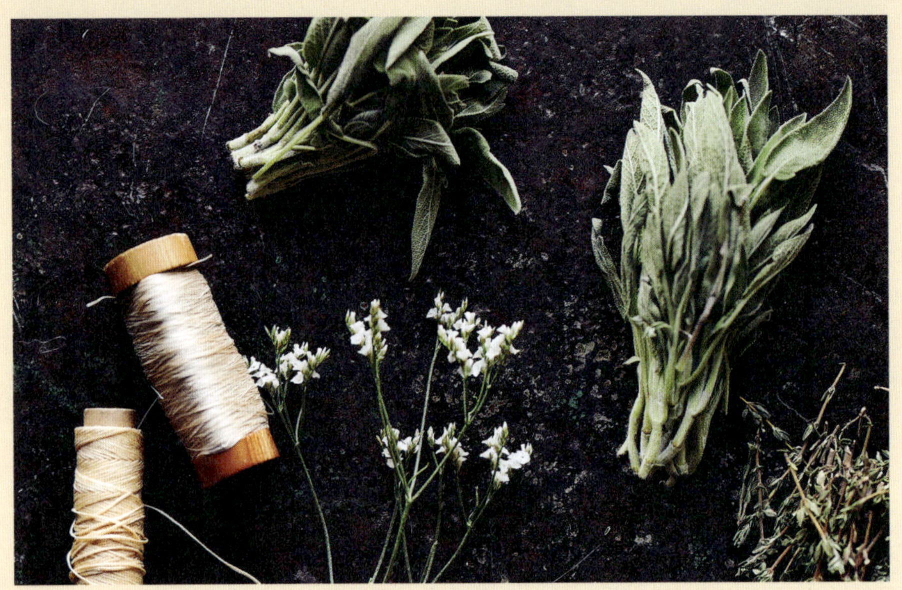

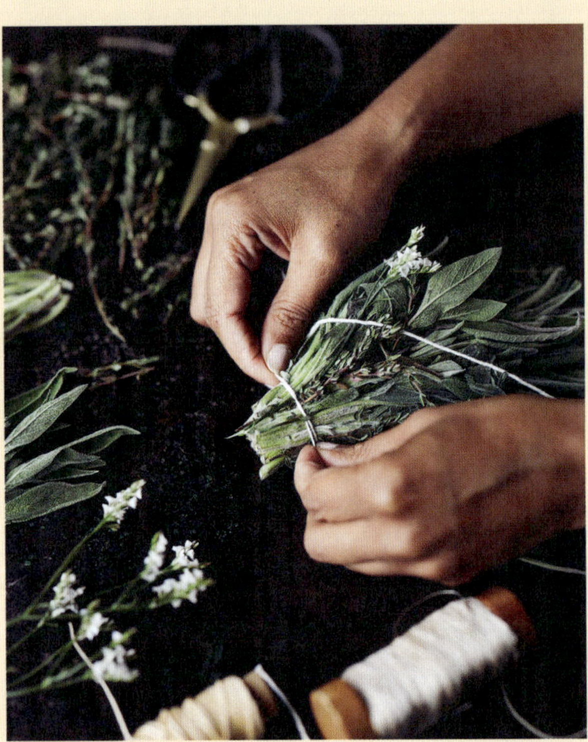

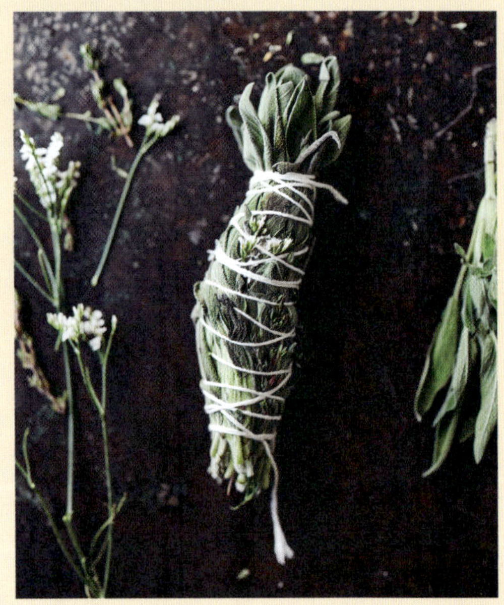

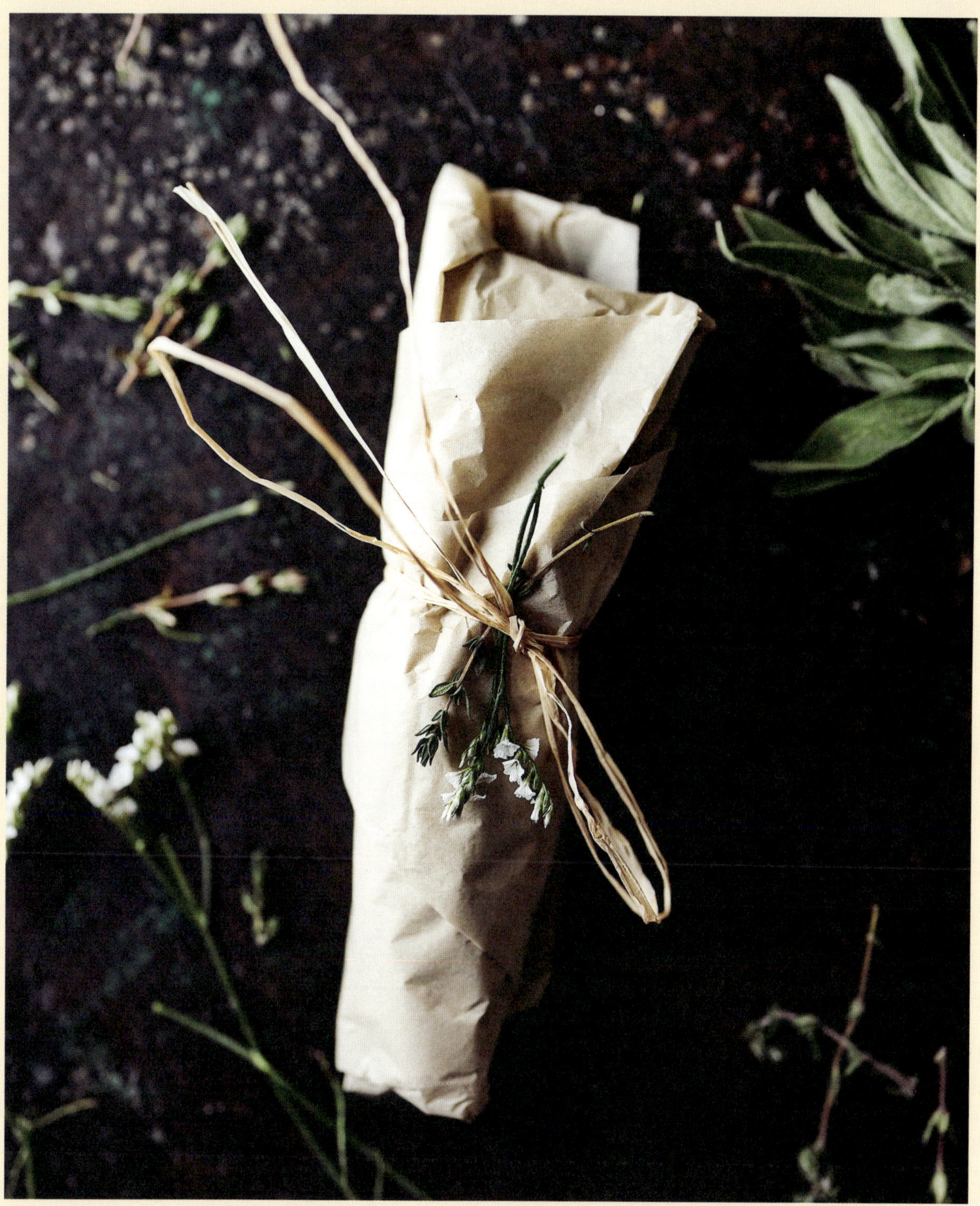

DUFTWACHS

Diese kleinen duftenden Schmelzwürfel kenne ich erst seit ein paar Jahren. Man nutzt sie einfach anstelle des Wassers und des Öls in einer Duftlampe. Besonders hübsch sind sie, wenn man sie mit getrockneten Blütenblättern anreichert.

ZEIT: 20 Minuten (plus Zeit zum Aushärten)
ERGIBT: 200 g Duftwachs

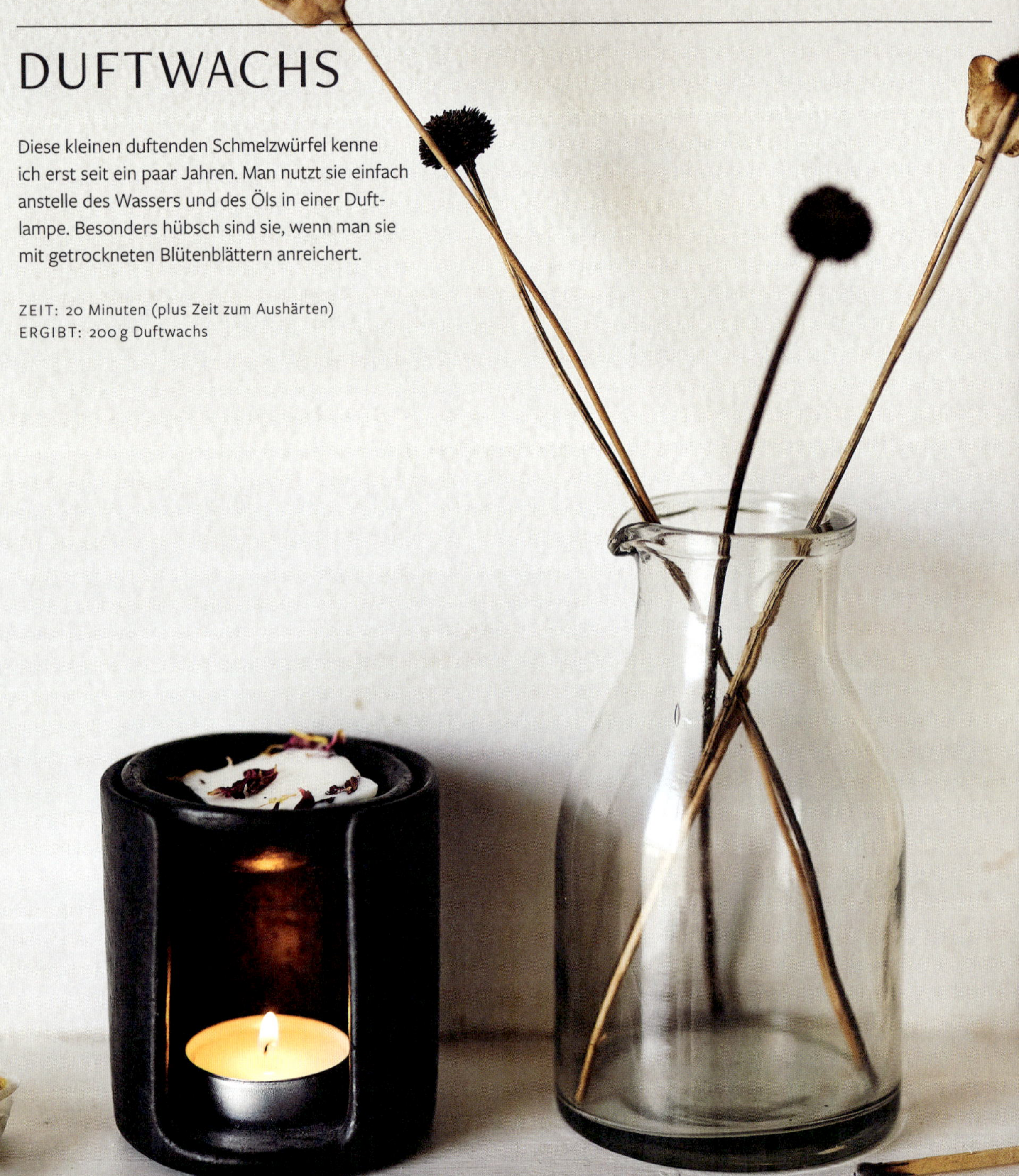

Man braucht:
200 g Sojaflocken oder ein anderes pflanzliches Wachs
20–30 Tropfen ätherisches Öl nach Wahl (ich habe Zitrone, Grapefruit und Lavendel verwendet)
3–4 TL getrocknete Hibiskus- und Rosenblütenblätter

Ausstattung:
Hitzebeständiges Gefäß
Kochtopf
Lebensmittelthermometer
Form (ich habe das Innere einer Pralinenschachtel gewählt, die 200 g Wachs fassen kann; eine Silikonform oder ein Eiswürfelbehälter gehen auch)
Holzspatel oder -stäbchen

Zum Verpacken:
Ein kleiner Karton
Wachspapier
Braunes geschreddertes Papier
Geschenkanhänger

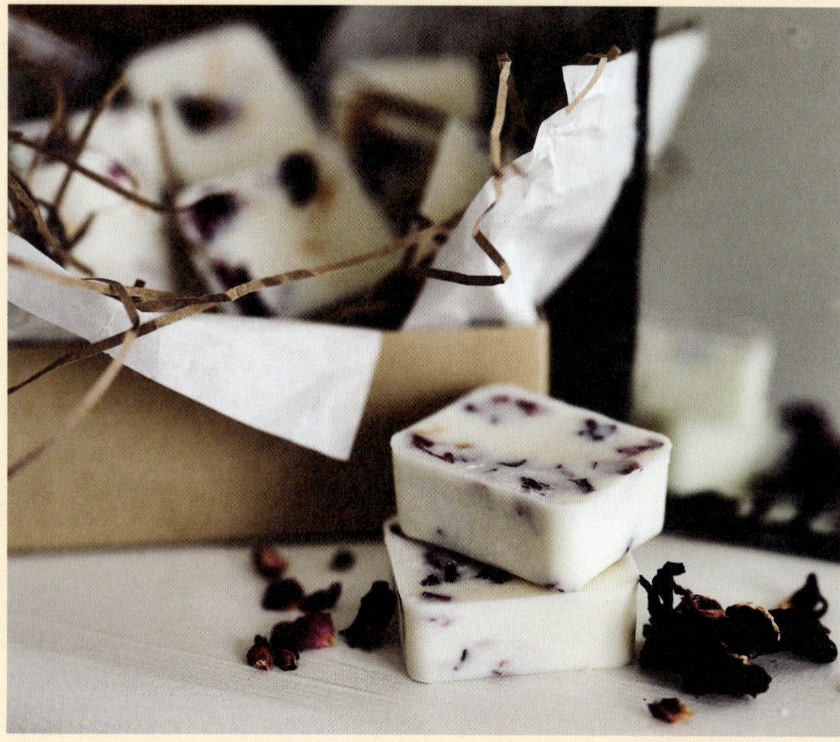

1. Die Wachsflocken in ein hitzebeständiges Gefäß geben. Einen Topf mit Wasser füllen (ca. 5 cm) und das Gefäß mit dem Wachs hineinstellen. Bei schwacher Hitze köcheln, bis die Flocken vollständig geschmolzen sind. Gelegentlich mit dem Holzstäbchen umrühren. Das Wachs auf 45–50 °C erhitzen, dann vom Herd nehmen.

2. Das ätherische Öl hinzufügen und gründlich umrühren. 20–30 Tropfen sind in der Regel ausreichend, die Menge je nach gewünschter Intensität gegebenenfalls anpassen (jede Wachssorte ist etwas anders, die empfohlenen Mengen auf der Verpackung beachten).

3. Dekorative Details hinzufügen, zum Beispiel getrocknete Blütenblätter in die Form streuen.

4. Die Wachs-Öl-Mischung vorsichtig in die Form gießen und zum Aushärten beiseitestellen.

5. Wenn das Duftwachs ausgehärtet ist, aus der Form nehmen und hübsch verpacken. Ich habe einen Karton mit Wachspapier und Papierschnipseln ausgelegt.

6. Eine Gebrauchsanweisung für das Duftwachs auf einem Geschenkanhänger notieren: „Ein Wachsstück in der Schale einer Duftlampe schmelzen. Innerhalb weniger Minuten erfüllt der Duft dein Zuhause (hält 6–12 Stunden an). Das Duftwachs ist lange haltbar, sollte aber am besten in den nächsten 1–2 Jahren aufgebraucht werden. In einer luftdicht verschlossenen Schachtel aufbewahren."

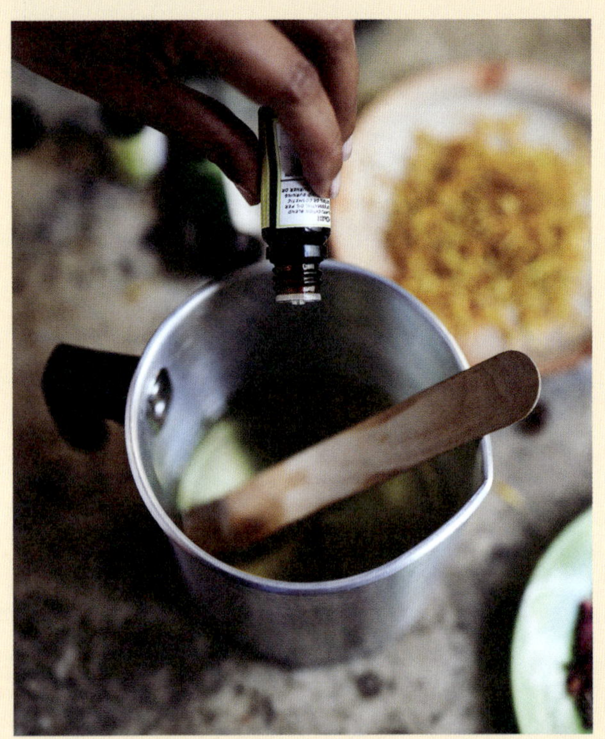

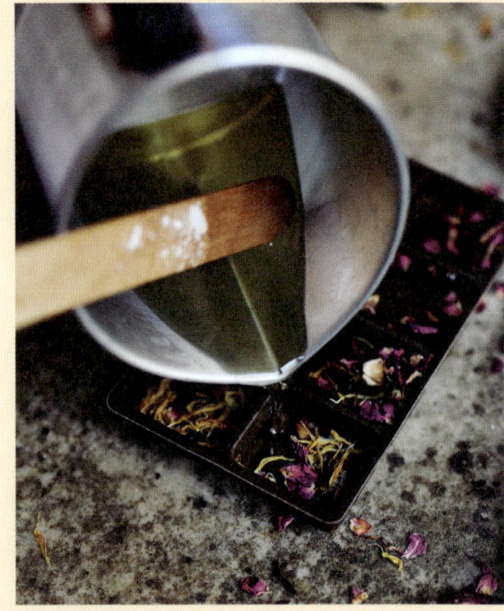

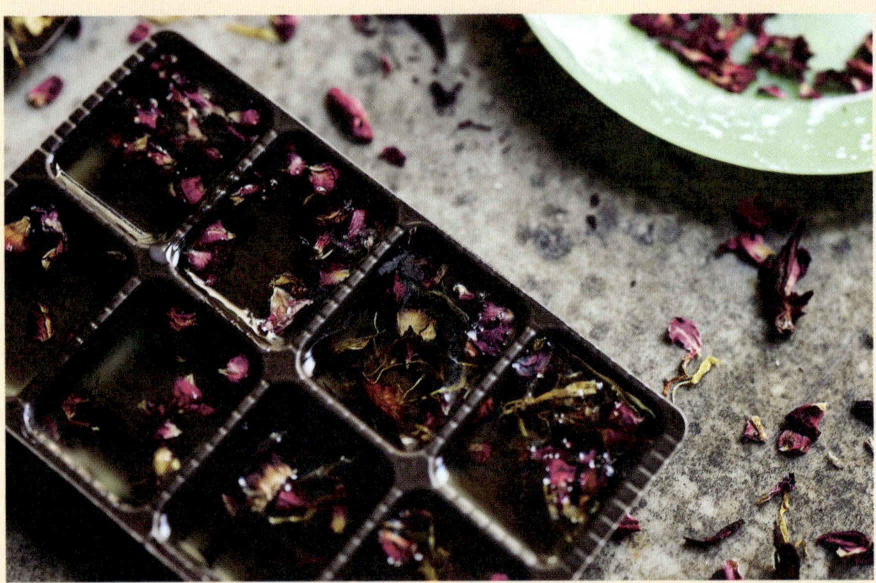

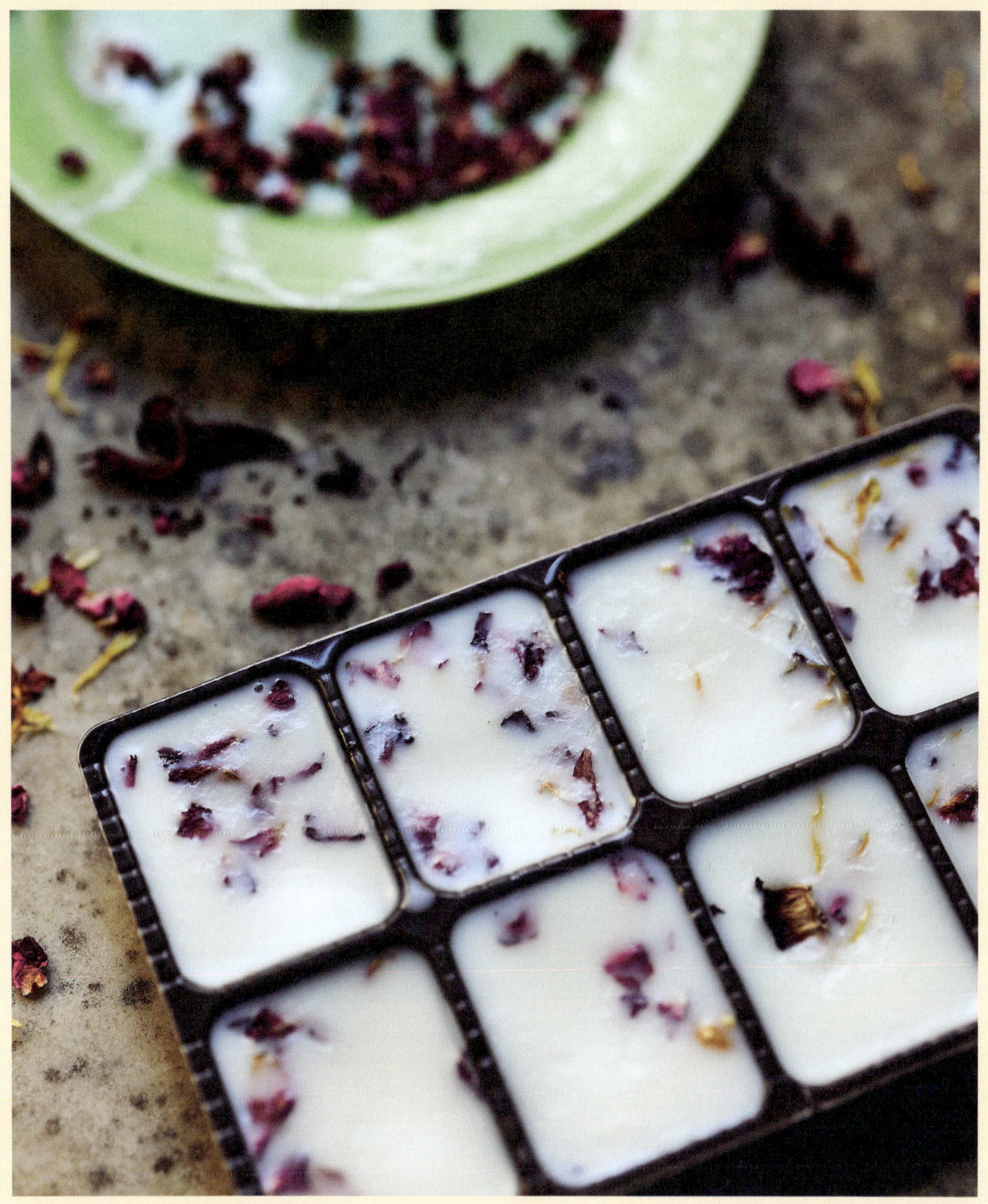

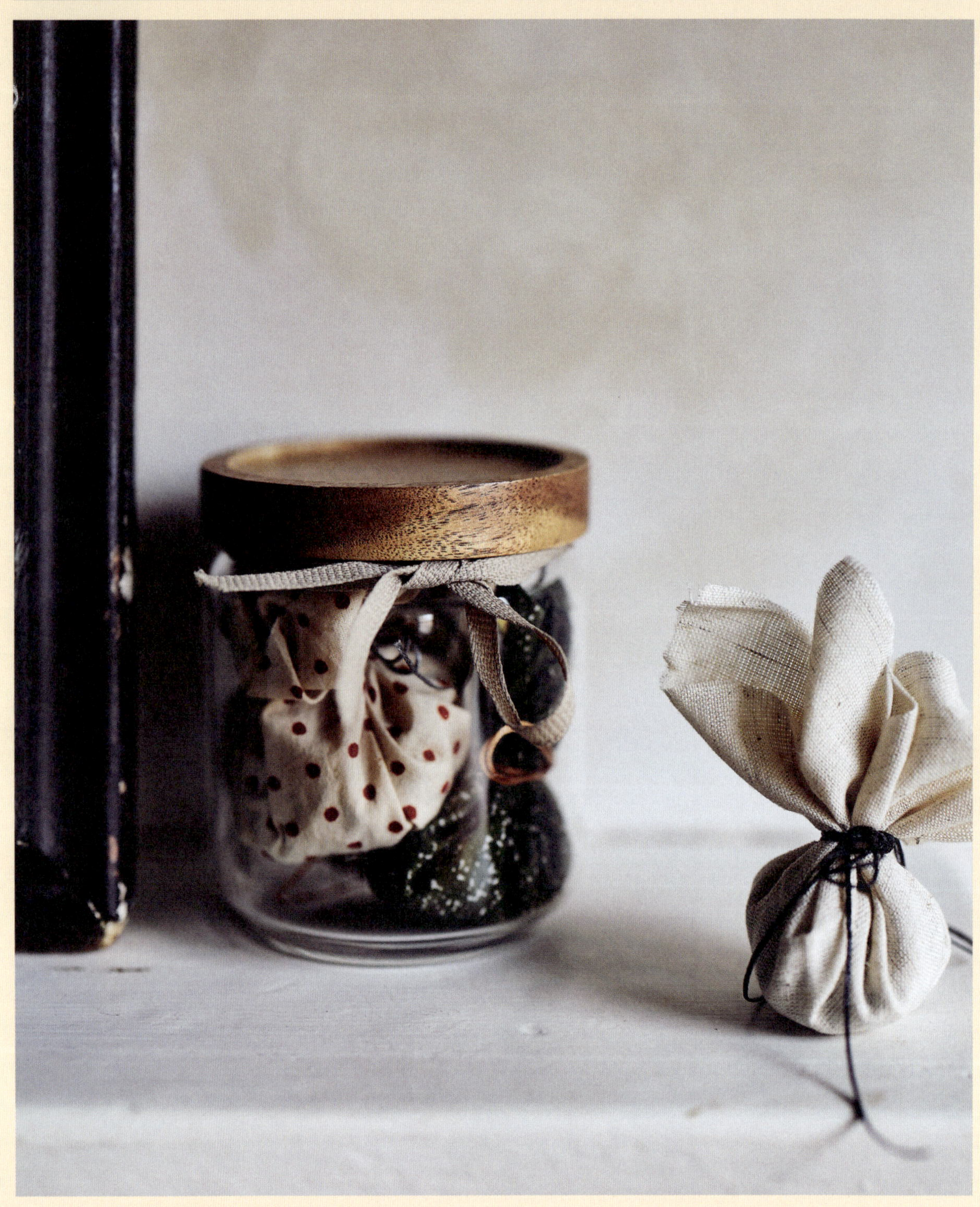

HOPFEN-KAMILLE-LAVENDEL-SÄCKCHEN

Kräuterkissen und -säckchen eignen sich hervorragend, um beschädigte oder weniger schöne Trockenblumen aufzubrauchen. Wenn ihr natürlicher Duft nachlässt, können sie wie ein Potpourri (siehe Seite 76) mit ätherischen Ölen neu beduftet werden. Alternativ können Sie die Säckchen auch einfach wieder neu befüllen. Je nach Zusammenstellung fördern die Kräutersäckchen einen erholsamen Schlaf, wehren Motten ab oder bringen Ihre Wäsche zum Duften. Die hier vorgestellten Säckchen sind als Einschlafhilfe gedacht. Sie sind mit Hopfen, Kamille und Lavendel gefüllt und mit Muskatellersalbei, Weihrauch und Bergamotte beduftet.

ZEIT: 30 Minuten   ERGIBT: 4 Säckchen

Man braucht:

Stoffreste (ich habe einen zart gemusterten Baumwollstoff verwendet, Leinen oder Musselin gehen auch)
100 g getrockneter Hopfen, Kamille und Lavendel (etwa 3 EL pro Säckchen)
3–5 Tropfen ätherisches Öl nach Wahl (optional; ich habe Muskatellersalbei, Weihrauch und Bergamotte verwendet)
Schleifenband oder Schnur

Ausstattung:

Papier für eine Schablone
Lineal
Bleistift
Papierschere
Schneiderkreide
Stoffschere
Rührschüssel

Zum Verpacken:

Glas mit Schraubverschluss
Schnur oder Schleifenband
Geschenkanhänger

1. Mithilfe eines Lineals eine quadratische Papierschablone à 16 x 16 cm aufzeichnen und ausschneiden.

2. Die Schablone auf den Stoff legen, mit Schneiderkreide oder einem Bleistift umranden und die Form mit einer Stoffschere ausschneiden. Den Vorgang je nach Anzahl der zu erstellenden Säckchen wiederholen.

3. Die Trockenblumen mit den ätherischen Ölen in einer Schüssel mischen. Die Menge des Öls hängt von der gewünschten Intensität ab.

4. Das erste Stoffquadrat mit der rechten Seite nach unten auf den Tisch legen.

5. Drei Esslöffel der Blütenmischung in die Mitte des Stoffes geben. Gegebenenfalls die Menge anpassen.

6. Die vier Ecken des Stoffes zu einem Säckchen zusammenraffen und mit einer Schnur fixieren.

7. Eine Schleife darumbinden. Die Schritte 4–6 für die restlichen Säckchen wiederholen.

8. Die Säckchen in ein hohes Glas geben, mit einem Deckel verschließen sowie einer Schleife und einem Geschenkanhänger verzieren.

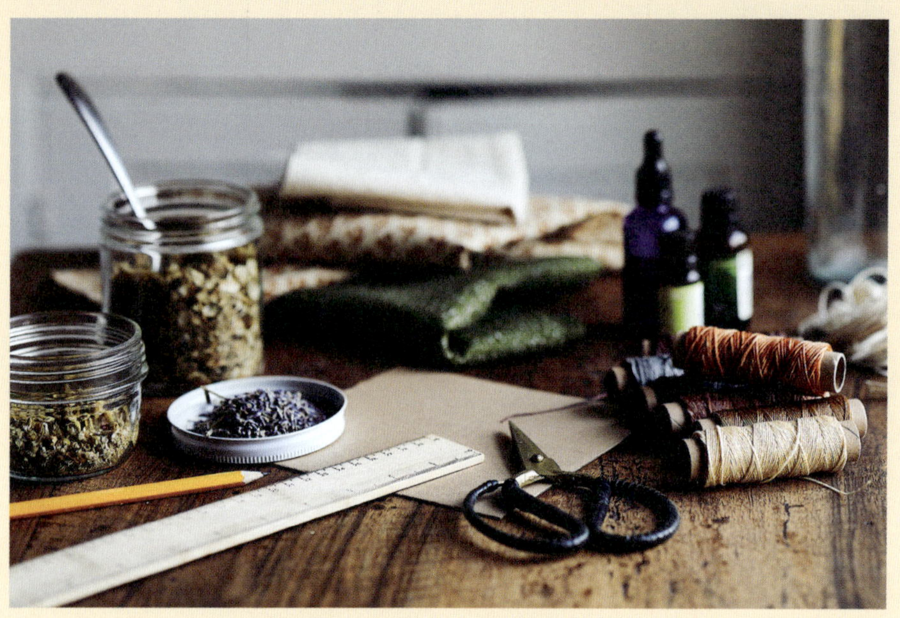

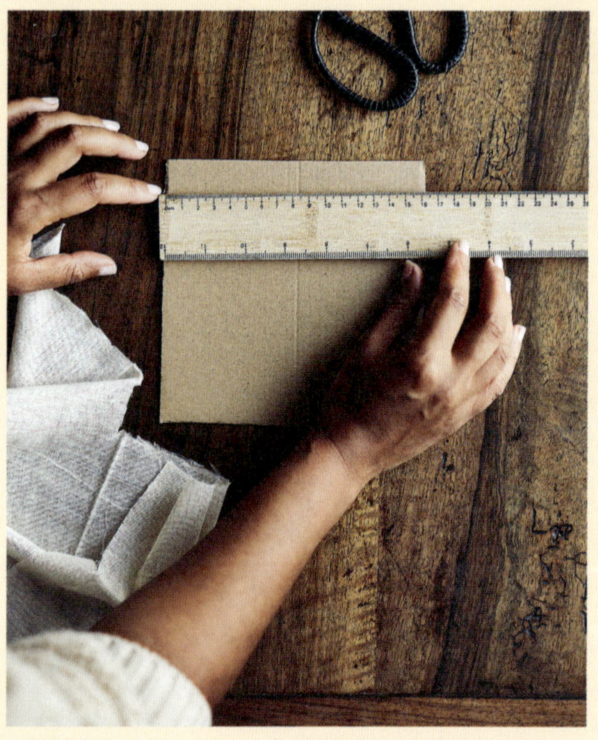

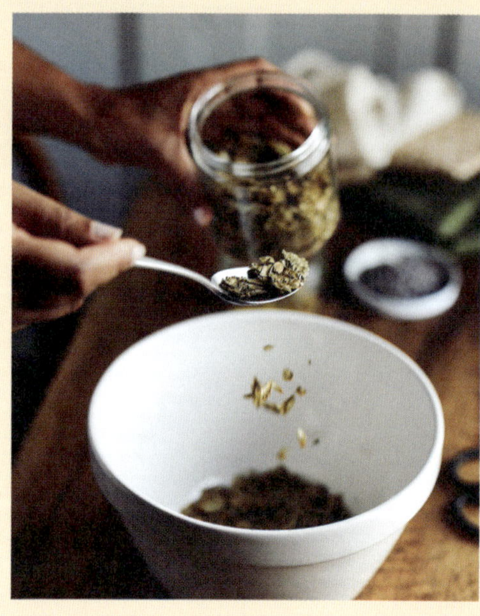

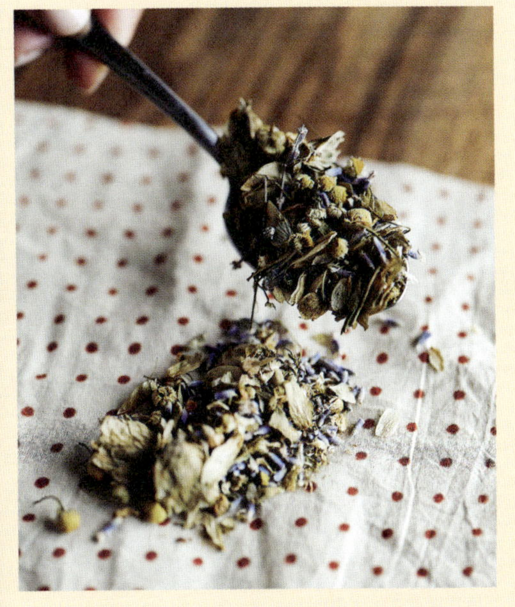
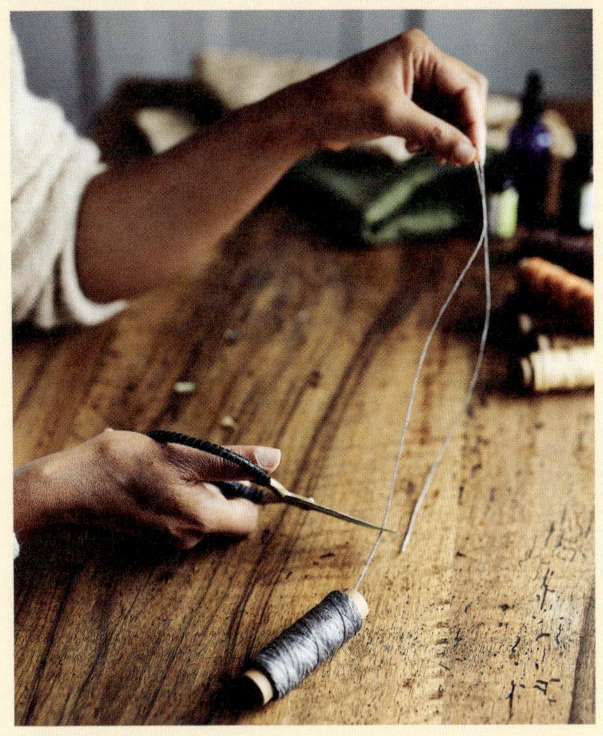
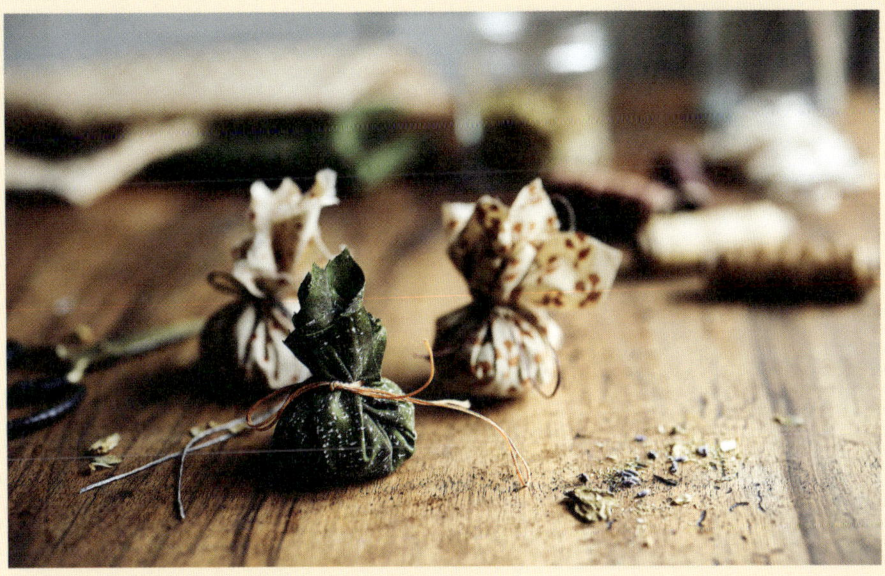

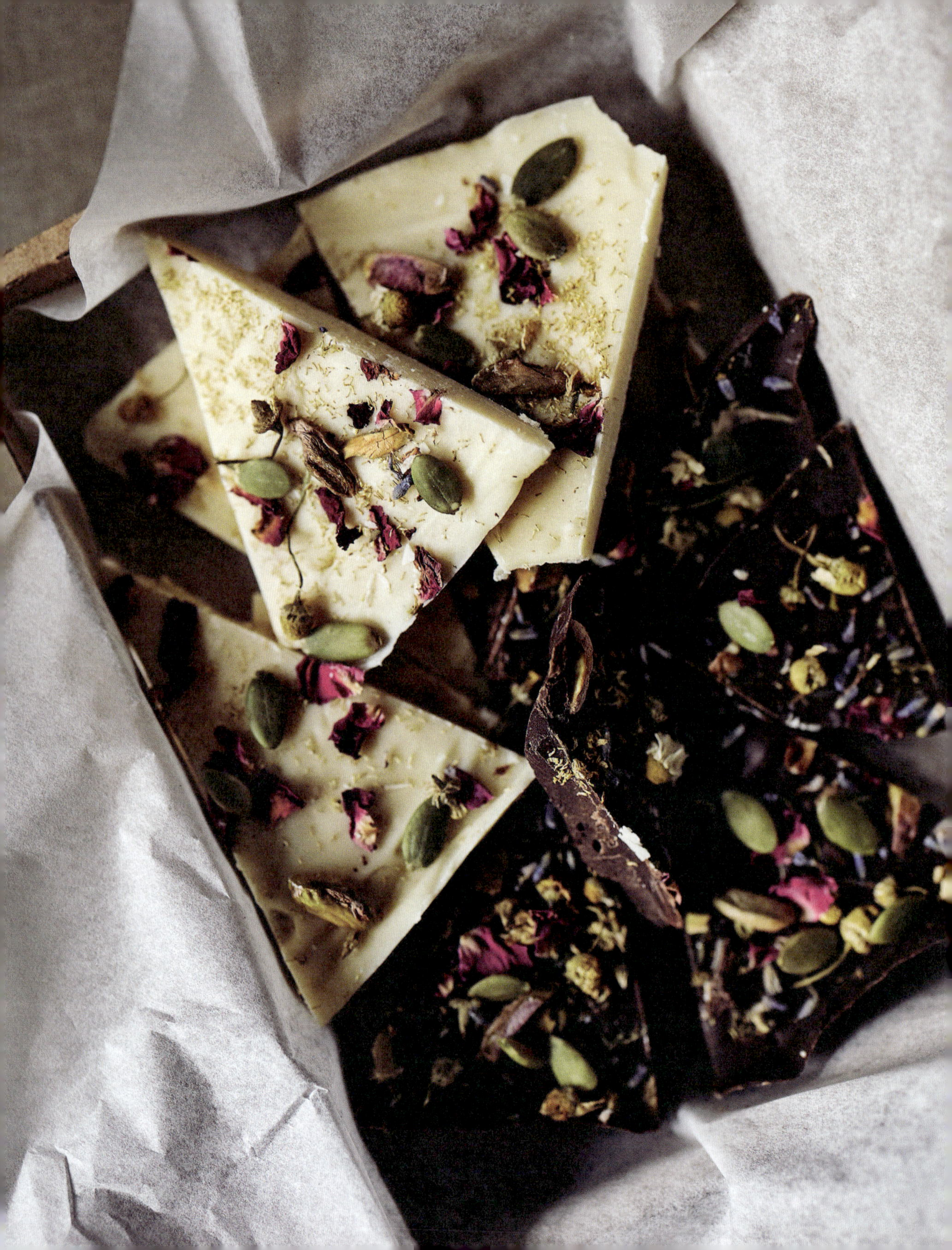

GENUSS

KRÄUTERTEEBEUTEL – AROMATISIERTER HONIG – BROMBEERKONFITÜRE – GLÜHWEINGEWÜRZ – BLÜTENSCHOKOLADE – AROMATISIERTES OLIVENÖL – SHORTBREAD MIT BLÜTENKUSS

KRÄUTERTEEBEUTEL

Kräutertee überzeugt seit jeher durch seine entschlackende, heilende Wirkung. Dank seiner vielfältigen Zusammensetzungen hilft er bei allen möglichen Beschwerden. Eine Kräuterteemischung in einem wiederverwendbaren Beutel ist das perfekte Geschenk für alle Teeliebhaber. Wenn Sie eigene Kräuter nutzen möchten, lesen Sie die Informationen auf Seite 12. Aber keine Sorge: Auch ohne eigenen Garten gibt es genügend Quellen in Ihrer Umgebung oder im Internet, wo Sie getrocknete Kräuter kaufen können.

ZEIT: Ein Nachmittag, wenn Sie Tee und Beutel herstellen möchten   ERGIBT: 5 Teebeutel

Man braucht:
Für die Teebeutel:
Feiner Bio-Baumwollstoff (5 Rechtecke à 12 x 18 cm)
Schnur à 26 cm pro Teebeutel

Für die Teemischung:
Getrocknete Blüten (eine Mischung aus meiner Übersicht wählen). Bei Arten wie Kamille ganze Blütenköpfe verwenden. Vor dem Trocknen die Stängel entfernen (zum Trocknen siehe Seite 14).

Ausstattung:
Schere
Maßband oder Lineal
Bügeleisen
Nähmaschine oder Nadel und Faden
Schüssel
Metalllöffel

Zum Verpacken:
Glas mit Schraubverschluss oder ein kleiner Karton
Schleifenband oder Schnur
Geschenkanhänger

Kombinationen zum Ausprobieren:
Entspannung: Lavendel, Kamille, Zitronenverbene
Liebe: Rose, Lavendel, Jasmin
Gelassenheit: Kamille, Lavendel, Kornblume
Energie: Studentenblume, Ringelblume, Hibiskus

Anmerkung: *Wenn die Zeit knapp ist, können Sie die Teebeutel auch online kaufen und nur die Teemischung selbst herstellen.*

1. Den Stoff in rechteckige Stücke à 12 x 18 cm schneiden. Die Schnur in 26 cm lange Stücke schneiden. Ich finde fünf Teebeutel pro Geschenk eine gute Menge.

2. Eine lange Seite des Stoffes 5 mm breit umfalten und die Kante durch Bügeln fixieren. Diese Kante ein weiteres Mal 1 cm breit umschlagen und durch den entstandenen Tunnel die Schnur ziehen. Entlang des Tunnels den Stoff festnähen.

3. Den Stoff in der Hälfte umfalten, sodass die Naht nach außen zeigt und beide Tunnelenden oben rechts zusammenlaufen.

4. Mit einer Nahtzugabe von 1 cm an der unteren und dann an der rechten offenen Seite entlangnähen bis zu der Stelle, an der sich die Tunnelöffnungen treffen. Den Beutel auf rechts drehen.

5. Die ausgewählten Teezutaten in einer Schüssel vermischen. Größere Stücke dabei zerkleinern.

6. Das Schraubglas mit der Teemischung füllen und einen Geschenkanhänger mit dem Namen der Mischung, den Zutaten und einer knappen Anleitung beschriften: „Die Beutel pro Tasse Tee mit einem gehäuften Teelöffel, pro Kanne mit einem Esslöffel befüllen. Die Beutel mit einer Schleife fest verschließen. Luftdicht aufbewahrt ist die Teemischung 12 Monate haltbar, im Laufe der Zeit verliert sie jedoch an Intensität."

7. Zum Verschenken die Teebeutel falten und auf das Schraubglas legen. Den Geschenkanhänger auf die Schnur auffädeln und Glas und Beutel zusammenbinden. Die Teebeutel und die Mischung im Glas sehen auch in einer Kartonschachtel eingebettet in Seidenpapier sehr hübsch aus.

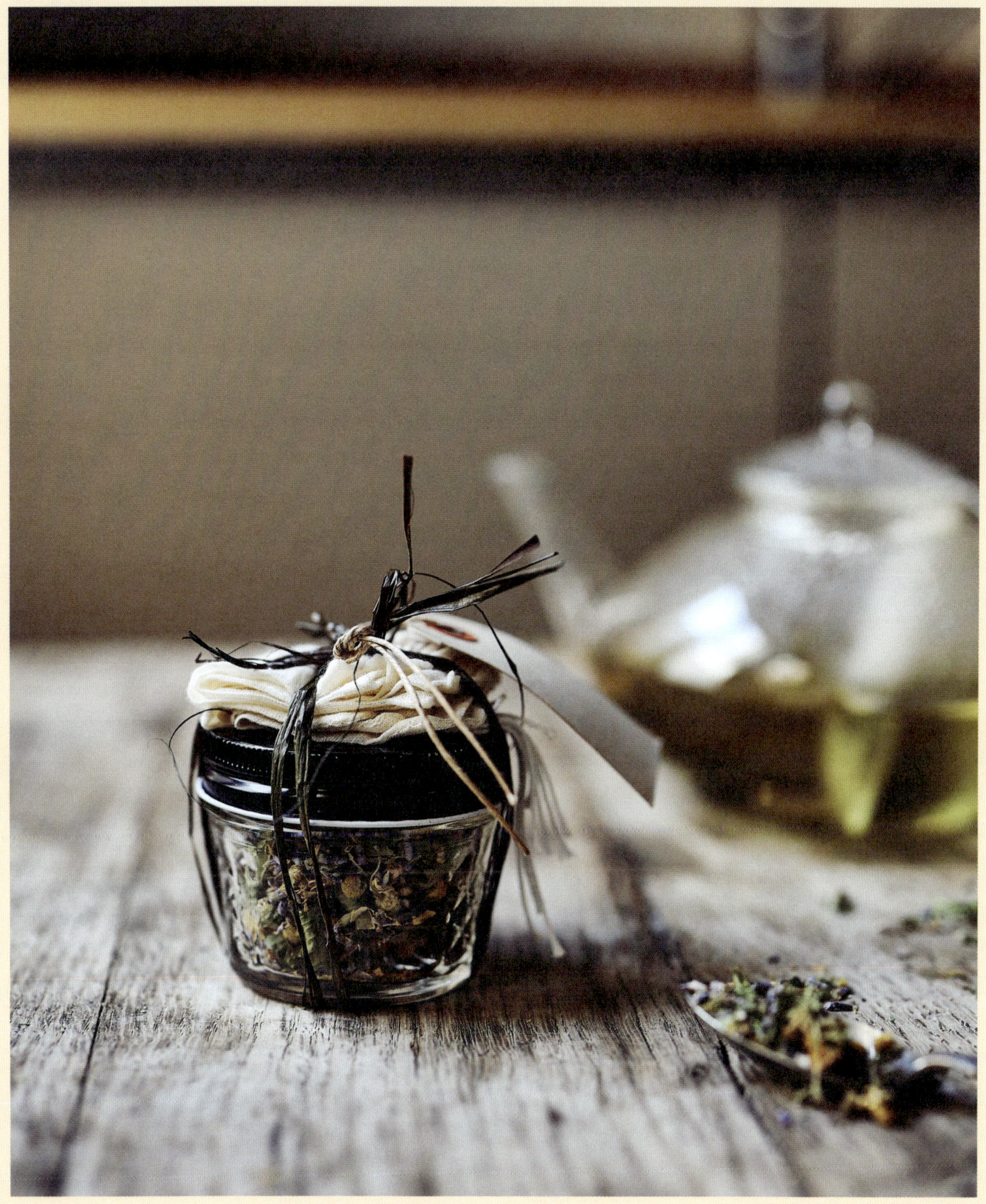

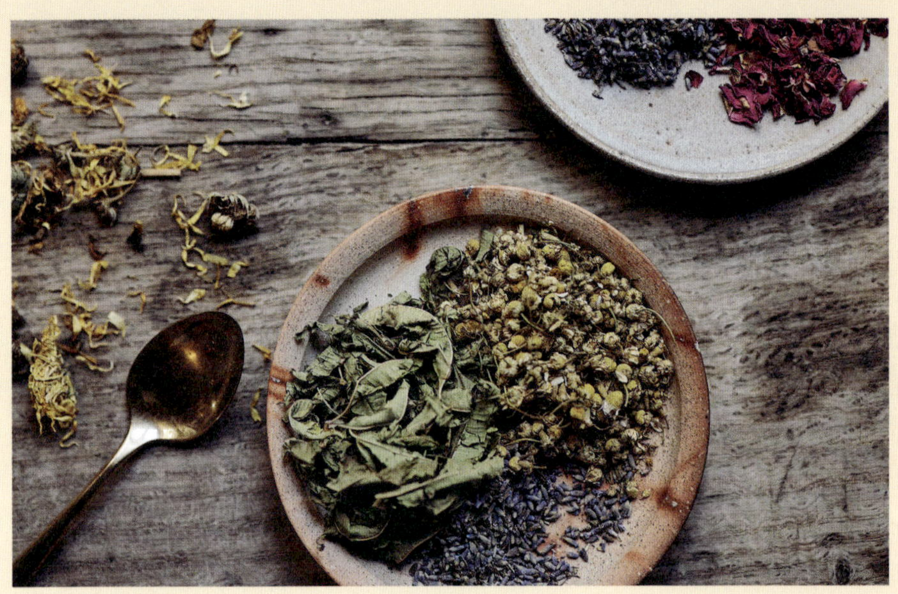

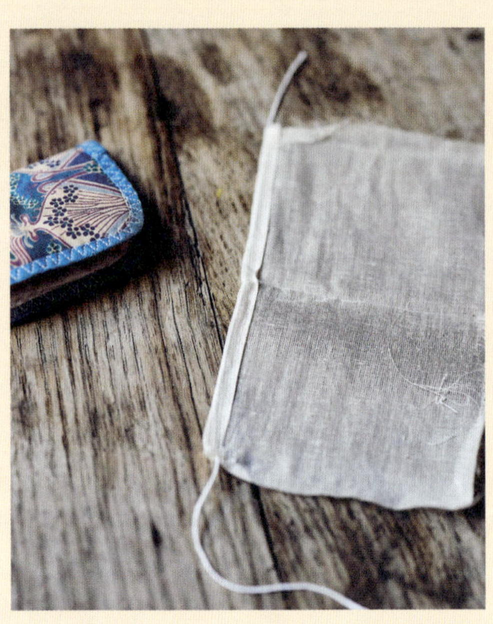

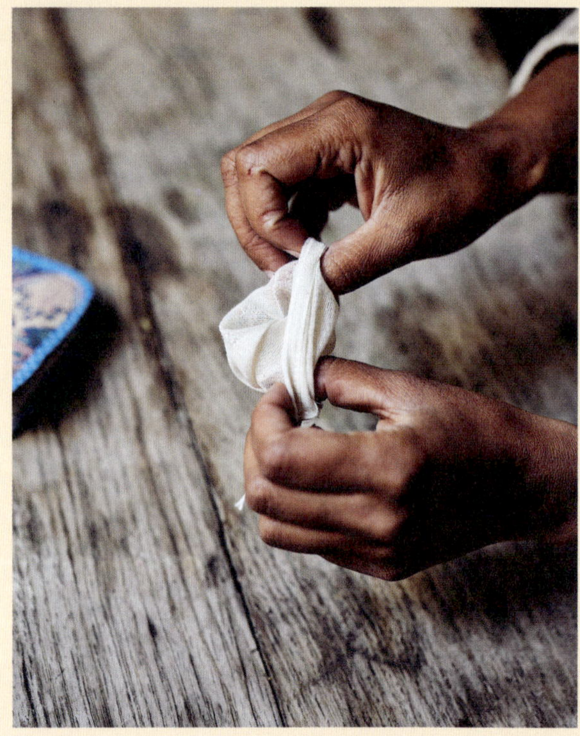

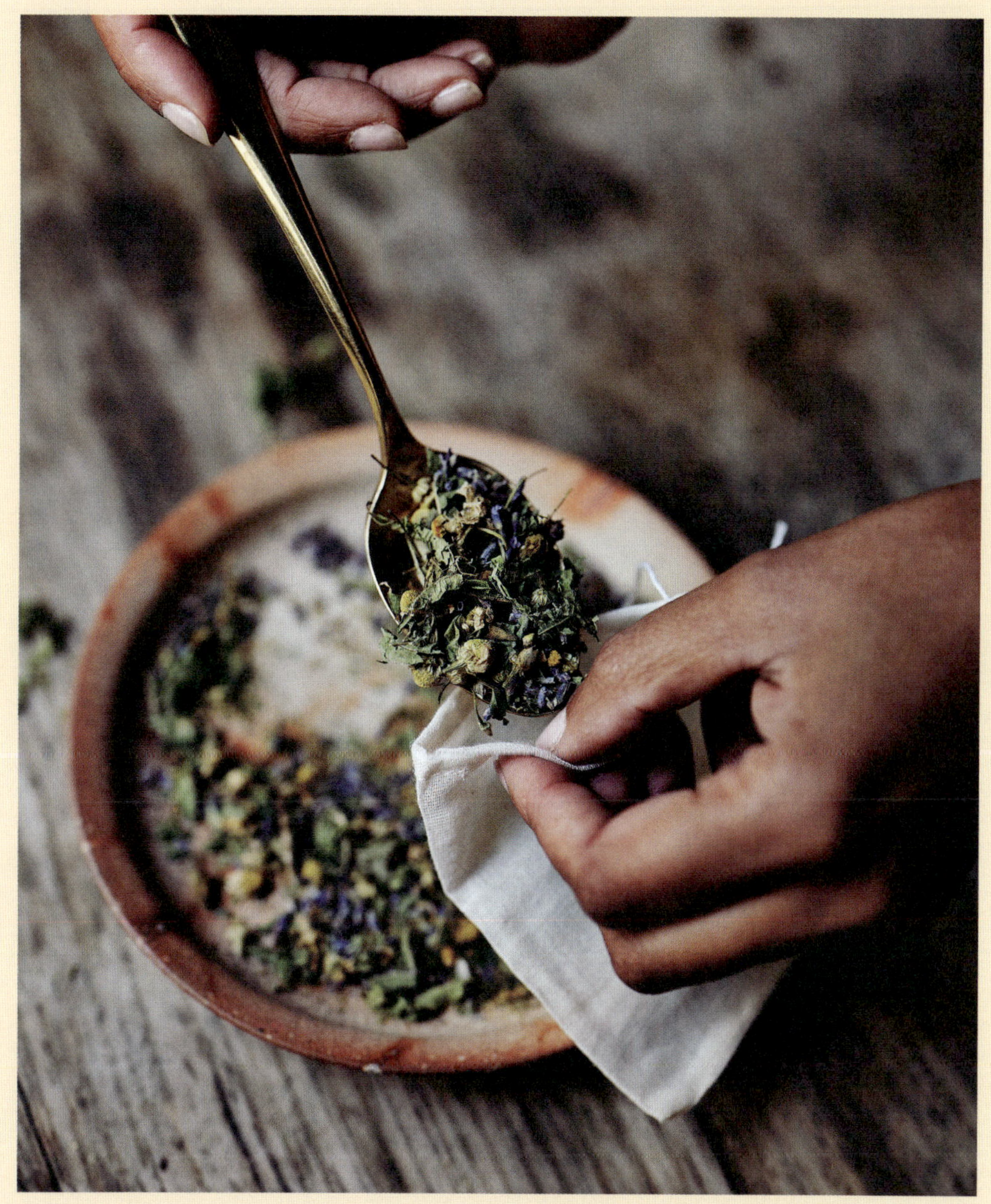

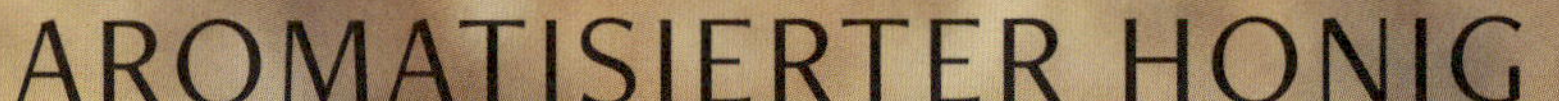

AROMATISIERTER HONIG

Ob auf Toast, im Tee oder im Joghurt – Honig kommt in vielen Haushalten tagtäglich zum Einsatz. Diese simple Geschenkidee ist ein großartiges Mitbringsel für alle, die gern energiegeladen in den Tag starten. Experimente mit eigenen Mischungen sind im Grunde ein Muss.

ZEIT: 20 Minuten für die Zubereitung, 3–4 Wochen Wartezeit ERGIBT: 3 Gläser à 350 ml

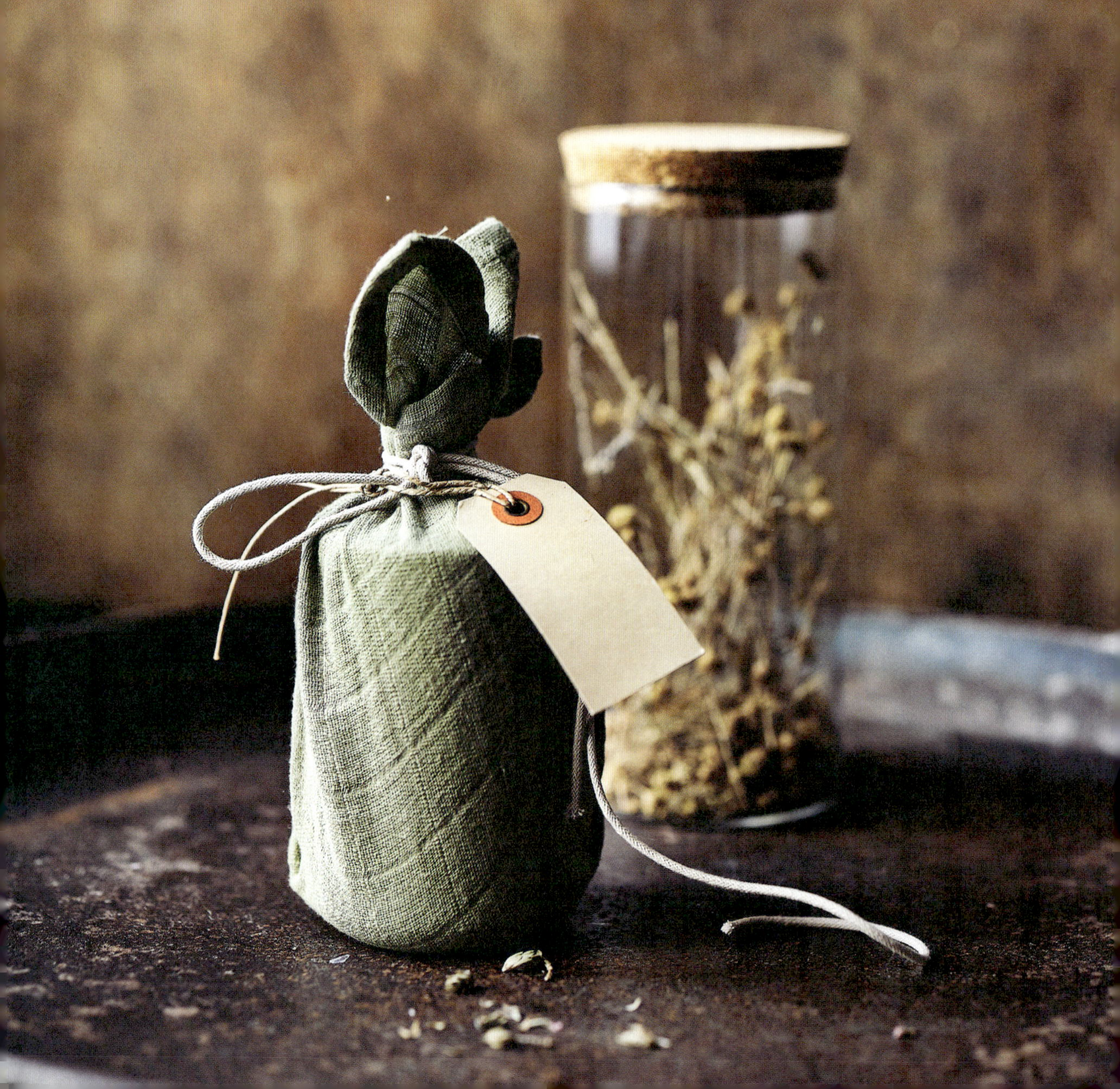

Man braucht:

300 g getrocknete Biokräuter (ich habe zwei verschiedene Arten von Kamille und Thymianblüten verwendet)

3 Gläser à 350 ml milder, naturbelassener Honig (die Gläser aufbewahren, sterilisieren und zum Verschenken verwenden; zum Sterilisieren siehe Seite 19)

3 Gläser à 500 ml (zum Aufgießen)

Ausstattung:

Kochlöffel

Feinmaschiges Sieb

Zum Verpacken:

Stoffzuschnitt

Baumwollkordel

Geschenkanhänger

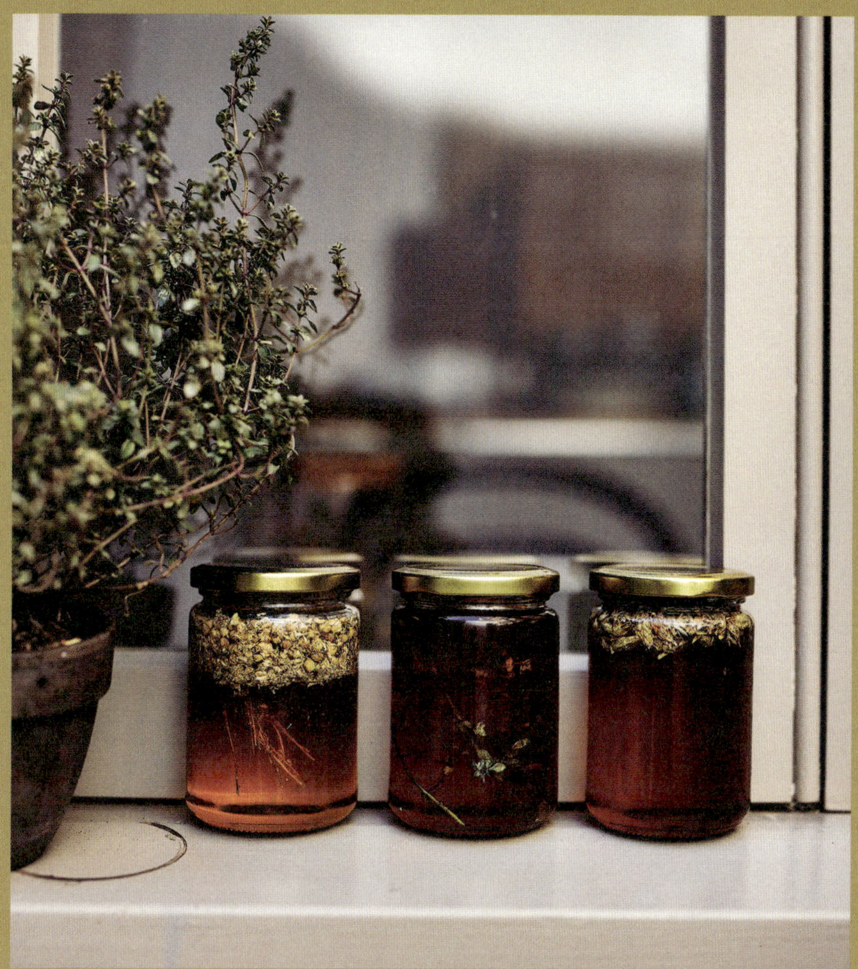

1. Die größeren Gläser mit 100 g getrockneten Kräutern füllen. Je nach gewünschter Intensität die Menge anpassen.

2. Nach und nach pro Glas je 350 ml Honig über die Kräuter gießen.

3. Die Gläser auf eine sonnige Fensterbank stellen und in den ersten Tagen einmal am Tag mit dem Stiel eines Kochlöffels umrühren, später dann nur alle paar Tage. In der Anfangsphase täglich prüfen, ob die Kräuter vollständig vom Honig bedeckt sind. Ist das nicht der Fall, mehr Honig hinzufügen.

4. Am besten wird der Honig, wenn Sie die Mischung in den kühleren Monaten vier Wochen lang ziehen lassen und in den wärmeren Monaten eine oder zwei Wochen.

5. Sobald Sie mit der Intensität zufrieden sind, die Kräuter durch ein feines Sieb abseihen und den Honig in den kleineren, sterilisierten Gläsern auffangen (auch wenn die Kräuter hübsch aussehen, müssen sie entfernt werden, da sich mit der Zeit Bakterien bilden).

6. Die Honiggläser in Stoffstücke wickeln und auf Höhe der Deckel mit Baumwollkordel zusammenbinden. Geschenkanhänger nicht vergessen.

BROMBEERKONFITÜRE

Es geht doch nichts über selbst gemachte Konfitüre – vor allem, wenn man die dazu notwendigen Beeren im Sommer auch noch selbst pflücken kann. Wenn es in Ihrer Nähe keine nennenswerten Brombeerhecken gibt, dann ja vielleicht einen Bauernhof, der Beeren zum Selberpflücken anbietet.

ZEIT: 1–2 Stunden (plus Vorbereitungszeit) ERGIBT: 3 Gläser à 350 ml

Man braucht:

1 kg Brombeeren (sie sollten nicht überreif sein; am besten sind selbst gepflückte Beeren, Brombeeren aus dem Supermarkt sind oftmals weniger süß)
750 g Gelierzucker (die Menge reicht für eine durchschnittlich süße Konfitüre; je nach Belieben können Sie mehr oder weniger Zucker zufügen)
Saft und Kerne von 1 großen Zitrone oder Orange
10 g Butter (optional)
3 sterilisierte Gläser à 350 ml (zum Sterilisieren siehe Seite 19)

Ausstattung:

Große Schüssel
Geschirrtuch
Untertasse
Großer, breiter Kochtopf oder Einkochautomat
Tee-Ei oder ein Stück Musselin
Teelöffel
Schöpfkelle

Zum Verpacken:

Stoffquadrate oder -kreise
Schnur
Geschenkanhänger

1. Am Abend vor der Zubereitung die Brombeeren in eine große Schüssel geben und gleichmäßig mit dem Gelierzucker bedecken. Mit einem Geschirrtuch abdecken und bei Zimmertemperatur beiseitestellen. So kann sich der Zucker besser auflösen und es minimiert sich die Gefahr, die Früchte später zu überkochen. Am nächsten Morgen alles umrühren und bis zum Kochen wieder beiseitestellen.

2. Vor dem eigentlichen Kochen eine Untertasse in den Gefrierschrank stellen (für die Gelierprobe). Einen großen breiten Topf (je breiter und offener der Topf ist, desto schneller ist die Konfitüre fertig, daher ist ein Einmachtopf ideal) bereitstellen und die Beeren mitsamt Saft und nicht aufgelöstem Zucker hineinfüllen.

3. Den Zitronen- oder Orangensaft unterrühren, die Kerne vorher auffangen und in ein Tee-Ei füllen (oder in einem Stück Musselin zusammenbinden), bevor sie in den Topf gegeben werden (setzt das Pektin frei und fördert das Gelieren).

4. Die Brombeeren bei niedriger Hitze köcheln, bis sich der Zucker vollständig aufgelöst hat, dann zum Kochen bringen und 5 Minuten lang simmern lassen. Den Herd ausschalten und mit einem Teelöffel etwas Marmelade auf die gekühlte Untertasse geben. Sobald sie abgekühlt ist, mit dem Finger darauf drücken. Wenn sie sich etwas fest anfühlt, hat sie den Gelierpunkt erreicht. Wenn die Marmelade zu flüssig ist, die Mischung weitere 2 oder 3 Minuten kochen, dann erneut die Gelierprobe durchführen.

5. Den Schaum mit der Kelle abschöpfen und nach Belieben das Stückchen Butter einrühren, damit verschwindet der restliche Schaum. Die Konfitüre 15 Minuten lang stehen lassen, dann in vorgewärmte, sterilisierte Gläser füllen.

6. Die Deckel auf die Gläser schrauben. Wenn die Gläser abgekühlt sind, jedes mit einem Quadrat oder Kreis aus Stoff bedecken und mit Bast oder Schnur umwickeln. Einen Geschenkanhänger mit der Bezeichnung, dem Datum und dem folgenden Hinweis zufügen: „An einem kühlen, dunklen Ort hält sich die Konfitüre bis zu sechs Monate. Nach dem Öffnen im Kühlschrank aufbewahren."

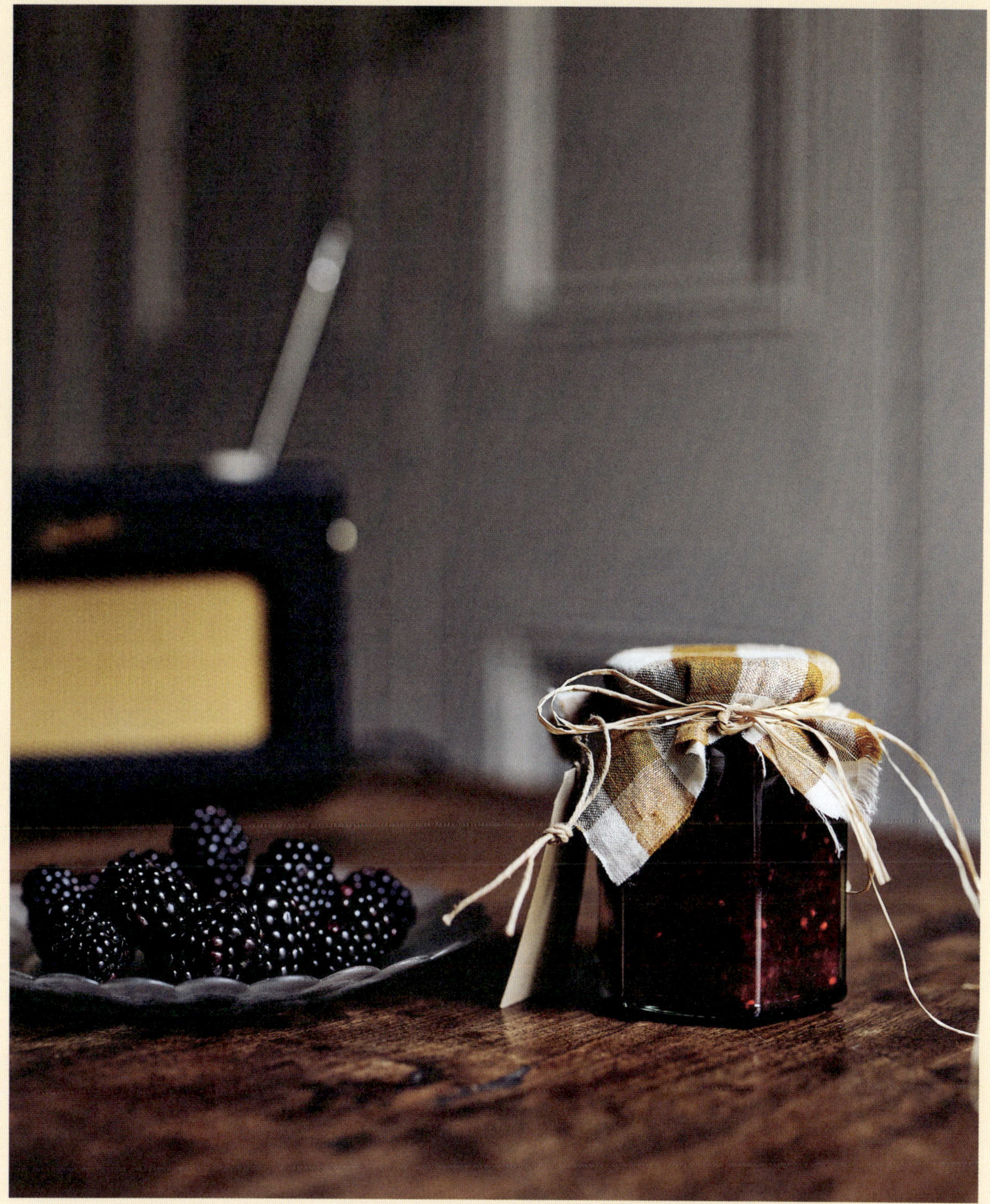

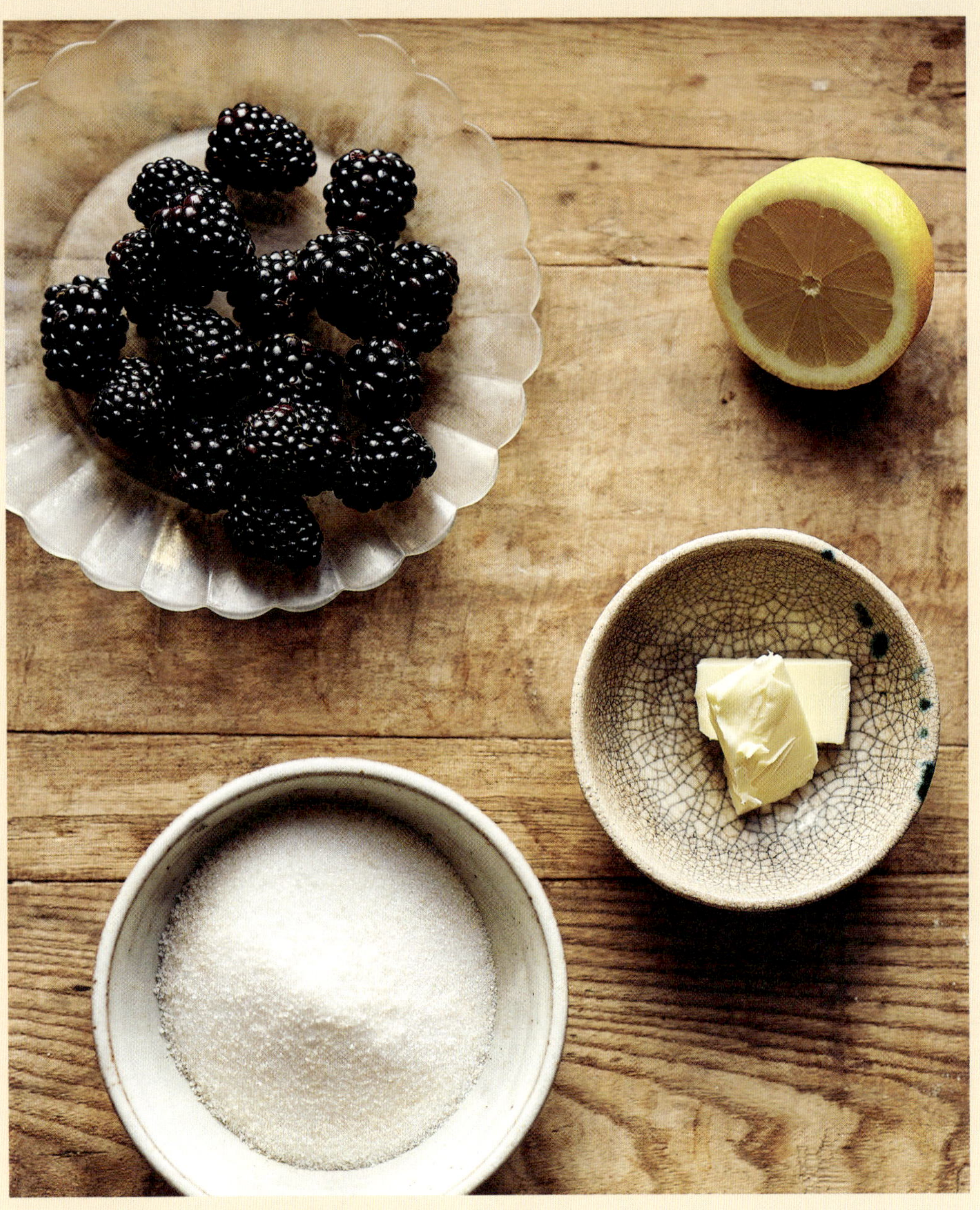

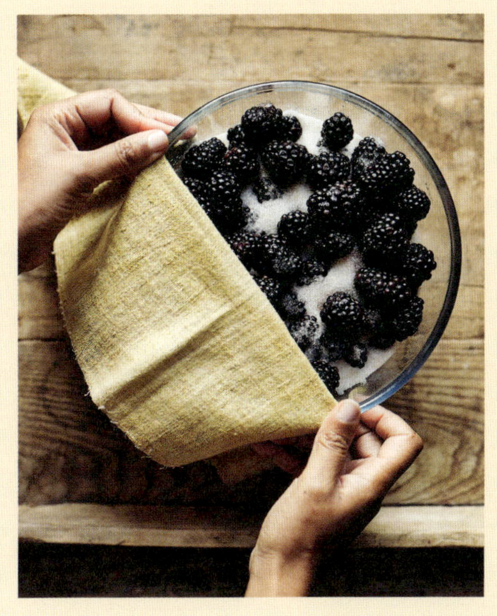

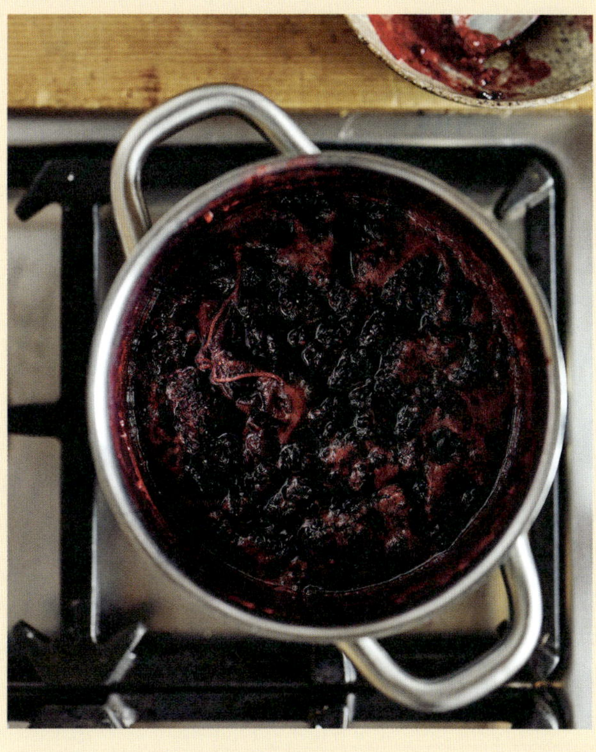

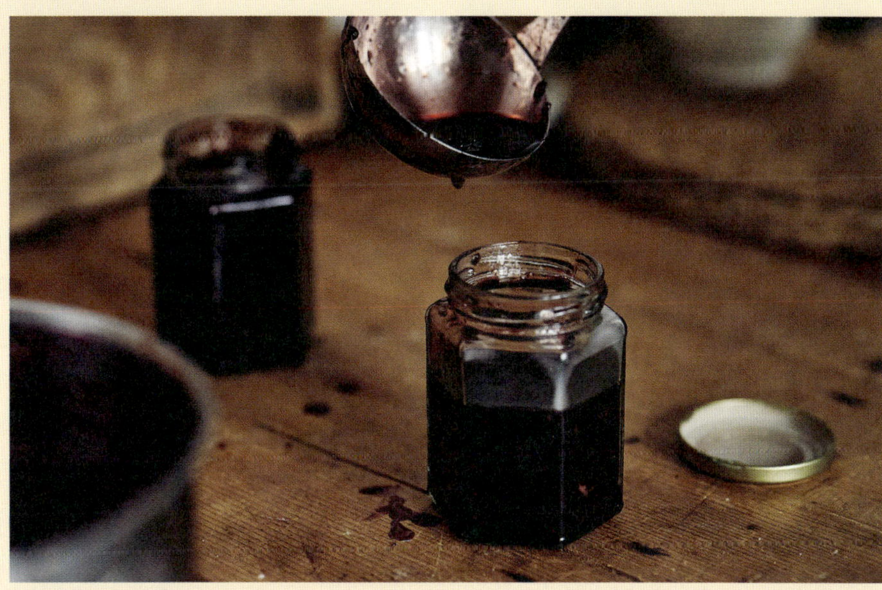

GLÜHWEINGEWÜRZ

Meist sind es an den Festtagen nicht die großen, extravaganten Geschenke, die ein wohlig warmes Gefühl hinterlassen, sondern die kleinen, herzlichen Gesten. Diese Gewürzmischung gehört eindeutig in die letztere Kategorie. Glühwein ist ein wunderbares Getränk für gesellige Runden und einer meiner absoluten Favoriten. Ich freue mich jedes Jahr darauf und empfinde ihn als großen Genuss, da er all die duftenden, würzigen Aromen der Jahreszeit in sich vereint.

ZEIT: 30 Minuten (plus Zeit zum Trocknen) ERGIBT: Genügend für eine Flasche Wein

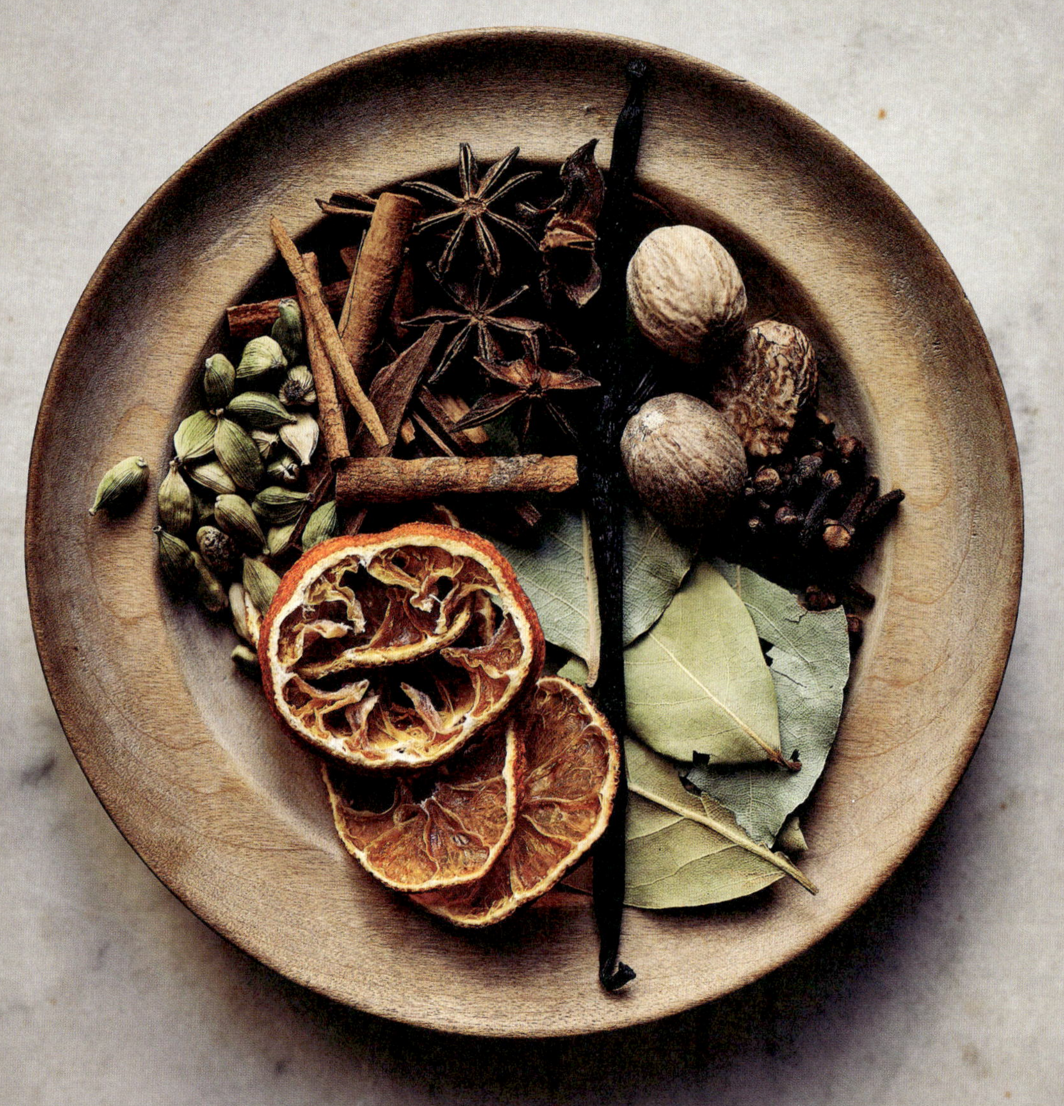

Man braucht:
1 große oder 2 kleine Zimtstangen
2 Sternanise
4 ganze Nelken
1 Zitrone
1 Orange
1 Muskatnuss, gerieben
1 Vanilleschote, aufgeschnitten
5 Kardamomkapseln, zerdrückt
1 Lorbeerblatt
4 EL Zucker
Kleine Mason-Gläser oder Kräutergläser

Ausstattung:
Scharfes Messer
Sparschäler
Drahtgestell
Backblech, mit Backpapier ausgelegt

Zum Verpacken:
Schleife
Geschenkanhänger

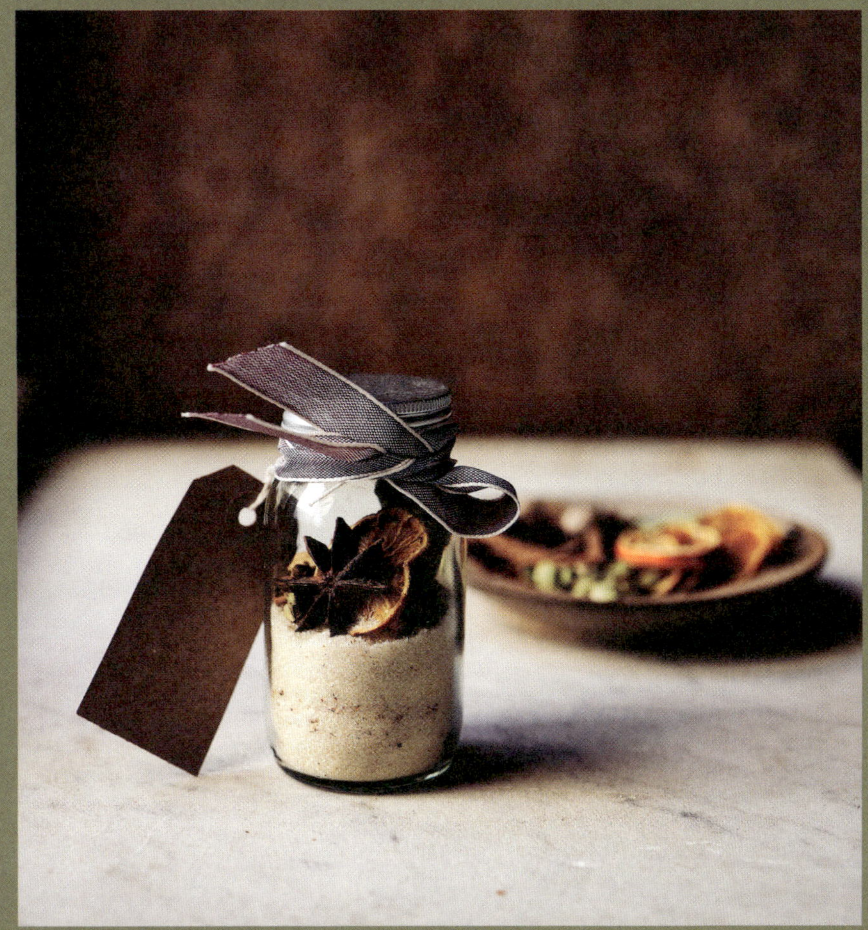

1. Die Orange und Zitrone gründlich heiß abspülen und trockenreiben. Dann die Orange in dünne Scheiben schneiden.

2. Mit dem Sparschäler von der Schale der Zitronen zwei schmale Streifen abtrennen. Die Zitronenzesten in kleinere Streifen schneiden.

3. Die Zitronenschale und die Orangenscheiben auf ein mit Backpapier ausgelegtes Backblech legen und für 4–6 Stunden bei 80 °C in den Ofen schieben, bis sie fest und trocken, aber nicht gebräunt sind. Abkühlen lassen.

4. Alle Zutaten im Glas hübsch anordnen.

5. Zum Verschenken ein schönes Band und einen Geschenkanhänger mit dem folgenden Hinweis anbringen:
„1. Das Glühweingewürz mit einer Flasche Rotwein und etwa 250 ml Orangensaft (oder je nach Belieben) in einen großen Topf geben. Bei niedriger Temperatur 10 Minuten lang erhitzen.
2. Vom Herd nehmen und etwa 30 Minuten ziehen lassen.
3. Zum Servieren erneut erhitzen, ohne aufzukochen. Sobald der Glühwein die gewünschte Temperatur erreicht hat, in Tassen oder hitzebeständige Gläser füllen. Mit einer Orangen- oder Zitronenscheibe garnieren."

BLÜTENSCHOKOLADE

Nur wenige können einer guten Schokolade widerstehen. Diese herrliche Blütenschokolade können Sie mit dunkler, weißer oder Vollmilchschokolade herstellen und damit alle Geschmäcker glücklich machen. Das Ergebnis macht ordentlich was her. Dabei ist die Zubereitung im Grunde sehr simpel: Schokolade schmelzen und dann verzieren.

ZEIT: 30 Minuten (plus Zeit zum Aushärten) ERGIBT: Eine Tafel à 100 g

Man braucht:
100 g Schokolade (ich habe dunkle und weiße Bioschokolade verwendet)
1 EL getrocknete Blüten: Lavendel, Rosenblüten, Kamille (zum Trocknen siehe Seite 14)
1 EL Sonnenblumenkerne, gehackte Mandeln, Walnüsse oder Pistazien (weglassen, wenn der Beschenkte eine Nussallergie hat)

Ausstattung:
Eine Brotbackform mit 900 g Fassungsvermögen (oder ein Backblech, wenn Sie mehrere Schokoladentafeln gleichzeitig herstellen möchten)
Backpapier
Hitzebeständige, mikrowellengeeignete Glasschüssel
Teigschaber
Messer

Zum Verpacken:
Ein Karton oder eine alte Dose
Backpapier

Anmerkung: *Wer keine Mikrowelle hat, schmilzt die Schokoladen im Wasserbad (siehe Seite 18).*

1. Alle Zutaten bereitstellen. Die Schokolade kühlt sehr schnell ab, deshalb muss alles vorbereitet sein, bevor Sie mit dem Schmelzen der Schokolade beginnen.

2. Drei Viertel der Schokoladentafel in kleine Stücke brechen und in die Glasschüssel geben. Das restliche Viertel fein hacken und beiseitestellen.

3. Die Schüssel mit der Schokolade in die Mikrowelle stellen und bei mittlerer Leistung in 10-Sekunden-Schritten schmelzen, nach jeder Runde sorgfältig umrühren. Wiederholen, bis die Schokolade fast geschmolzen ist, aber immer noch kleine feste Stücke enthält.

4. Die restliche Schokolade zu der fast geschmolzenen Schokolade geben und in 5- oder 10-Sekunden-Schritten in der Mikrowelle weiter schmelzen – Ziel ist es, die gesamte Schokolade bei so niedriger Temperatur wie möglich zu schmelzen.

5. Sobald die Schokolade vollständig geschmolzen ist, in die Form oder auf das Blech gießen und mit dem Teigschaber glattstreichen.

6. Die Schokolade verzieren, solange sie noch weich ist: Nüsse und Samen über die Schokolade streuen, zuletzt die getrockneten Blüten. Darauf achten, dass die Schokolade reichlich und gleichmäßig bedeckt ist.

7. Die Schokolade bei Raumtemperatur gänzlich auskühlen lassen. Das dauert etwa 1 Stunde. Schneller geht es, wenn Sie die Form in den Kühlschrank stellen.

8. Die Schokoladentafel vorsichtig aus der Form nehmen. Achtung, dass sie nicht zerbricht, wenn Sie die Tafel im Ganzen verschenken möchten. Alternativ die Schokolade in Dreiecke schneiden und diese übereinanderlegen.

9. Zum Verpacken den Karton oder die Dose mit Backpapier auslegen und die Schokolade hineinlegen.

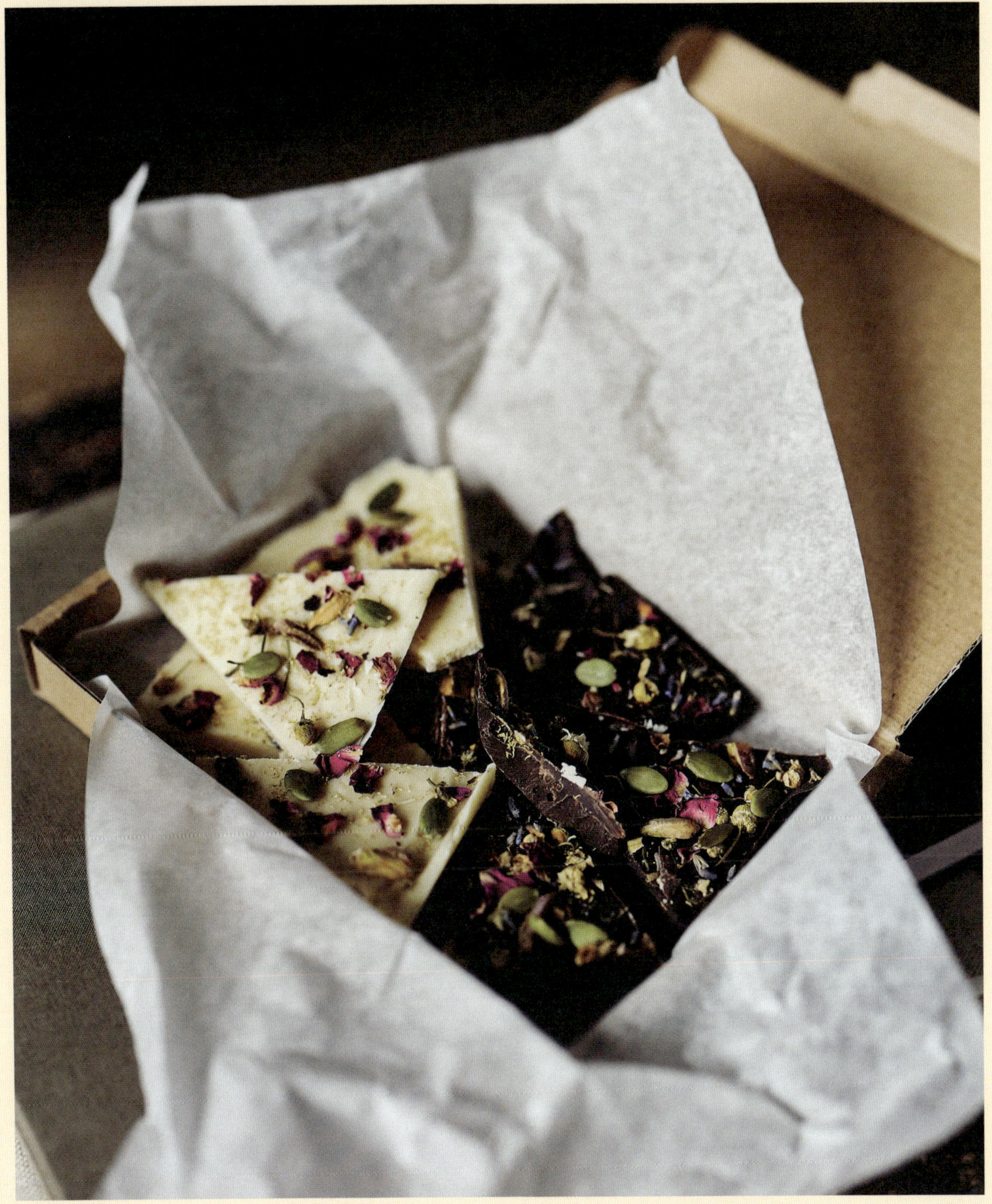

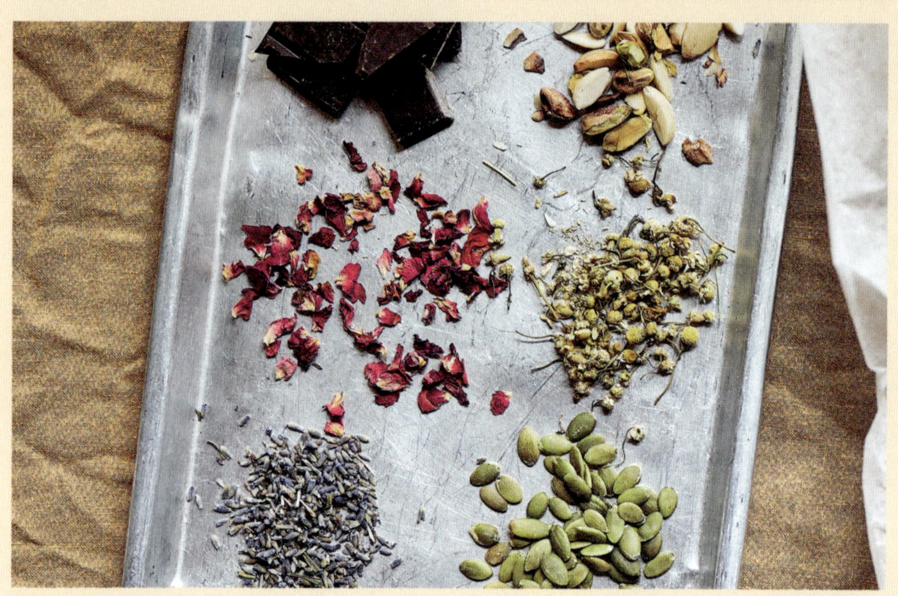

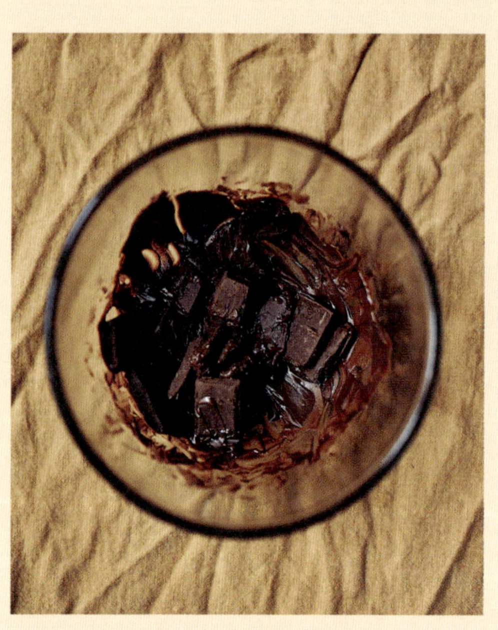

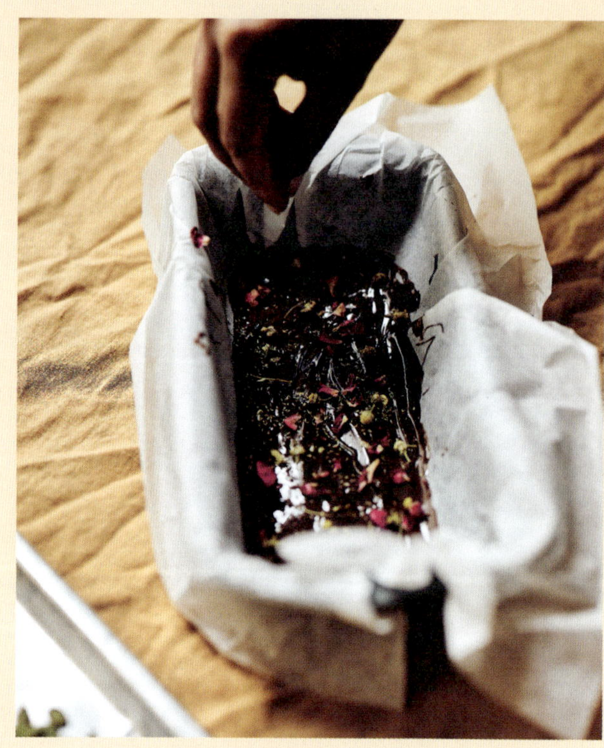

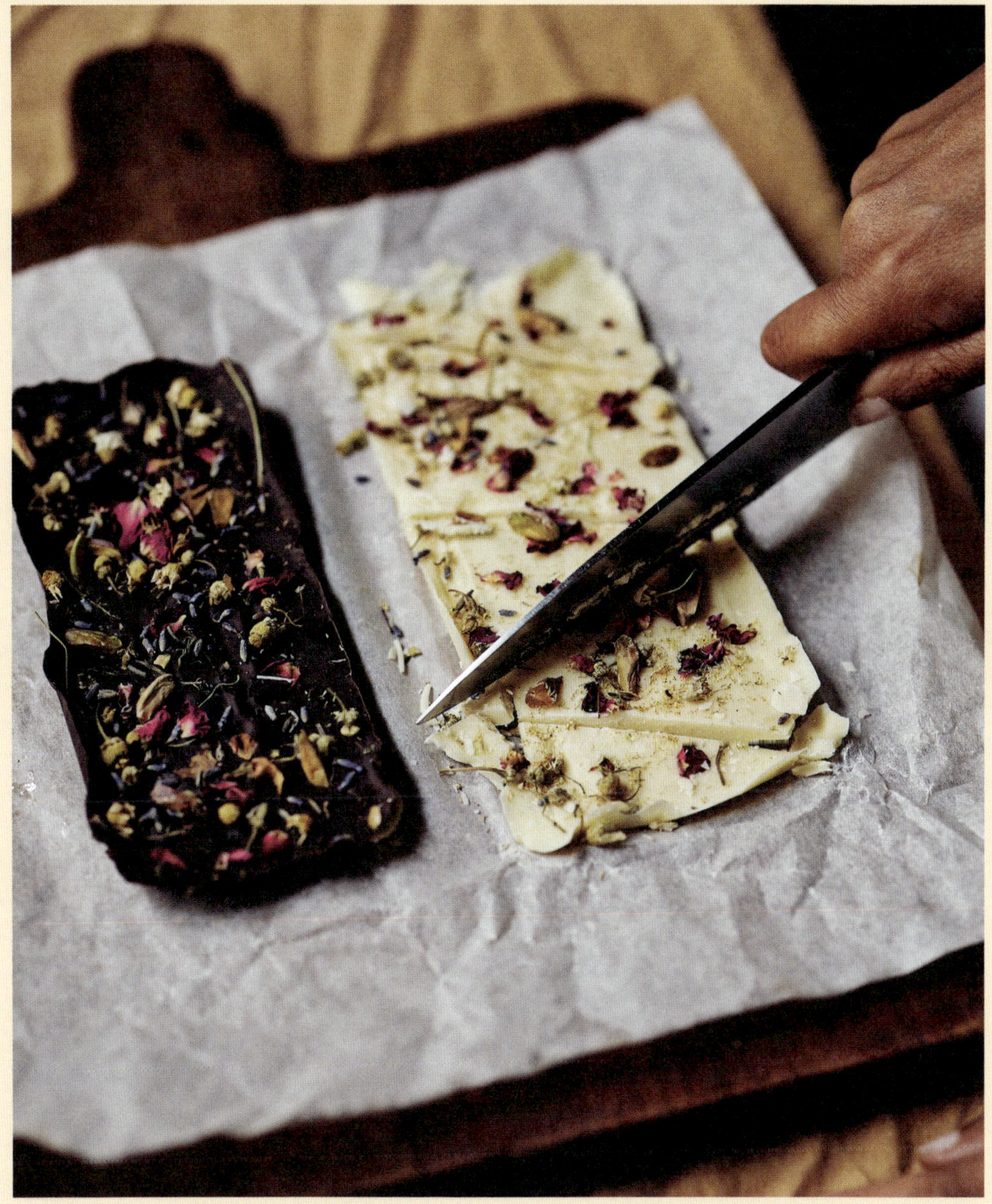

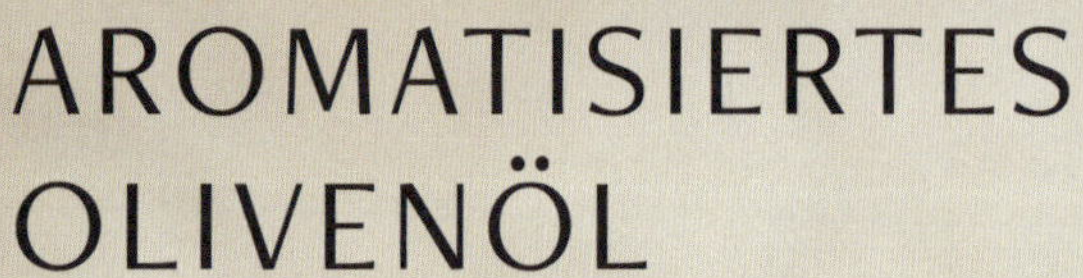

AROMATISIERTES OLIVENÖL

Ein perfektes Geschenk für alle Feinschmecker in Ihrem Leben. Es ist nicht nur sehr praktisch und aufmerksam, sondern auch individualisierbar, sodass Sie es dem Geschmack des Beschenkten anpassen können. Sowohl das Kräuter- als auch das Chiliöl eignen sich hervorragend zum Beträufeln von Pizza oder Brot und zum Würzen von Fleisch und gebratenem Gemüse.

ZEIT: 20 Minuten ERGIBT: 2 Flaschen à 250 ml

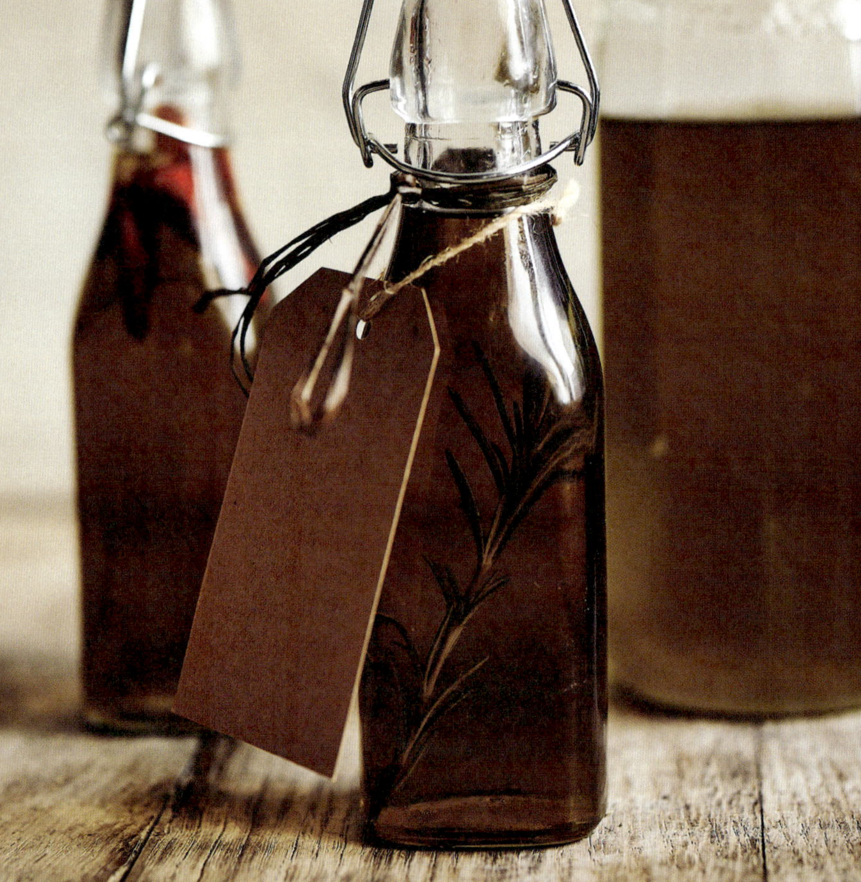

Man braucht:
500 ml Olivenöl von guter Qualität
5 Zweige frischer Rosmarin, Thymian oder Oregano
1 TL Chiliflocken und 1–3 getrocknete Chilis als Dekoration
Sterilisierte Flaschen oder Gläser (zum Sterilisieren siehe Seite 19)

Ausstattung:
Sieb
Kleiner Kochtopf
Messbecher
Kleiner Trichter

Zum Verpacken:
Bast
Dekoratives Klebeetikett oder Geschenkanhänger

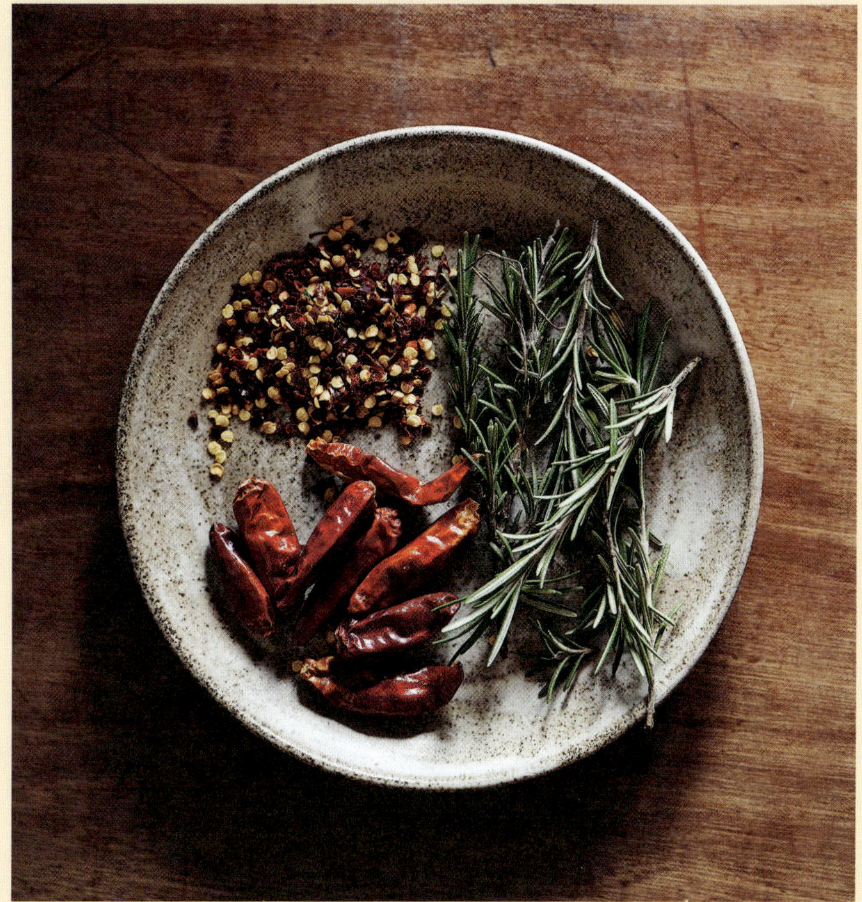

1. Die Kräuter am Tag vor der Herstellung des Öls pflücken. Waschen und sorgfältig trocknen, um sicherzustellen, dass sie keine Feuchtigkeit mehr aufweisen (um Bakterienbildung zu vermeiden). Wer keinen Garten mit eigenen Kräutern hat, kann sie auch im Supermarkt kaufen.

2. 250 ml Olivenöl für jede Flasche abmessen. Olivenöl und Kräuter (einen der Zweige aufbewahren) oder Chiliflocken in einem Topf bei schwacher Hitze erwärmen und 20 Minuten lang köcheln lassen. Vom Herd nehmen und abkühlen lassen.

3. Die Kräuter oder Chiliflocken abseihen und das aufgegossene Olivenöl mithilfe eines Trichters in eine Flasche füllen. Zur Dekoration einen Zweig Rosmarin, Oregano, Thymian oder getrocknete Chilis in die Flaschen oder Gläser geben.

4. Zum Verschenken ein Band um die Flasche binden und auf dem Geschenkanhänger folgenden Hinweis notieren: „Das Öl ist zwei Wochen lang haltbar. Wenn man die Kräuter/Chilis entfernt, hält es sich länger – im Kühlschrank sogar bis zu sechs Monate.“

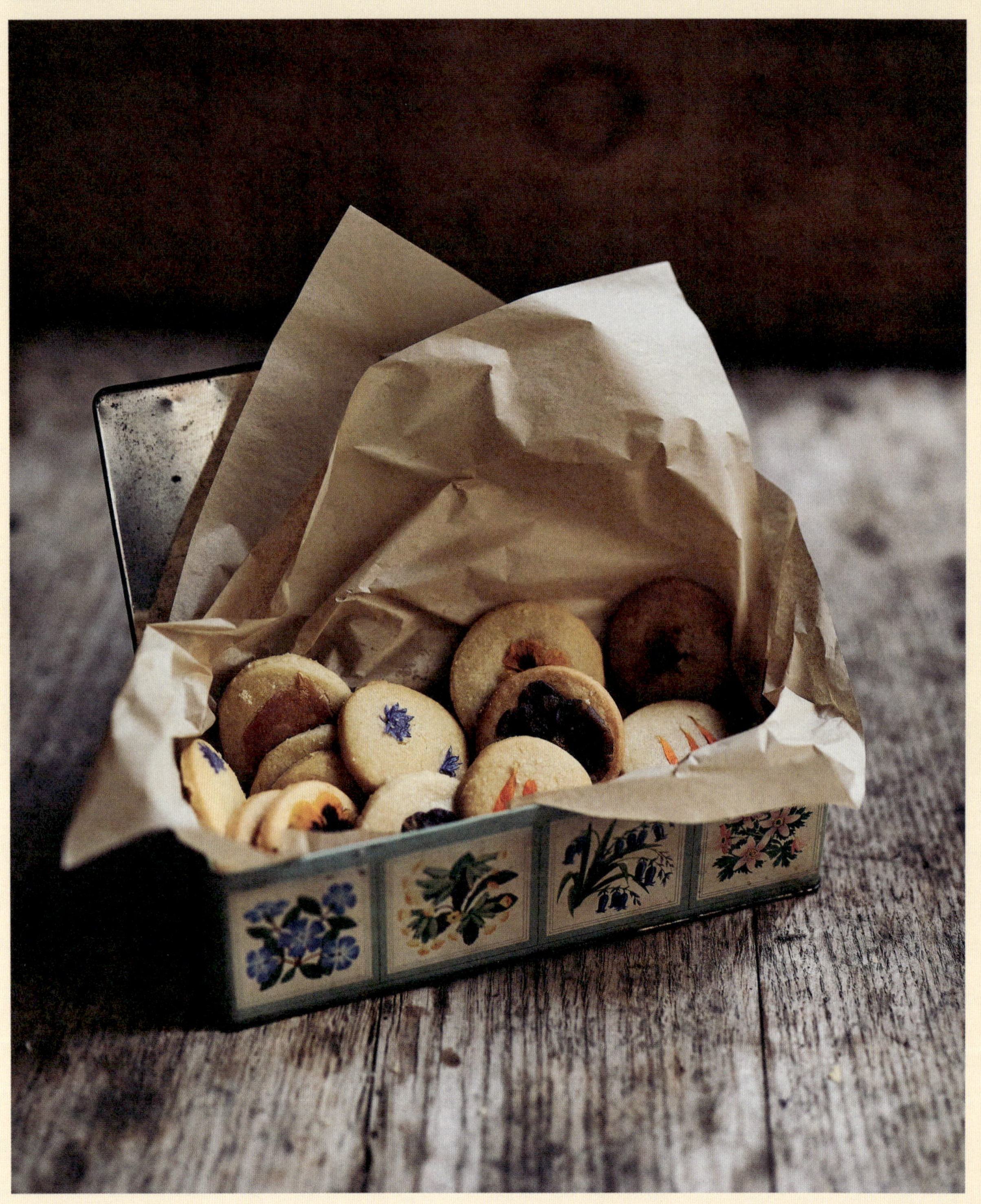

SHORTBREAD MIT BLÜTENKUSS

Blumen machen glücklich! Diese hübschen blütenverzierten Kekse sind ein tolles Geschenk für naturverbundene Erwachsene und Kinder, denn sie zaubern immer ein Lächeln ins Gesicht. Für dieses leckere Gebäck brauchen Sie nur drei einfache Zutaten und einige (handgepflückte) essbare Blüten.

ZEIT: 40 Minuten (plus Zeit zum Gefrieren) ERGIBT: 30–35 Kekse

Man braucht:
240 g gesalzene oder ungesalzene Butter (Raumtemperatur)
60 g Puderzucker (gesiebt)
300 g Weizenmehl
30–35 essbare Blüten (ich habe Kapuzinerkresse, Ringelblume, Borretsch, Kornblume, Stiefmütterchen und Hornveilchen verwendet)

Ausstattung:
Backblech
Backpapier
Große Rührschüssel
Großer Kochlöffel
Handrührgerät (optional)
Nudelholz
Runde Ausstechform mit 8 cm Durchmesser
Palettenmesser
Kuchengitter

Zum Verschenken:
Eine Vintage-Dose
Backpapier

1. Ein Backblech mit Backpapier auslegen und beiseitestellen.

2. Die Butter mit dem Zucker in einer großen Schüssel schaumig schlagen – entweder mit einem Holzlöffel oder einem elektrischen Handrührgerät. Die Mischung ist fertig, wenn sie fluffig ist.

3. Das Mehl hinzufügen und sorgfältig verkneten.

4. Die Arbeitsfläche mit Puderzucker bestäuben und den Teig mit den Händen zu einer Kugel formen.

5. Den Teig in Backpapier einschlagen und für 30 Minuten in den Kühlschrank legen.

6. Nach 30 Minuten ist der Teig bereit zum Ausrollen. Dazu auf ein Stück Backpapier legen und mit einem Nudelholz zu einem etwa 0,75 cm dicken Quadrat ausrollen.

7. Plätzchen ausstechen und mit einem Palettenmesser auf das vorbereitete Backblech legen.

8. Auf jedem Plätzchen Blüten platzieren. Backpapier darüberlegen und die Blüten mit dem Nudelholz vorsichtig in die Plätzchen drücken.

9. Die Kekse vor dem Backen über Nacht oder für maximal 24 Stunden in den Gefrierschrank legen. So behalten die Blüten beim Backen ihre Farbe.

10. Den Ofen auf 180 °C vorheizen und die Kekse aus dem Gefrierschrank nehmen.

11. 9 Minuten backen, dann das Backblech wenden (damit die Kekse gleichmäßig bräunen) und weitere 9 Minuten backen (oder bis die Ränder der Kekse goldbraun sind).

12. Die Kekse auf ein Kuchengitter legen und abkühlen lassen.

13. Die Kekse in einer mit Backpapier ausgelegten Vintage-Dose verschenken. Luftdicht verschlossen sind sie drei Tage lang haltbar.

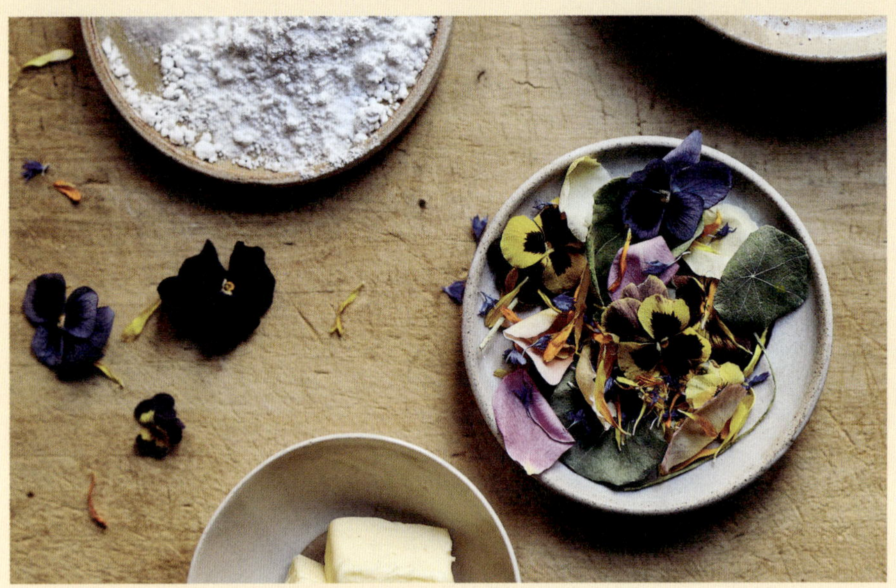

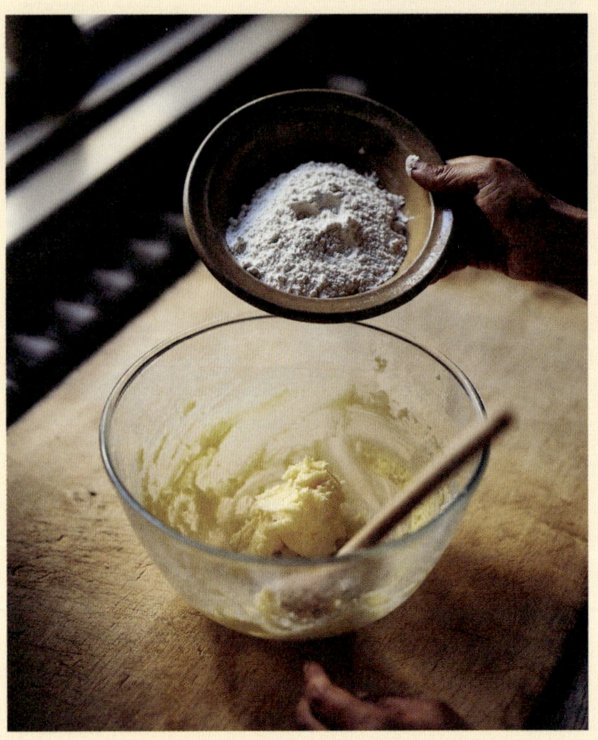

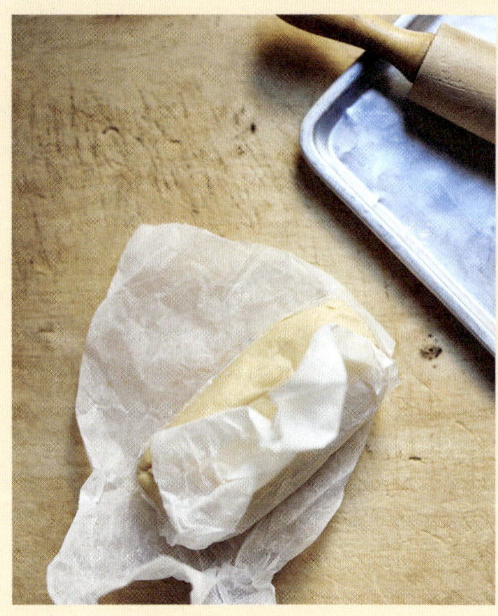

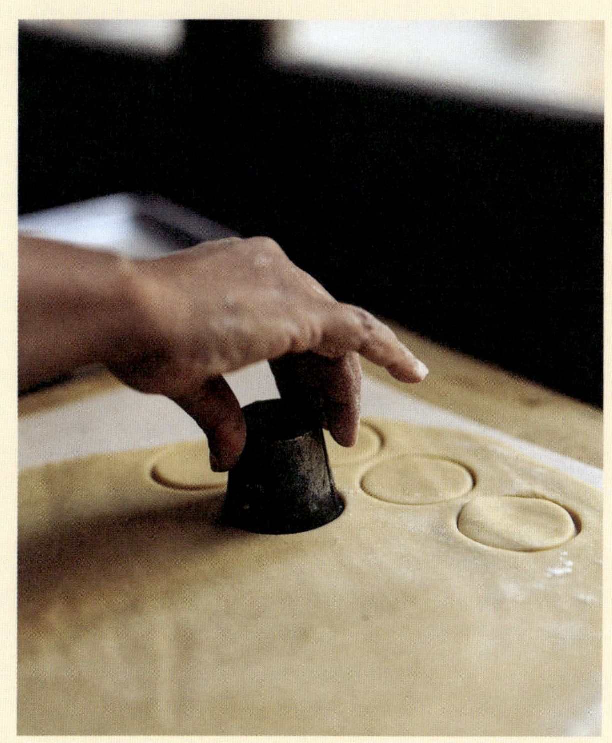

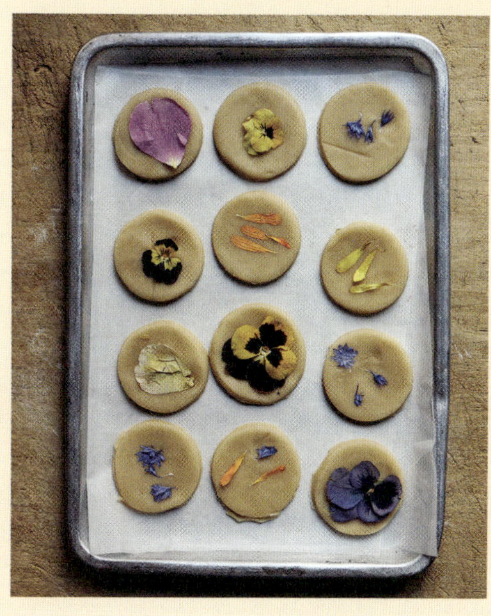

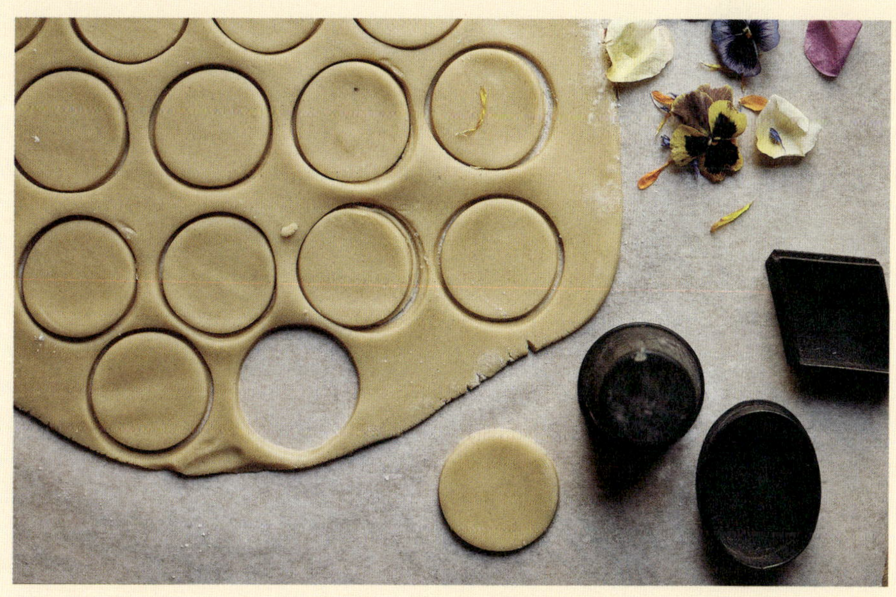

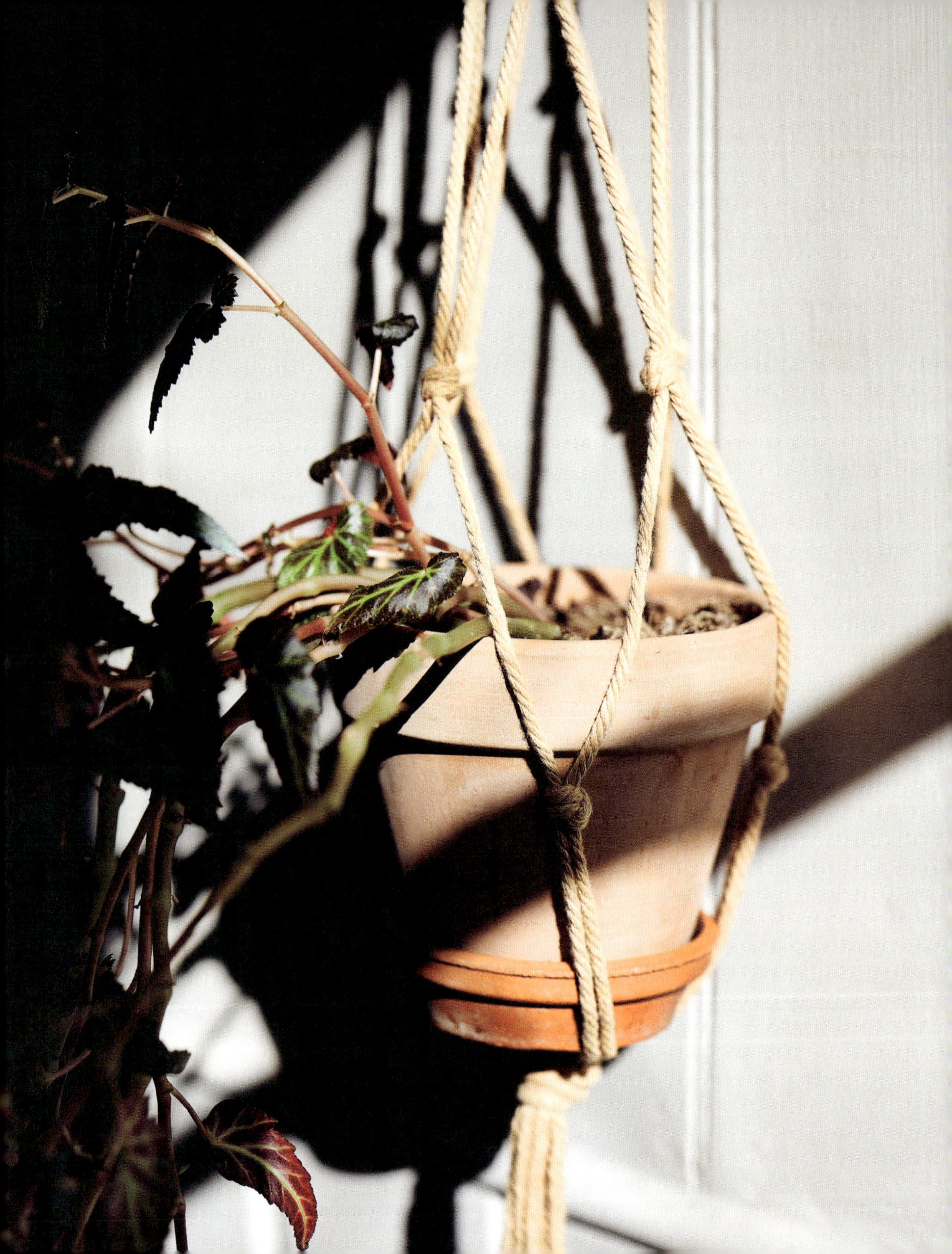

TEXTILIEN

FLORALER WANDBEHANG – NATÜRLICH GEFÄRBTER SEIDENSCHAL – EINFACHE BLUMENAMPEL – KRABBELDECKE – WIEDERVERWENDBARE KNALLBONBONS

FLORALER WANDBEHANG

Naturfreunde werden diese wunderschöne Wanddekoration mit gesammelten Schmuckstücken aus der Pflanzenwelt lieben. Nicht lange überlegen: Entscheiden Sie auf Ihren nächsten Spaziergängen aus dem Bauch heraus, welche Zusammenstellung passen könnte. Zweige, Blumen, Gräser – was soll der Blickfang werden?

ZEIT: 1–2 Stunden oder ein Nachmittag ERGIBT: Ein Wandbehang

Man braucht:
Ein alter Bilderrahmen, Rückseite und Glas entfernt
Eine Rolle Jutegarn
Getrocknete Blumen, Zweige und Gräser (ich habe Samtgras, Chinaschilf, Weizen, Hafer, Zittergras, Glanzgras und Eukalyptus verwendet)

Ausstattung:
Bastel- oder Gartenschere

Zum Verpacken:
Zeitungs- oder Packpapier
Ein Karton
Recyceltes Seidenpapier
Schleife
2–3 getrocknete Blumenstiele

1. Die Rückseite und das Glas aus dem Rahmen entfernen.

2. Das Jutegarn am Rahmen festbinden, etwa auf Höhe eines Drittels der Länge der rechten Seite. Das Garn auf der Rolle lassen und rüber zur linken Seite ziehen, dann um den Rahmen herum wieder zur rechten Seite. Den Vorgang wiederholen, bis sich in der Mitte des Rahmens ein dichtes Netz gebildet hat. Das Garn mit einem Knoten sichern.

3. Die Trockenblumen auf dem Garn zu einer Komposition anrichten, die Ihnen gefällt. Nach und nach die Stängel in das Geflecht weben.

4. Mit den anderen Stängeln ebenso verfahren, bis ihr Design fertig ist. Darauf achten, dass jede Trockenblume sicher zwischen den Garnreihen steckt und nicht herausfallen kann.

5. Den Karton mit Packpapier oder Zeitungspapier auslegen, um den Rahmen zu polstern. Den Karton mit einer Schleife verschließen und mit zwei, drei ausgewählten Trockenblumen verzieren.

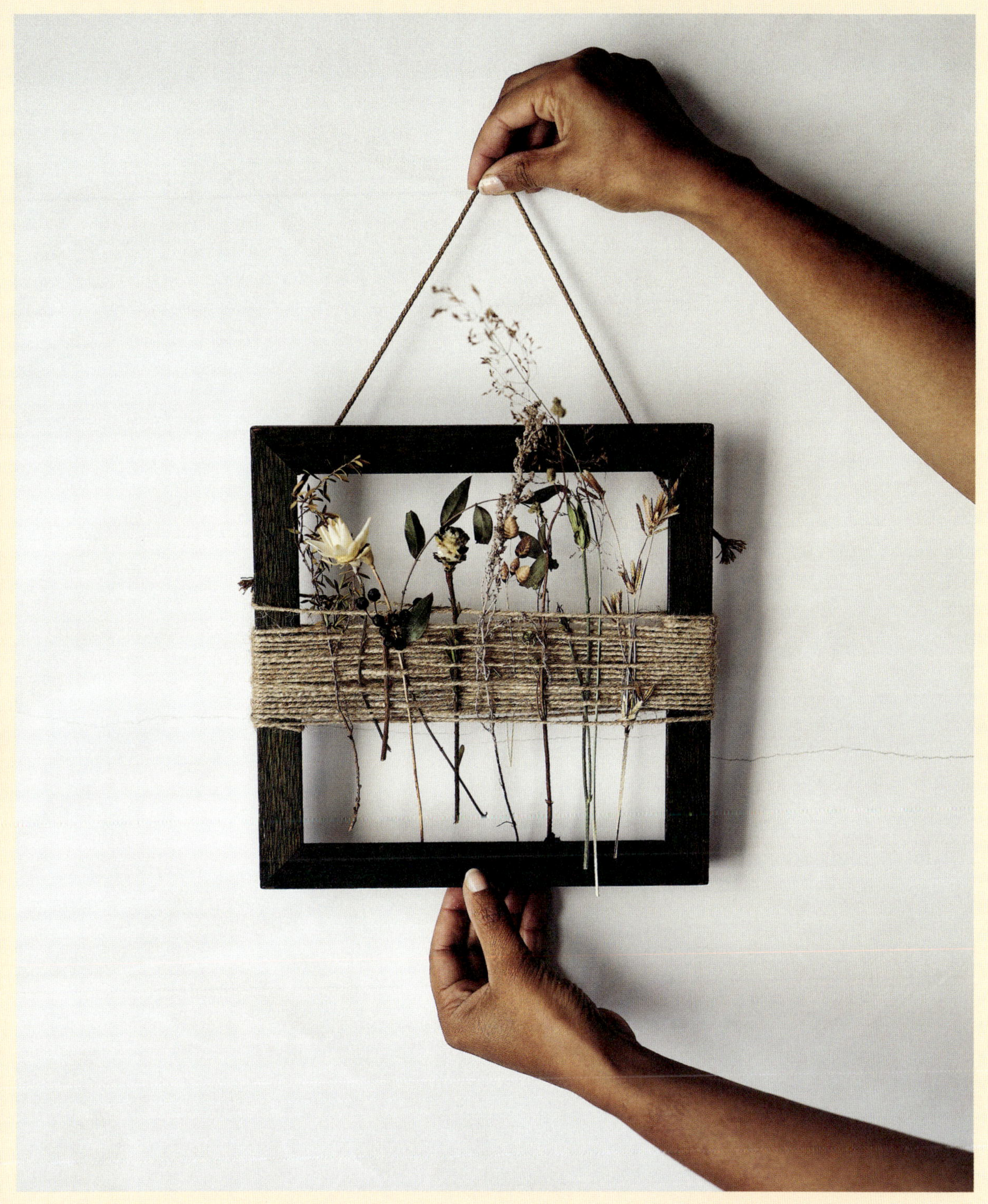

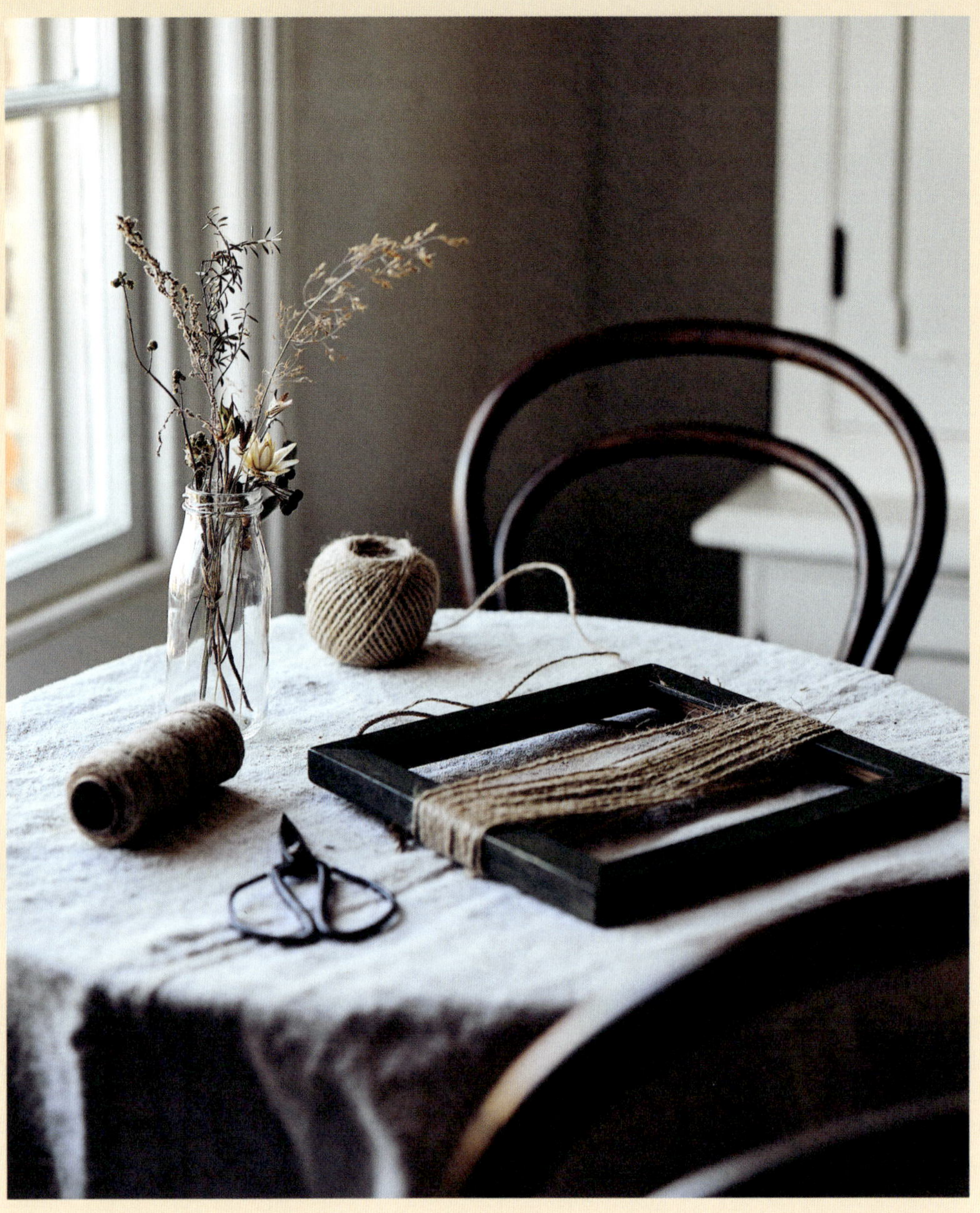

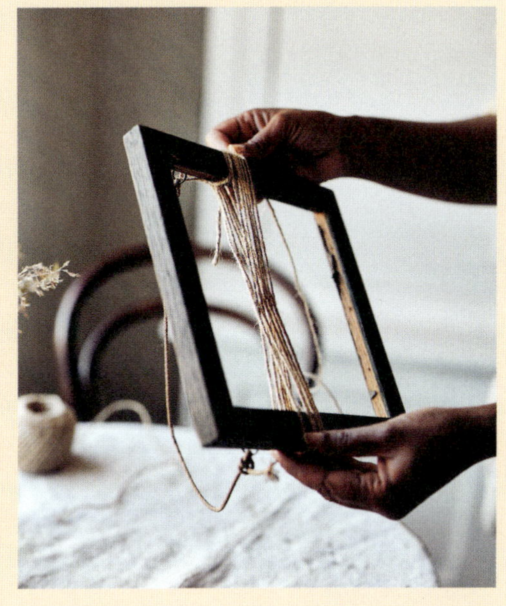

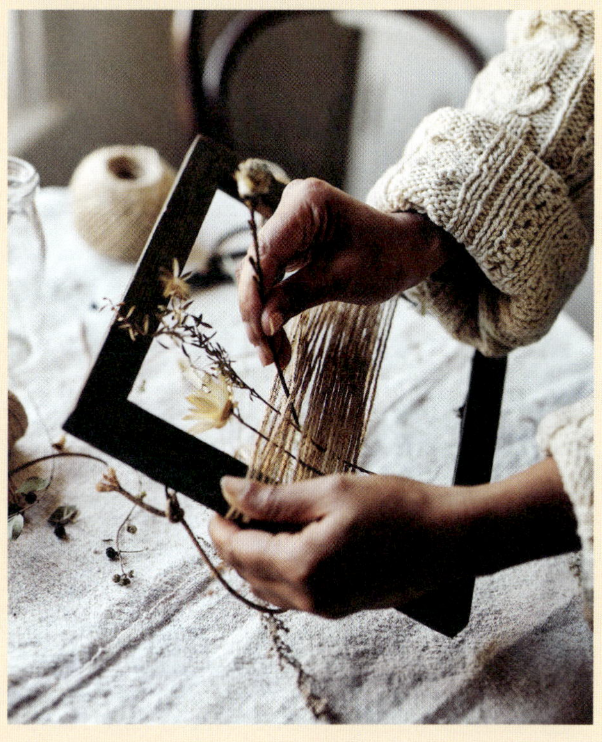

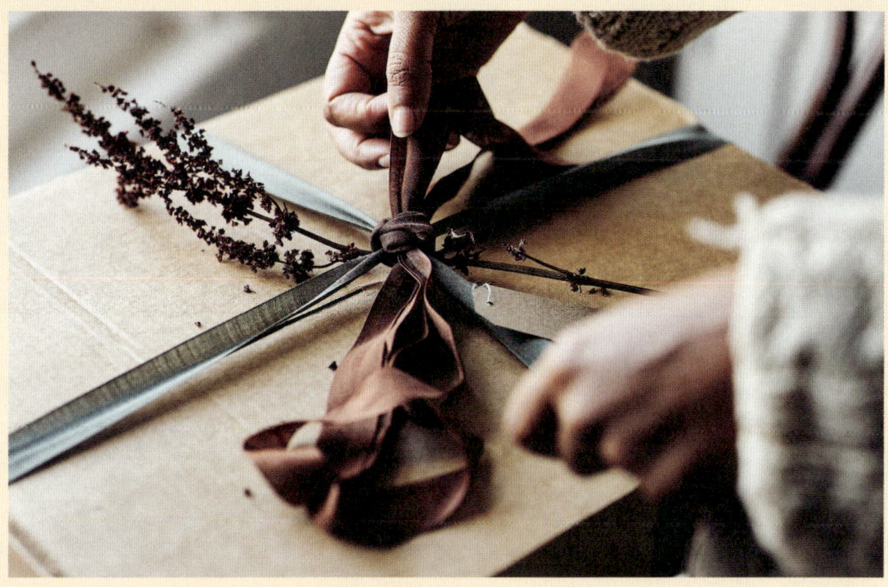

NATÜRLICH GEFÄRBTER SEIDENSCHAL

Im Färben mit Naturmaterialien liegt ein wahrer Zauber. Es ist jedes Mal wieder faszinierend, wie unterschiedlich die Gewebe wie etwa Seide mit den Farbstoffen reagieren. Als gelingsicheres Einstiegsprojekt eignet sich ein Halstuch, über das sich Ihre Freunde sicherlich sehr freuen werden.

ZEIT: 2 Stunden (für intensivere Farbtöne lassen Sie die Farbe über Nacht einwirken)
ERGIBT: Ein Schal

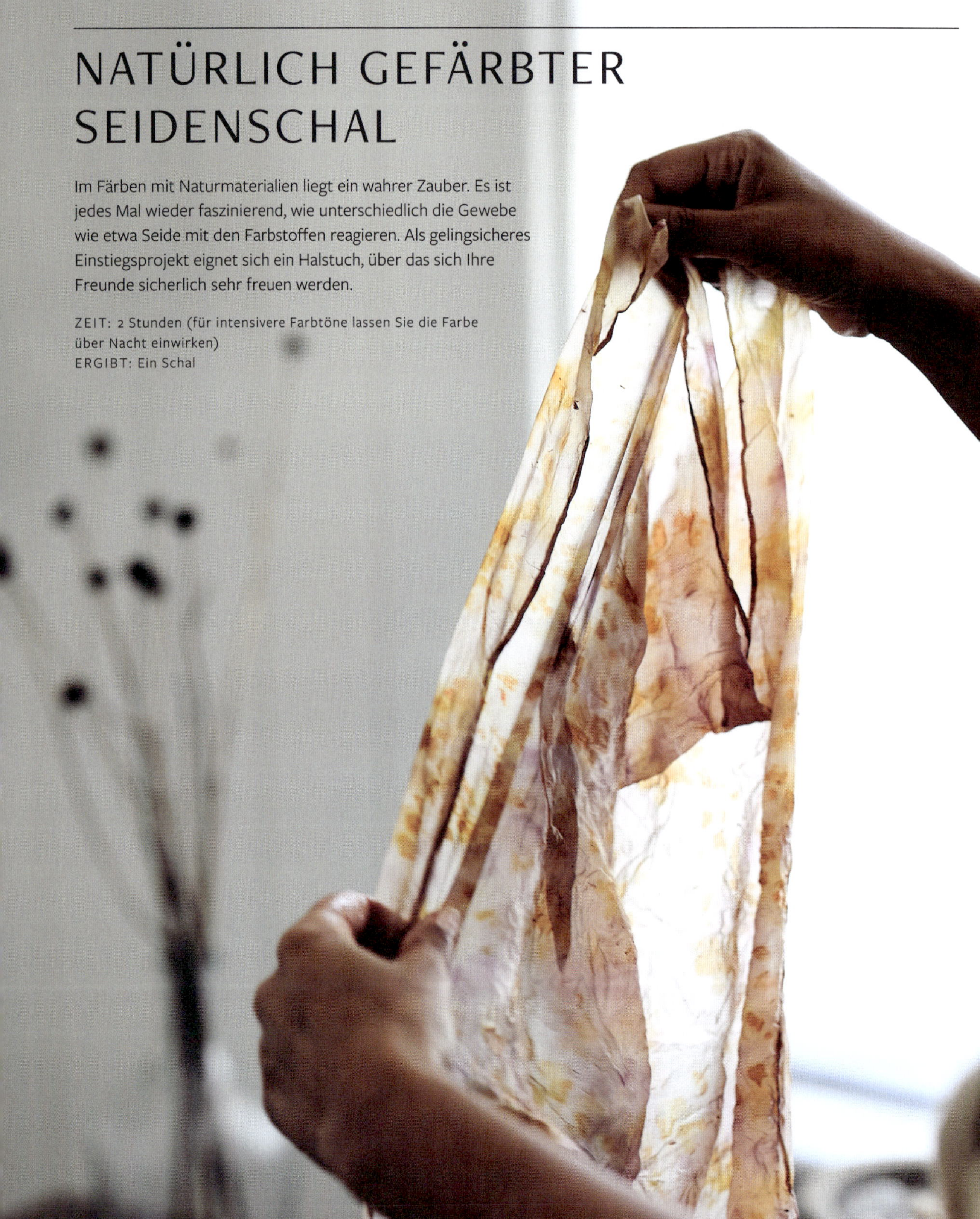

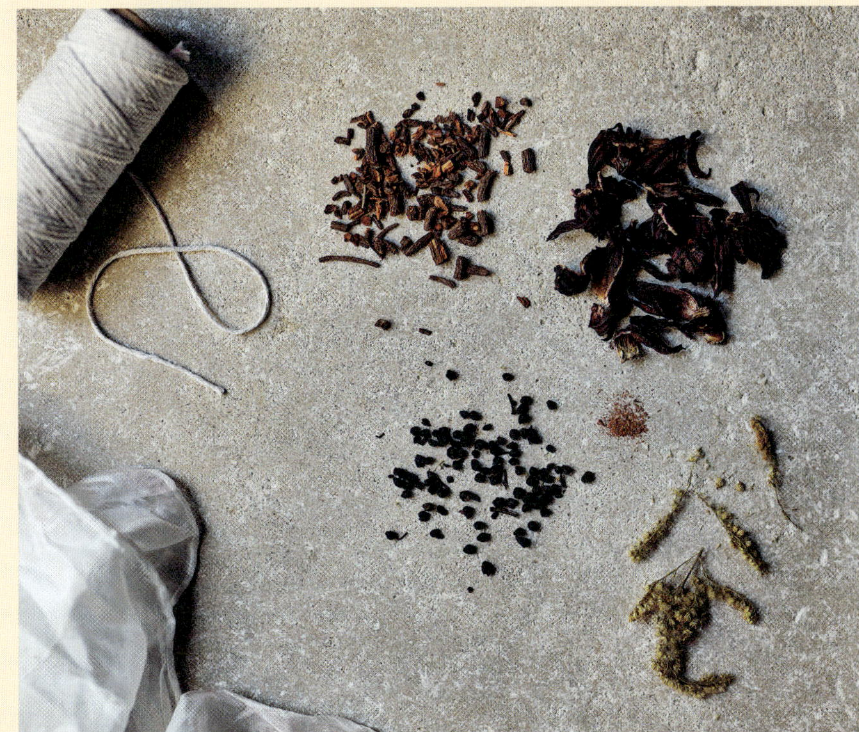

Man braucht:
Seidenschal (naturbelassene, ungefärbte echte Seide) à 50 x 50 cm
Getrocknete färbende Pflanzenbestandteile (ich habe Krappwurzeln, Hibiskusblüten, Brasilholz, Holunderbeeren und die Blütenköpfe der Goldrute verwendet; zum Trocknen siehe Seite 14)

Ausstattung:
Garn (ungefärbt)
Topf mit Deckel
Metallsieb oder Seihtuch und Wäscheklammern

Zum Verpacken:
Seidenpapier
Ein kleiner Karton
Schnur oder Schleifenband

Anmerkung: *Beim natürlichen Färben wird keine Beize verwendet, das heißt die Farbe verblasst mit der Zeit und ist nicht zum Waschen geeignet.*

1. Die getrockneten Pflanzenbestandteile entweder zerkleinern oder im Ganzen verwenden: Mit beidem lassen sich unterschiedliche Effekte erzielen. Den Schal auf eine ebene Fläche legen und die Pflanzenbestandteile nach dem Zufallsprinzip auf einer Hälfte des Schals verteilen.

2. Die freie Seite über die Bestandteile falten und den Schal vorsichtig von oben nach unten so fest und kompakt wie möglich aufrollen, damit die Bestandteile sicher gehalten werden.

3. Das Tuch zu einem kleinen Bündel zusammenrollen und fest mit dem Garn umwickeln.

4. Den Topf zur Hälfte mit Wasser füllen und das Metallsieb daraufstellen (alternativ ein Stück Seihtuch lose über den Topf legen und mit Wäscheklammern befestigen). Das Bündel in Wasser einweichen und in das Sieb (oder auf das Tuch) legen. Den Deckel auf den Topf setzen. 1 Stunde lang köcheln lassen.

5. Überprüfen, ob das Bündel feucht bleibt, bei Bedarf Wasser hinzufügen. Das Bündel nach der Hälfte der Kochzeit wenden, um eine gleichmäßige Farbverteilung zu gewährleisten. Vom Herd nehmen.

6. Über Nacht abkühlen lassen. Für eine intensivere Farbe das verschnürte Bündel noch ein paar Tage im Sieb liegen lassen.

7. Das Bündel auswickeln und das Tuch im Waschbecken oder in einer Schüssel unter kaltem Wasser ausspülen, um alle Pflanzenteile zu entfernen. Trocknen lassen.

8. Ich habe meinen Schal in Seidenpapier eingewickelt, in einen Karton gelegt und mit einer schönen Schleife verziert. Sie können aber auch das Seidentuch selbst als Geschenkpapier verwenden.

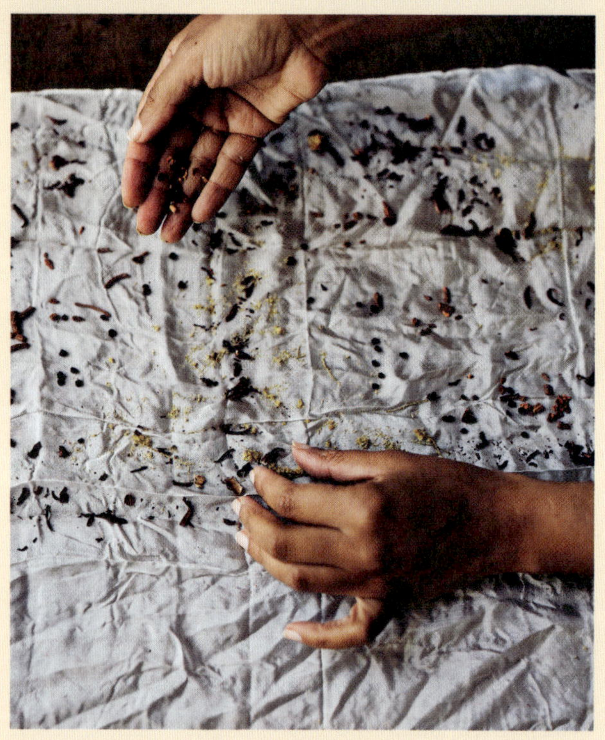

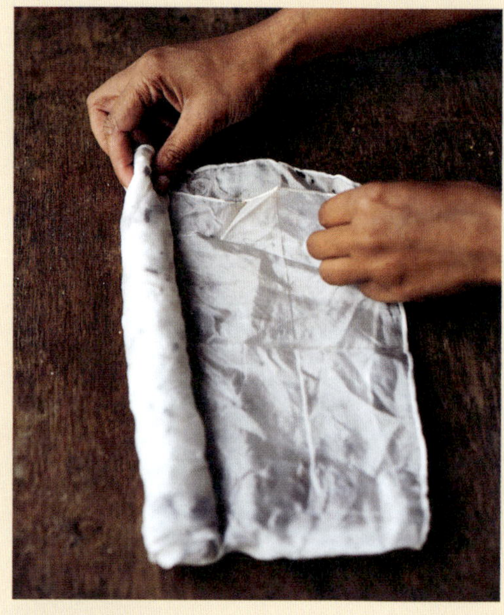

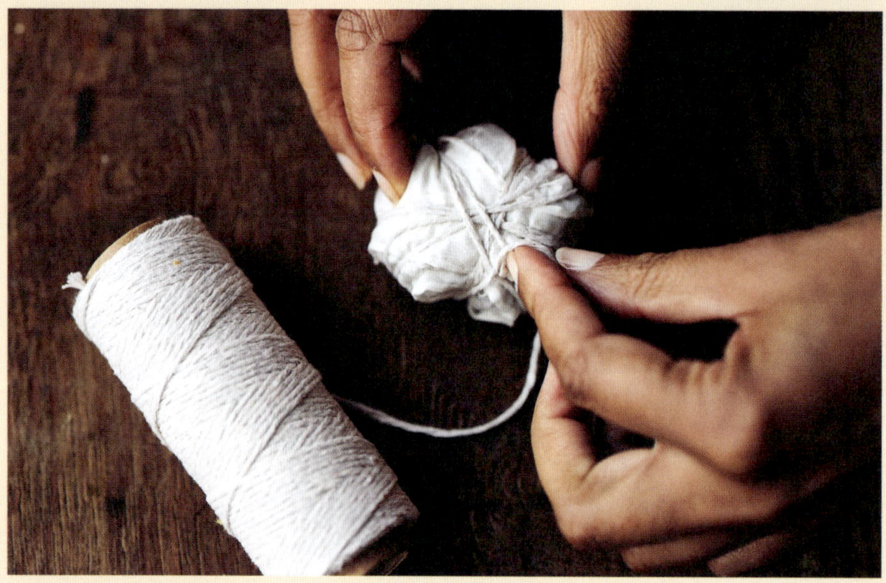

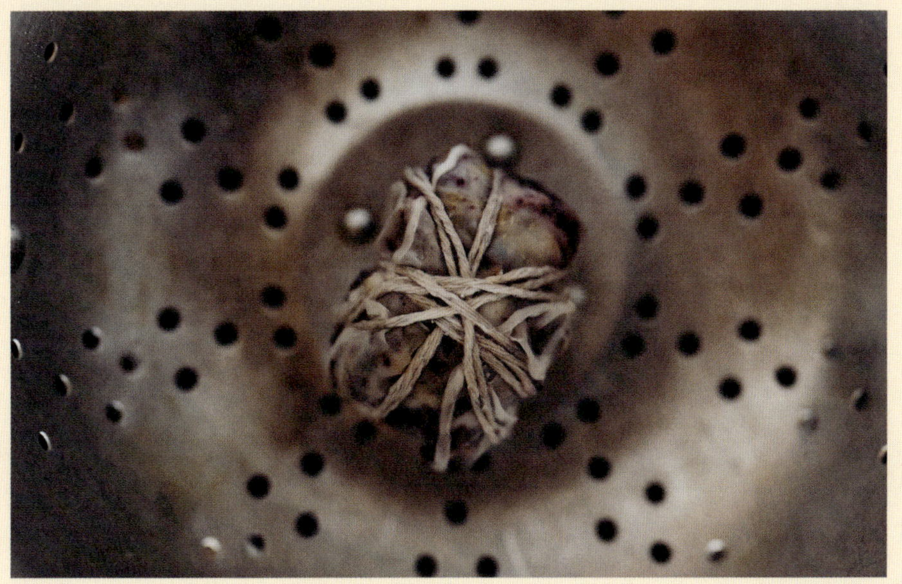

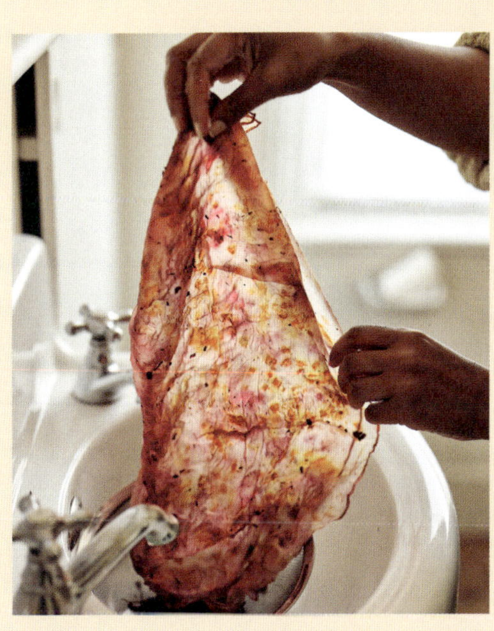

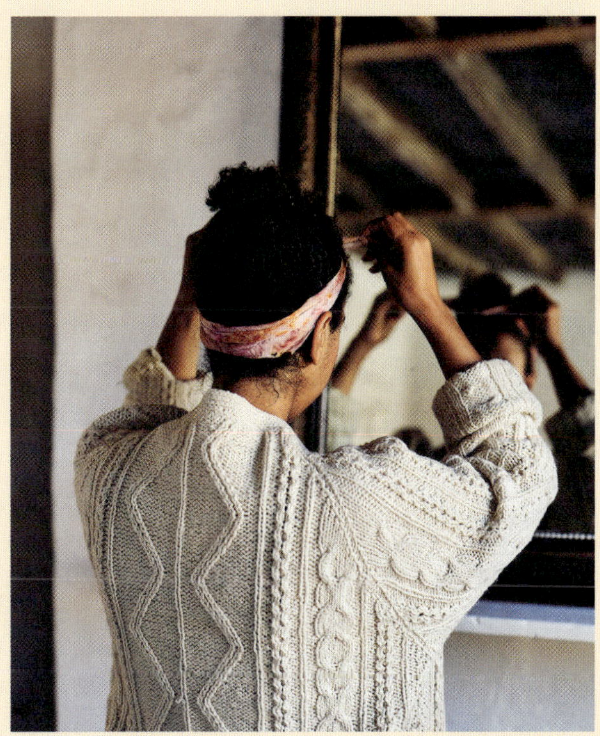

EINFACHE BLUMENAMPEL

Pflanzen beleben jeden Raum und haben eine beruhigende Wirkung auf uns. Im Laufe der Jahre habe ich viele dieser Blumenampeln für Freunde und Familie gemacht, weil sie so simpel sind und zugleich so viel Freude bereiten. Mit ein paar einfachen Materialien und ein paar unkomplizierten Knoten können Sie etwas wirklich Schönes für ein Einweihungsgeschenk herstellen, und wenn es ein bisschen mehr sein darf, schenken Sie auch noch den Inhalt dazu! Für dezente Farbtupfer können Sie die Makrameekordel auch mit Naturmaterialien färben.

ZEIT: 20 Minuten   ERGIBT: Eine Blumenampel

Man braucht:
12 m Makrameekordel mit 7 mm Dicke (optional: gefärbt mit Naturmaterialien)
Einen Terrakotta-Pflanztopf mit 10 cm Durchmesser und eine Tropfschale oder Untertasse
Eine Hängepflanze (ich habe eine Begonie verwendet; Leuchterblume, Zebra-Ampelkraut und Efeutute sind auch toll)

Ausstattung:
Schere

Zum Verpacken:
Geschenkanhänger
Packpapier
Ein kleiner Karton

Färben mit Naturmaterialien:
Eukalyptusblätter – gelb oder rosa
Avocadoschalen – rosa
Zwiebelschalen – braun
Kurkumawurzel – gelb
Tee – braun, terrakottafarben

1. Vier 3 m lange Stücke von der Makrameekordel abschneiden.

2. Die Kordelstücke in der Hälfte falten. Der Falz wird jeweils die obere Schlaufe des Pflanzenaufhängers bilden.

3. An jeder Kordel einen einfachen Knoten 10 cm unterhalb des Falzes machen.

4. Zwei benachbarte Kordelstücke verbinden, indem Sie beide ca. 45 cm unterhalb des ersten Hauptknotens zusammenknoten. Mit den anderen drei Paaren ebenso verfahren. Alle vier Knoten müssen sich auf der gleichen Höhe befinden.

5. Von dieser 4er-Knotenreihe ausgehend nun 12 cm nach unten hin abmessen. Die Schnüre der oberen Paare erneut mit den jeweils anderen Nachbarschnüren verknoten, um vier weitere Knoten zu erstellen.

6. Den Vorgang für eine weitere und letzte 4er-Reihe wiederholen.

7. Von der letzten Knotenreihe erneut 12 cm abwärts messen und die acht Schnüre mit einem letzten Knoten zusammenbinden.

8. Die Kordel nach dem letzten Knoten nach etwa 30 cm bündig abschneiden, sodass eine dekorative Quaste entsteht.

9. Die Tropfschale oder den Untersetzer in die Blumenampel stellen, sodass sie auf dem großen Bodenknoten ruht. Die Topfpflanze kann nun auf den Untersetzer gestellt werden.

10. Den Namen der Pflanze, Pflege- und Aufhängehinweise auf einen Geschenkanhänger schreiben, zum Beispiel: „Die Begonie mag helle, nicht zu sonnige oder zu schattige Standorte und möchte regelmäßig gegossen werden, damit die Erde sich immer leicht feucht anfühlt." Die Pflanze in Packpapier einwickeln und den Geschenkanhänger mit einem Band befestigen. Die Blumenampel in einen kleinen Karton legen.

Anmerkung: *Für das Färben der Makrameekordel einen Topf mit Wasser und Eukalyptusblättern oder Teebeuteln zum Kochen bringen und die Kordel hineinlegen. Etwa 20–30 Minuten köcheln lassen, bis die Kordel die Farbe aufgenommen hat. Anschließend das Seil aus dem Färbebad nehmen und leicht ausspülen (da wir keine Beize verwenden, ist es nicht farbecht). Zum Trocknen aufhängen.*

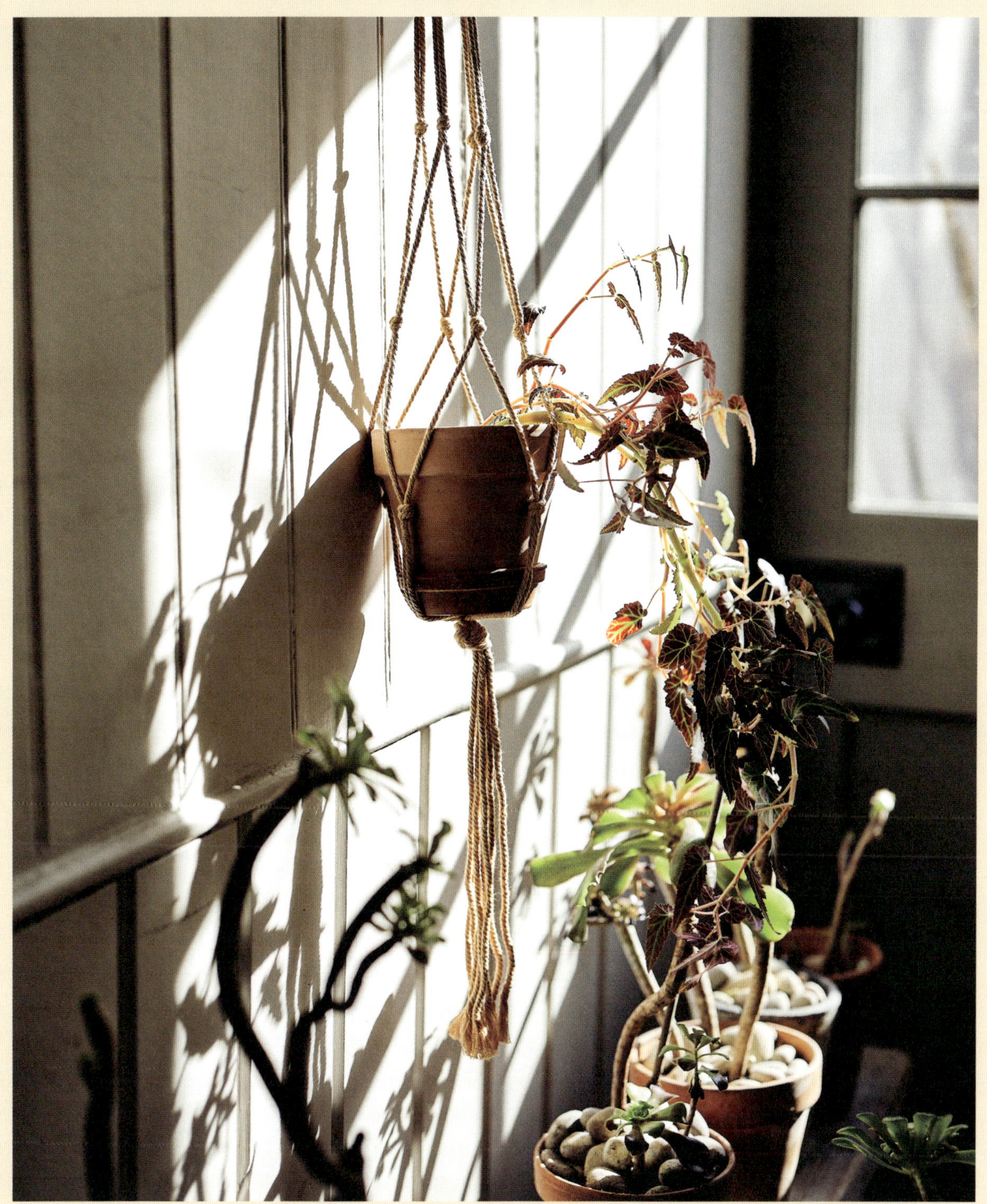

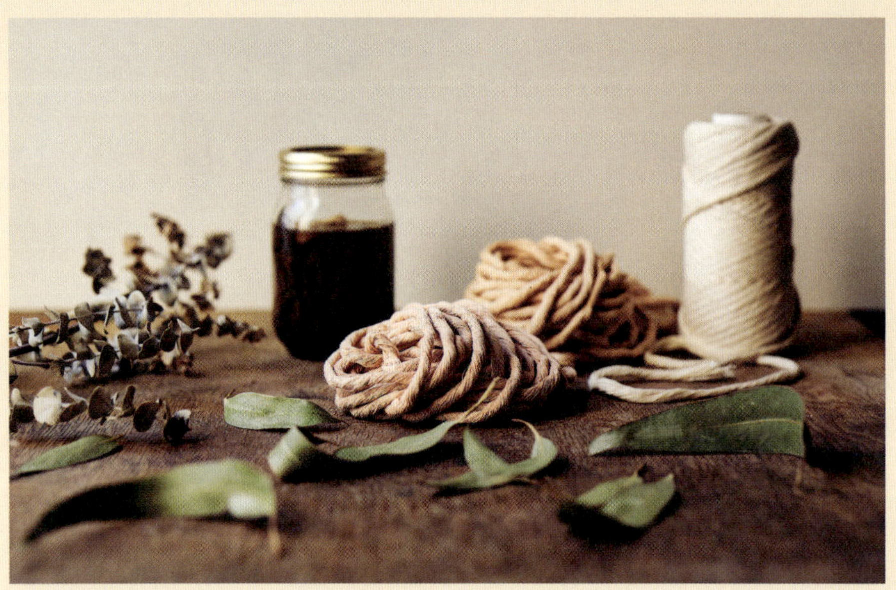

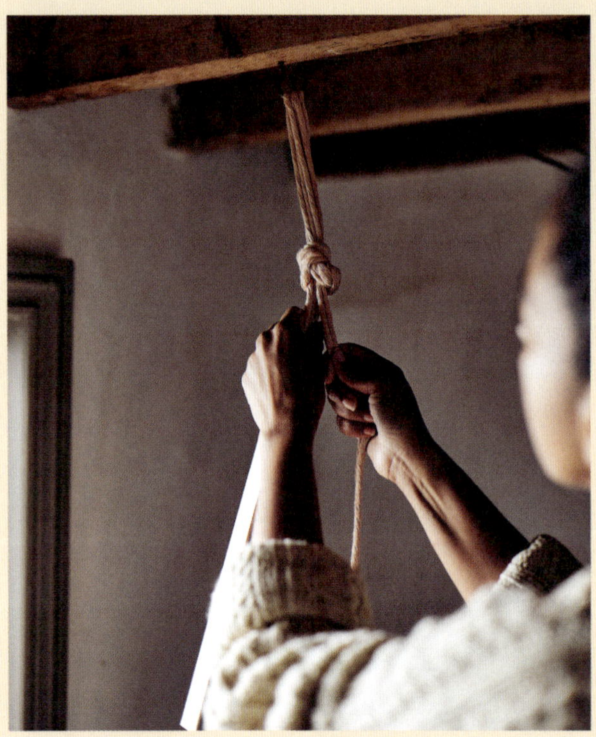

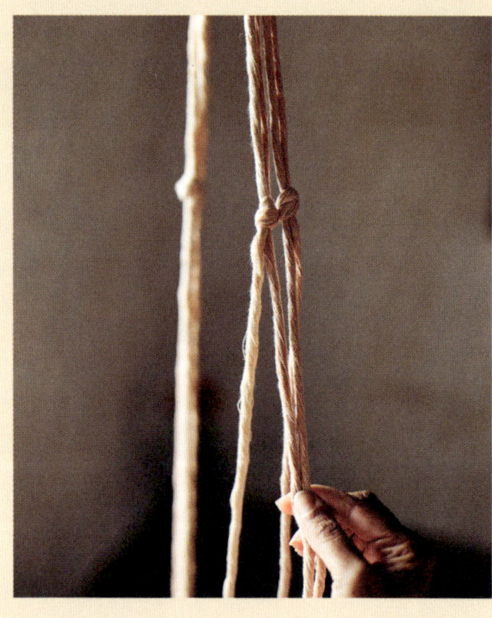

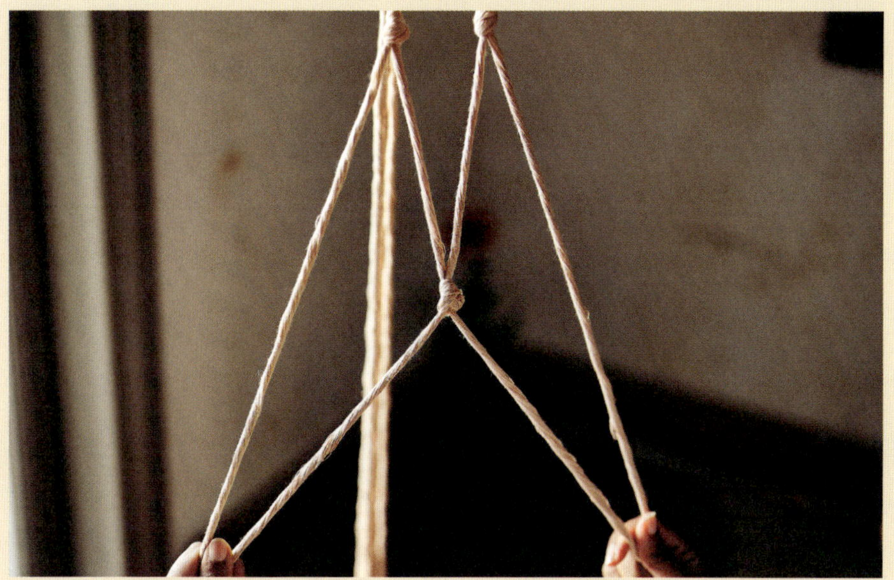

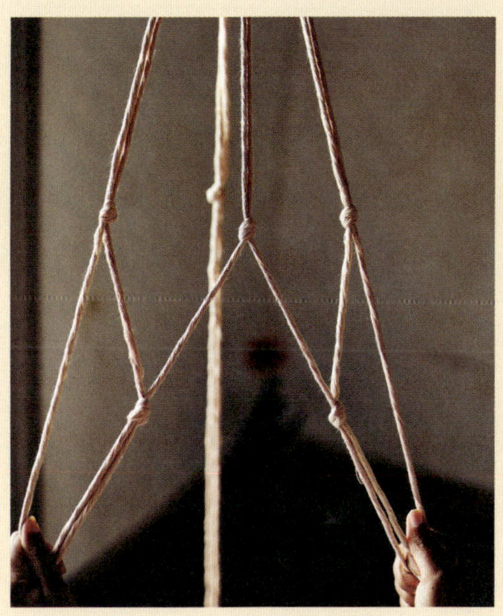

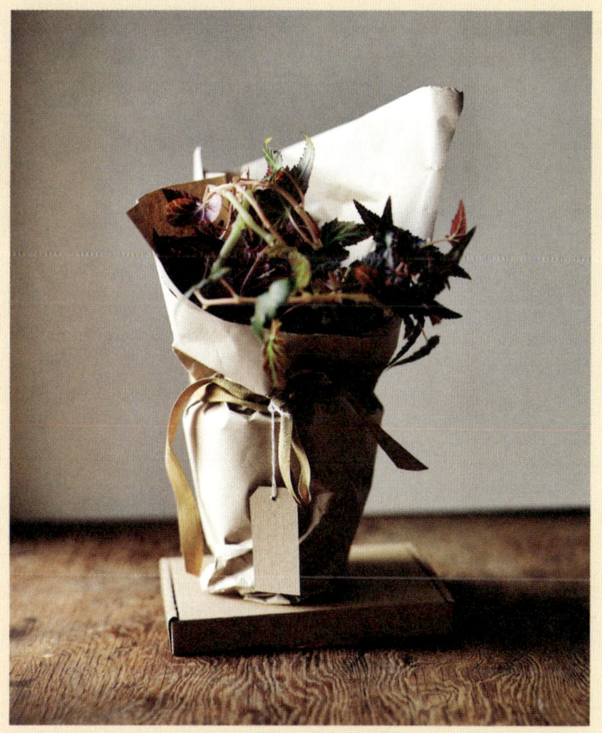

KRABBELDECKE

Ein neues Leben willkommen zu heißen, ist ein ganz besonderer Moment für viele Eltern. Und in der Tat: Gibt es einen besseren Grund als ein Neugeborenes, um ein klein Wenig der eigenen Lebenszeit für ein Geschenk aufzubringen? Mir fällt keiner ein. Die Technik des Quiltens blickt auf eine lange Historie zurück und speist sich aus Ritualen und dem Zusammenkommen von Frauen, die sich beim Fertigen von diversen Dingen unterstützten. Das Muster meines Entwurfes ist simpel, aber die Zusammenstellung der Stoffe macht die Decke zu einem ganz besonderen, persönlichen Geschenk.

ZEIT: 1–2 Tage   ERGIBT: Eine Decke à 100 x 75 cm

Man braucht:
Je 4 Stücke à 28 x 84 cm von unterschiedlich gemusterten Stoffen
Nähgarn
75 x 100 cm Volumenvlies aus Biobaumwolle oder eine alte Decke
100 x 115 cm Bio-Baumwollstoff oder leichtes Leinen mit angenehmer Haptik (für die Rückseite des Quilts)
360 cm Schrägband oder Baumwollband

Ausstattung:
Lineal oder Maßband
Schere
Schnittmusterpapier
Bleistift/Schneiderkreide
Nadel
Nähmaschine
Stecknadeln
Bügeleisen

Zum Verpacken:
Schleifenband
Seidenpapier
Ein großer Karton

1. Eine Papiervorlage à 28 x 28 cm erstellen. Mithilfe der Schablone jeden Stoffstreifen in drei Quadrate schneiden (eine Nahtzugabe von 1,5 cm ist schon eingerechnet – die fertigen Quadrate haben nach dem Nähen eine Größe von 25 x 25 cm). Es entstehen also insgesamt 12 Quadrate, drei aus jedem der vier Stoffe.

2. Die erste Reihe aus vier Quadraten legen und mit Schneiderkreide oder Bleistift mit den Ziffern 1–4 markieren. Neben der Nummer auch V und R für Vorder- und Rückseite und O und U oder Pfeile für oben und unten aufzeichnen, um sicherzustellen, dass man in der richtigen Ausrichtung näht. Dieser Schritt kann entfallen, wenn der Stoff nicht gemustert ist. Dann gibt es keine richtige oder falsche Richtung.

3. Die Quadrate mit einer Nahtzugabe von 1,5 cm zusammennähen. Dabei Reihe für Reihe vorgehen und folgendermaßen anordnen (siehe Schaubild auf Seite 132):
Reihe A: 1, 4, 3, 2
Reihe B: 2, 1, 4, 3
Reihe C: 3, 2, 1, 4

4. Wenn alle drei Reihen fertig sind, diese mit einer Nahtzugabe von 1,5 cm aneinandernähen (siehe Schaubild).

5. Den Stoff umdrehen und die Nähte aufbügeln.

6. Das Volumenvlies auf der Rückseite der Quadrate feststecken: am besten dort, wo die Ecken aufeinandertreffen. Dafür werden insgesamt 20 Stecknadeln benötigt (siehe Kreuzmarkierungen auf dem Schaubild).

7. Für die Rückseite des Quilts den Baumwollstoff oder das Leinen mit der rechten Seite nach oben auf die wattierte Seite des Quilts legen. Alle Lagen zusammenstecken. Darauf achten, dass alle Außenkanten aufeinandertreffen.

8. Die Schrägbandeinfassung über die Kante des Quilts falten, sodass alle drei Lagen zusammengehalten werden. Das Band an allen Seiten festnähen.

9. Den Quilt aufrollen und in der Mitte mit einem Schleifenband zusammenbinden. Alternativ den Quilt in einem mit Seidenpapier ausgelegten Karton verpacken.

Tipp:
Für den Quilt eignen sich hervorragend alte, ausgediente Stoffe, wie etwa geliebte Schürzen oder Decken. Gegebenenfalls müssen es mehrere kleinere Quadrate werden, wenn die Stoffreste nicht groß genug sind.

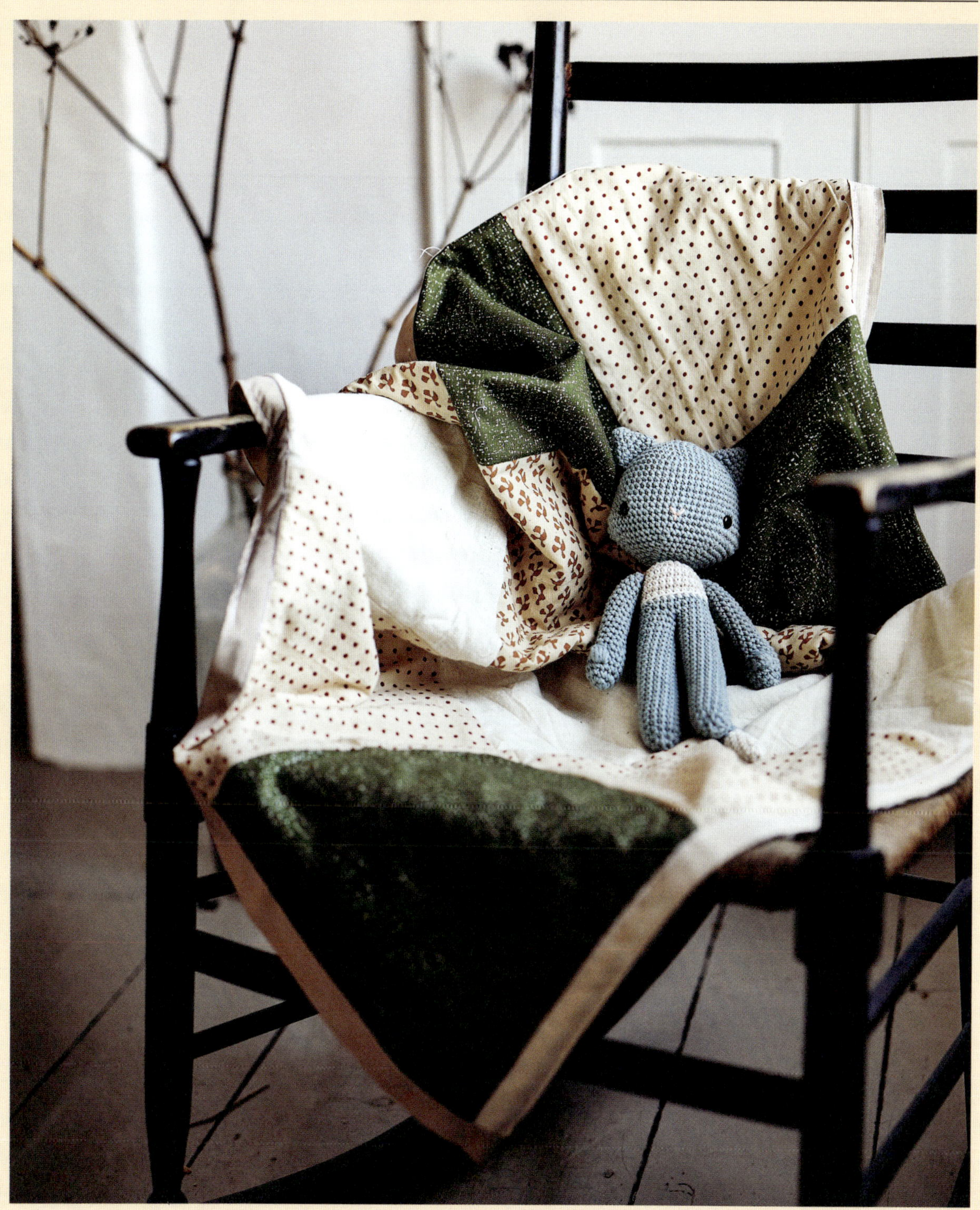

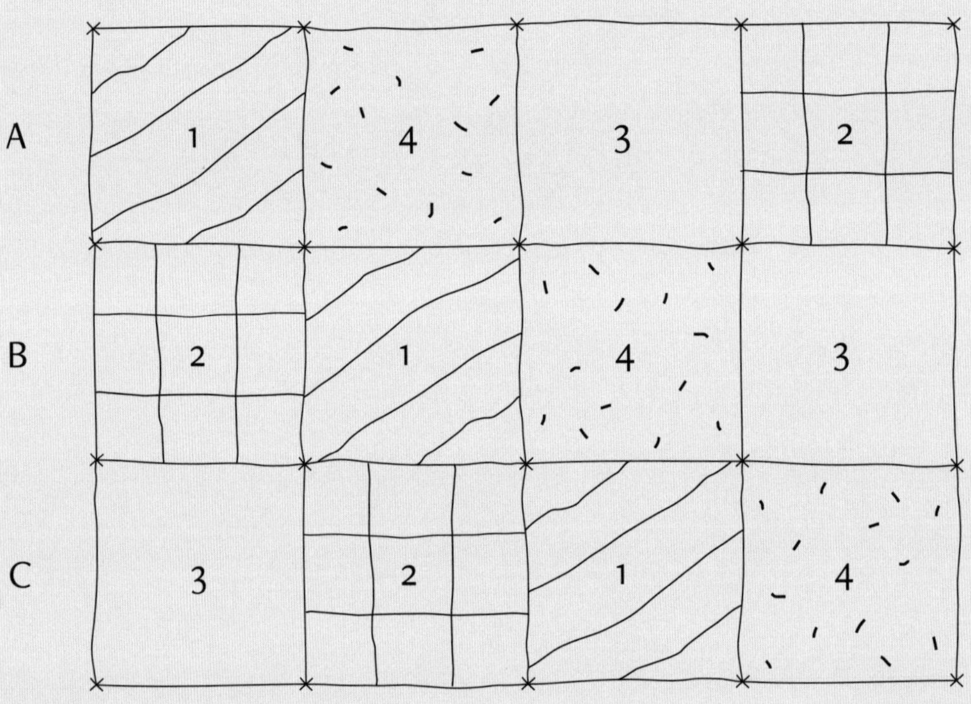
A
B
C
1
4
3
2
2
1
4
3
3
2
1
4

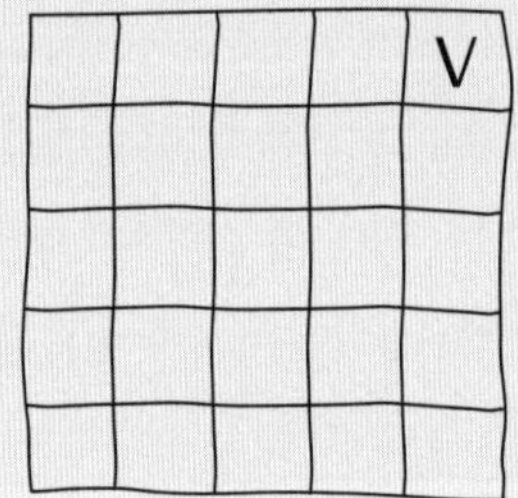
V

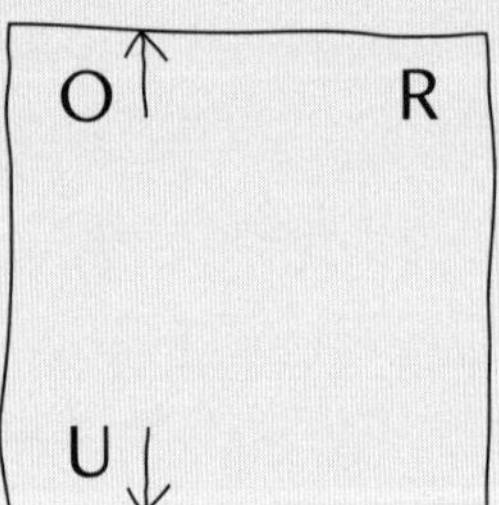
O
R
U

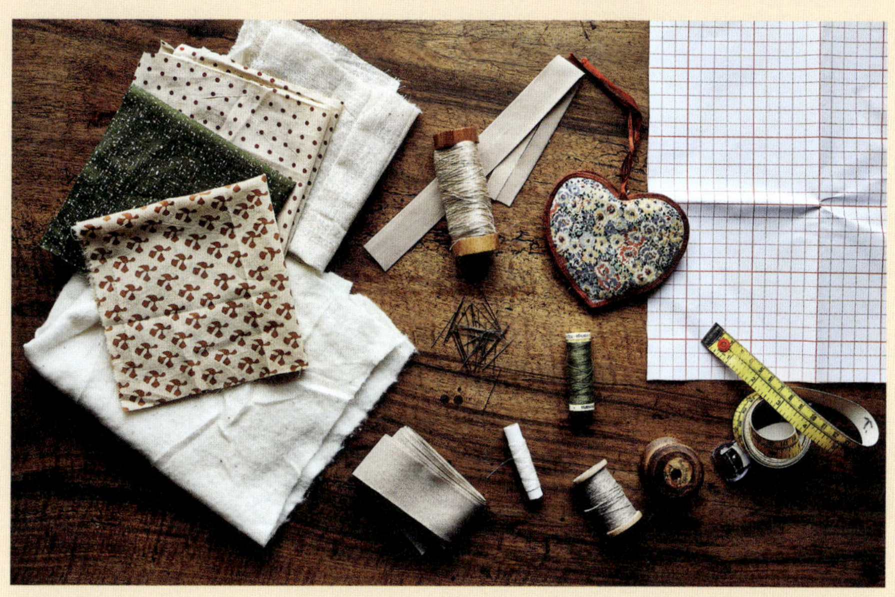

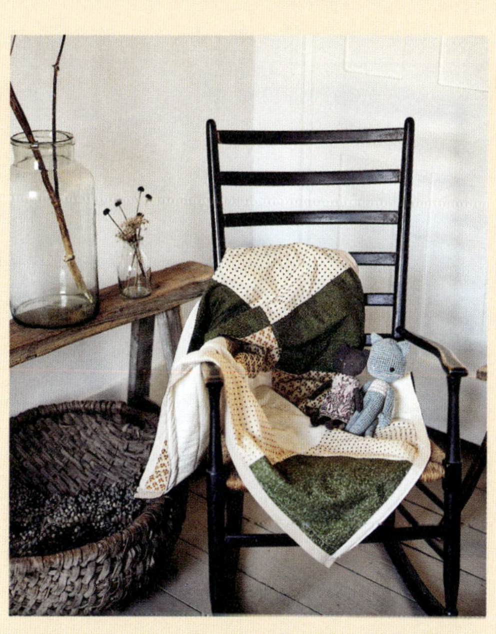

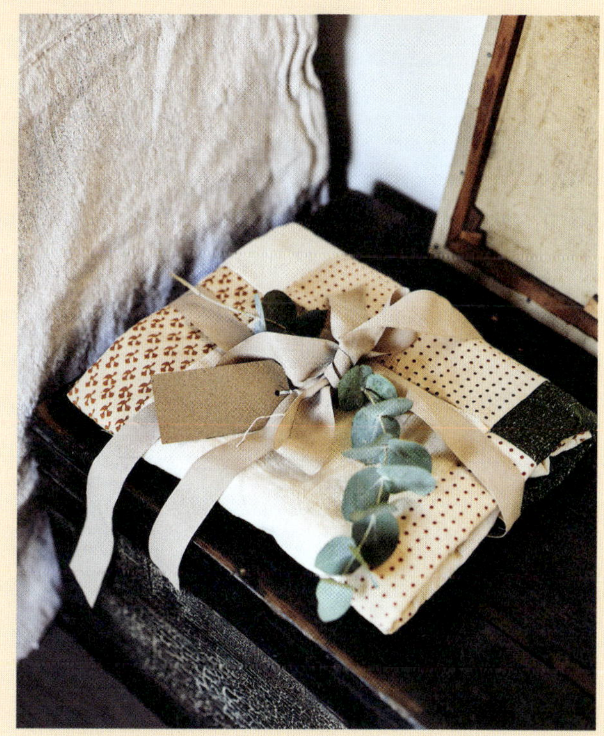

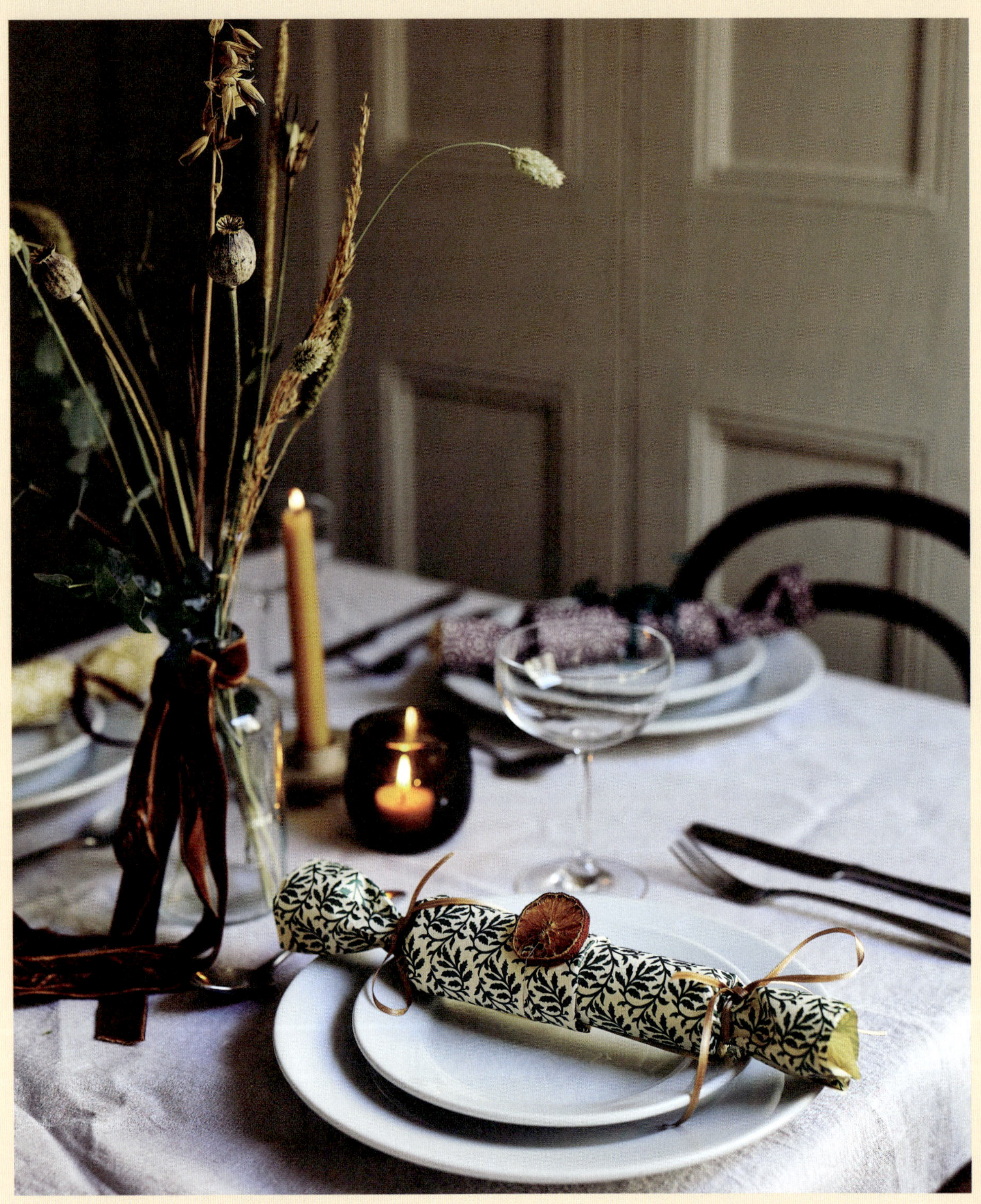

WIEDERVERWENDBARE KNALLBONBONS

Schluss mit albernen Hütchen oder Plastikdekorationen: Diese festlichen Tischgeschenke sind nicht nur ein Hingucker, sondern auch umweltfreundlich und nachhaltig. Zugleich sind die selbst gemachten Knallbonbons eine geniale Möglichkeit, eine Tradition modern und individuell zu interpretieren. Die Geschenke für den Inhalt können selbst hergestellt und auf die Gäste abgestimmt werden, sodass am Ende des Tages alle glücklich sind.

ZEIT: 1–2 Stunden ERGIBT: 8 Knallbonbons

Man braucht:
16 Klopapierrollen (2 pro Knallbonbon)
Pro Knallbonbon ein Bogen aufbewahrtes Geschenk- oder Baumwollpapier (DIN A4) oder Stoffreste (21 x 30 cm)
Kleine Geschenke als Inhalt des Knallbonbons
Seidenpapier zum Einpacken der Geschenke
Handgeschriebener Witz (optional)
Jutegarn
Schleifenband
Festliches Schnittgrün oder Trockenblumen

Ausstattung:
Lineal
Schere
Papierklebeband
Kleber (nur bei Verwendung von Stoff)

Zum Verpacken:
Ein Karton

1. Eine der Klopapierrollen der Länge nach aufschneiden, die Kanten übereinanderlegen, sodass sie sich etwas überlappen, und mit Papierklebeband befestigen.

2. Das Geschenkpapier oder den Stoff in zwei gleichgroße Stücke auseinanderschneiden und sowohl die geänderte als auch die intakte Klopapierrolle in je ein Stück Papier oder Stoff einrollen. An einem Ende der Rolle das Papier oder den Stoff nur etwa 1–1,5 cm überstehen lassen und den Überstand in die Klopapierrolle falten. Bei der Verwendung von Stoff diesen im Inneren der Rolle festkleben.

3. Das überstehende Papier am anderen Ende der Toilettenpapierrolle zusammenraffen. Bei Stoff oder je nach Papiersorte das Ende mit einer Schnur oder einem Band fixieren.

4. Die kleinen Geschenke in Seidenpapier wickeln oder in einen selbst gemachten Beutel packen. Dann in die aufgeschnittene Klopapierrolle stecken, zusammen mit einem handgeschriebenen Witz (sofern gewünscht). Die Klopapierrolle in die intakte Rolle schieben.

5. Eine Schleife oder Schnur um die Mitte des Knallbonbons wickeln und einen Zweig festlichen Schnittgrüns oder eine getrocknete Blume hinzufügen. Die Knallbonbons in einem Karton verpacken oder in die Tischdekoration integrieren.

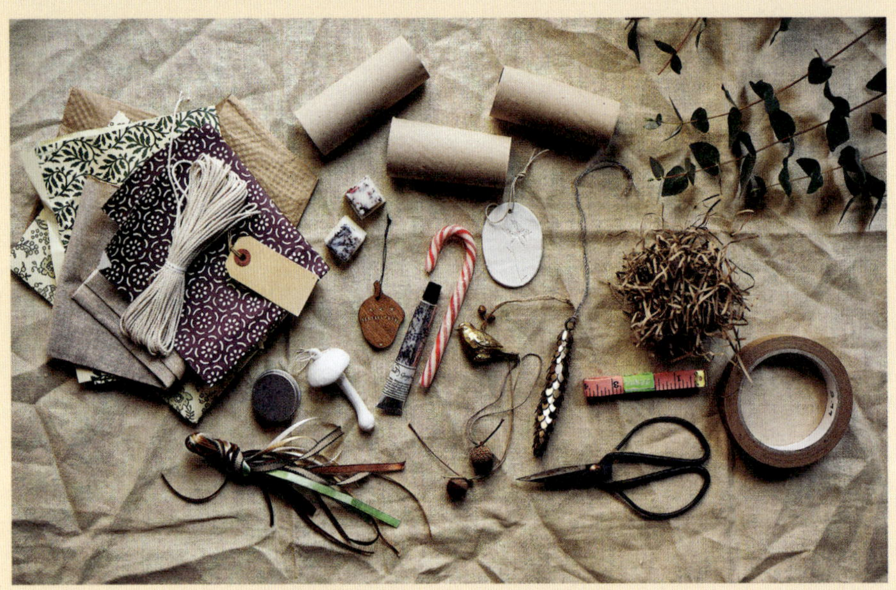

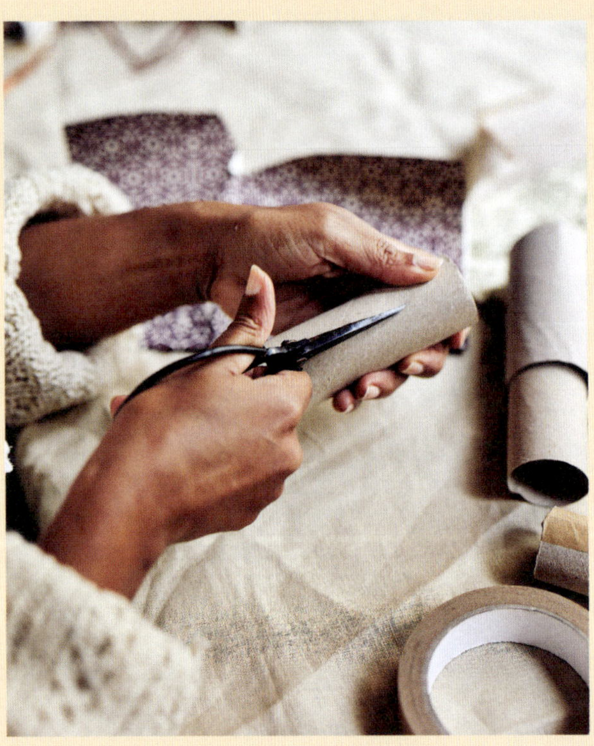

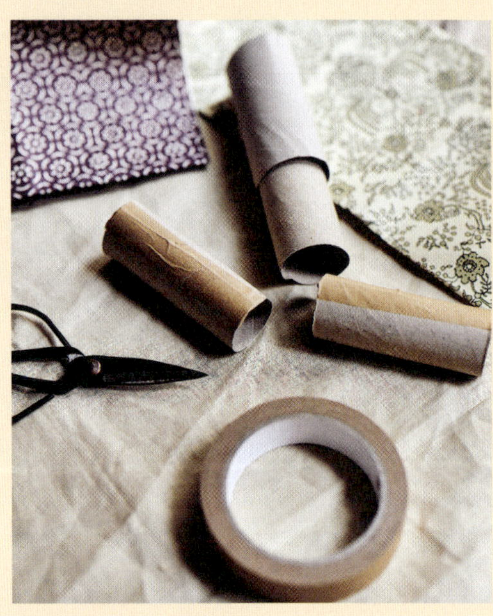

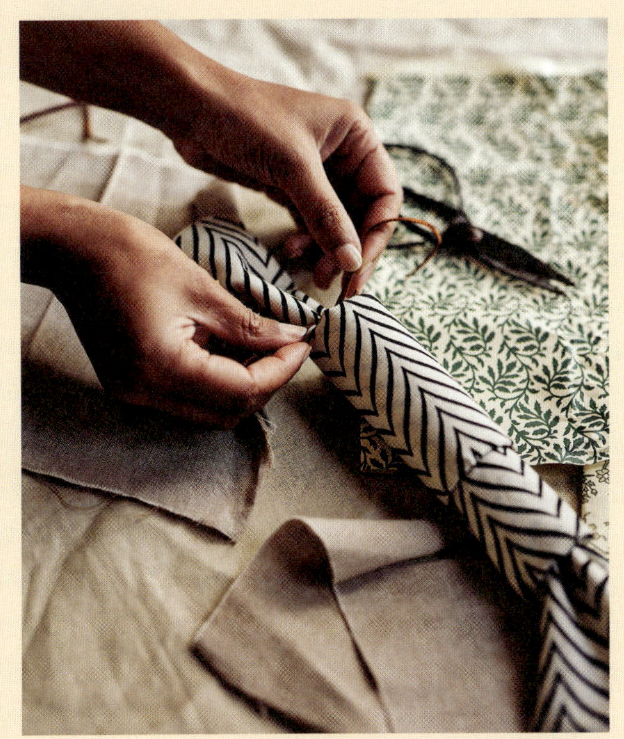

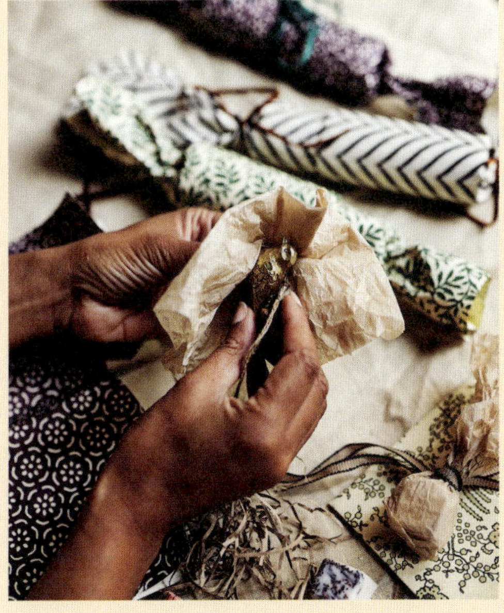

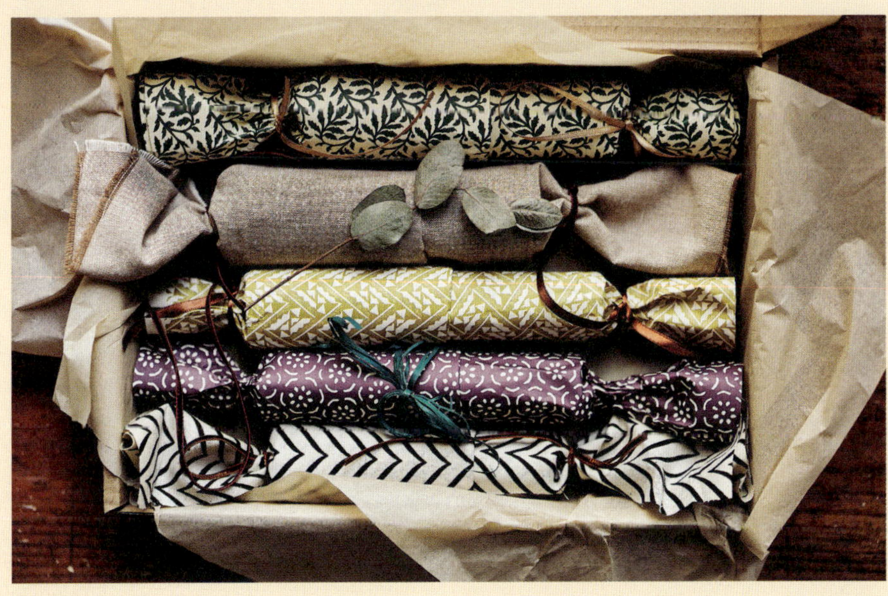

BEZUGSQUELLEN

Bastelbedarf und Verpackungen

buttinette
basteln-de.buttinette.com

Flaschen, Gläser und Dosen
flaschen-glaeser-und-dosen.de

Gläser und Flaschen
glaeserundflaschen.de

idee. Creativmarkt
idee-shop.com

packVerde
pack-verde.com/de

Frische Blumen

Slowflower Bewegung
slowflower-bewegung.de

Gartenzubehör

Garten Gorilla
gartengorilla.com

The Great British Garden Company
greatbritishgarden.de

Natürliche Inhaltsstoffe

beegut
beegut.de

Camassia Naturkosmetik
camassia-naturkosmetik.de

Kräuter Kontor
kraeuterkontor.de

Naissance
de.naissance.com

Naturkosmetik Werkstatt
naturkosmetik-werkstatt.de

Neal's Yard Remedies
nealsyardremedies.com

Original Unverpackt
shop.original-unverpackt.de

PRIMAVERA
primaveralife.com

TAOASIS Natur Duft Manufaktur
taoasis.com

Vom Achterhof
vom-achterhof.de

Papeterie

Cambridge Imprint
cambridgeimprint.co.uk

Choosing Keeping
choosingkeeping.com

Esme Winter
esmewinter.co.uk

Schwesterherz
schwesterherzundkuechenliebe.de

Saatgut

Bingenheimer Saatgut
bingenheimersaatgut.de

Die Stadtgärtner
diestadtgaertner.de

Dreschflegel
dreschflegel-shop.de

Hof Jeebel
hofjeebel.de

ReinSaat
reinsaat.at

Sativa Biosaatgut
sativa.bio/de

SPERLI
sperli.de

Stoffe und Zierbänder

Cloth House
clothhouse.com

Lebenskleidung
lebenskleidung.com

Siebenblau
siebenblau.de

The Cloth Shop
theclothshop.net

VV Rouleaux
vvrouleaux.com

laik Style
laikstyle.co.uk

Trockenblumen

Blumen Heller
blumen-heller.com/trockenblumen

etsy
etsy.de

LOVE flowerbox & LOVE dried flowers
love-flowerbox.de/trockenblumen

Madame Fleurs
madamefleurs.com

Trockenblumen Floristik
trockenblumen-floristik.de

LITERTURHINWEISE

Blogs

Hackney Herbal
hackneyherbal.com/blog

The Handmade Apothecary
handmadeapothecary.co.uk/blog

Rebecca Desnos
rebeccadesnos.com/blogs/journal

Bücher

The Encyclopedia of Essential Oils. A Complete Guide to the Use of Aromatics in Aromatherapy, Herbalism, Health & Well Being von Julia lawless, Conari Press, 2013

Grow and Gather. A Gardener's Guide to a Year of Cut Flowers von Grace Alexander, Quadrille, 2021

The Wild Dyer. A Guide to Natural Dyes & the Art of Patchwork & Stitch von Abigail Booth, Kyle Books, 2017

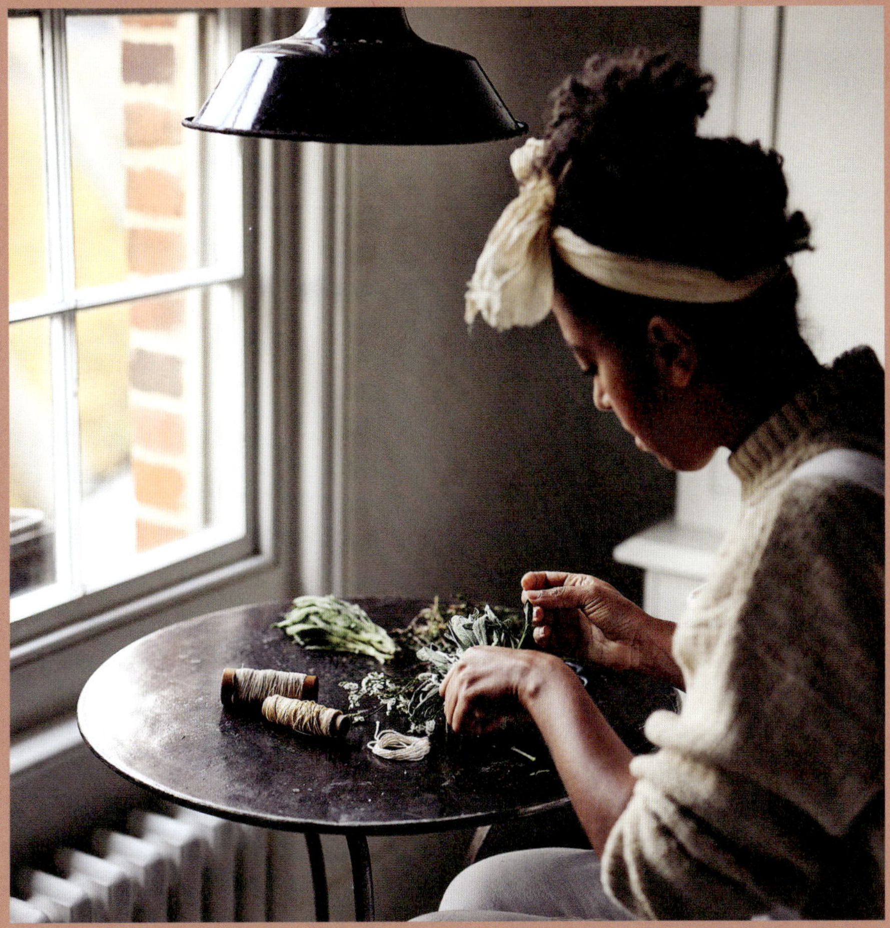

ÜBER DIE AUTORIN

Angela Maynard ist Kreativdirektorin von Botany, einem Designstudio und Beratungsunternehmen in London, das sich für Achtsamkeit und Nachhaltigkeit einsetzt. Sie leitet Workshops zu den Themen Trockenblumenarrangements, Kranzbinden und Stadtgärtnern und führt jahreszeitliche Wildblumenwanderungen durch.

www.botanyshop.co.uk
@botanyshop
Projekte teilen unter #theartofgiftingnaturally

REGISTER

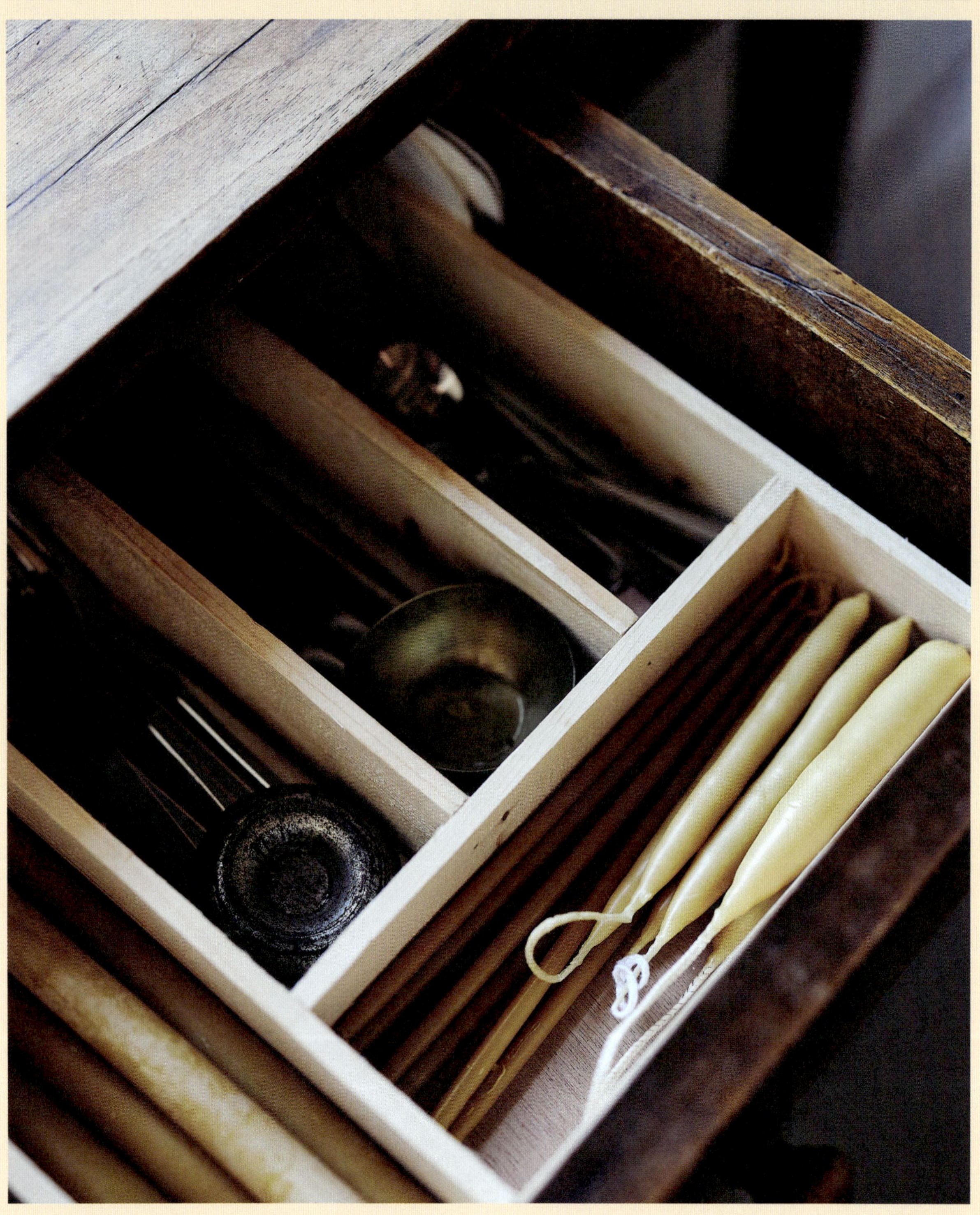

DANK

Danke an meinen lieben Tom, dem ich als Erstem von der Idee zu diesem Buch erzählte und der sagte, dass es ein paar Glanzpunkte habe. Du gehst immer über dich hinaus – das bleibt nie unbemerkt –, und ohne deine Liebe, Unterstützung und Freundschaft wäre ich nicht vollständig.

Herzlichen Dank an meine Familie und meine Freunde für ihre kontinuierliche Unterstützung – besonders an meine Mutter, die mir mein erstes Bastelbuch gekauft und mir gezeigt hat, wie viel man aus nichts machen kann.

Danke an Kajal, die an mich herangetreten ist und mir völlig freie Hand gelassen hat, um ein Projekt zu verwirklichen, das ich schon lange in mir trage und an das ich von ganzem Herzen glaube.

Danke an Chelsea, die dazu beigetragen hat, dass die Arbeit an diesem Buch zu einem solchen Vergnügen wurde. Dein aufmerksames Auge und die Leichtigkeit der Zusammenarbeit mit dir sind keine Selbstverständlichkeit, und ich habe ja eh das Gefühl, dass wir zu einem kleinen Spitzenteam geworden sind (du, Jeska und ich).

Danke an Jeska für deine umwerfenden Fotografien und deine Bescheidenheit. Es ist ein wahres Vergnügen, mit jemandem zu arbeiten, der so bodenständig, liebenswürdig und vielseitig ist.

Danke an Vanessa für die visuelle Umsetzung meiner Ideen auf diesen Seiten – sie sind noch schöner geworden, als ich es mir je erträumt habe.

Danke an Nikki und Andreas für eure Herzlichkeit und Gastfreundschaft. Euer wunderschönes Haus @oldtownhaus in Hastings war die perfekte Kulisse für die Projekte in diesem Buch und eine wahre Inspiration.

Die englische Originalausgabe erschien 2022
bei Hardie Grant Books, einem Imprint von Hardie Grant UK Ltd,
unter dem Titel *The Art of Gifting Naturally*

Dieses Buch wurde klimaneutral produziert.

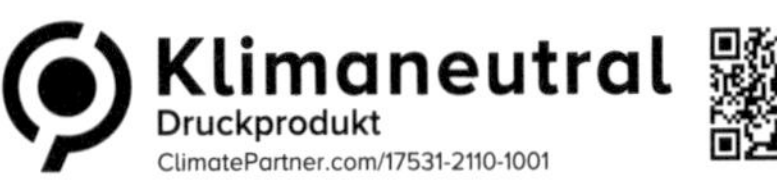

Erste Auflage 2023

Übersetzung: Susanne Philippi
Lektorat: Timea Wanko
Satz: Hilde Knauer
Umschlagadaption: Birgit Haermeyer

Printed and bound in China

ISBN 978-3-8321-6929-9
www.dumont-buchverlag.de

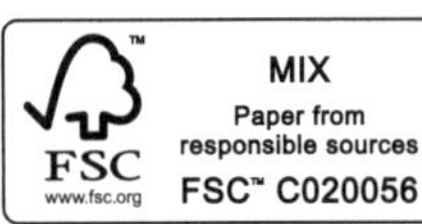